"十四五"职业教育国家规划教材·修订版

供应链管理

（第5版）

杨国荣　编著

北京理工大学出版社
BEIJING INSTITUTE OF TECHNOLOGY PRESS

图书在版编目（CIP）数据

供应链管理 / 杨国荣编著. -- 5 版. -- 北京：北
京理工大学出版社，2025.1.
ISBN 978-7-5763-4699-2

Ⅰ. F252.1

中国国家版本馆 CIP 数据核字第 2025090A6U 号

责任编辑：李玉昌　　文案编辑：李玉昌
责任校对：周瑞红　　责任印制：施胜娟

出版发行 / 北京理工大学出版社有限责任公司
社　　址 / 北京市丰台区四合庄路 6 号
邮　　编 / 100070
电　　话 / （010）68914026（教材售后服务热线）
　　　　　（010）68944437（课件资源服务热线）
网　　址 / http://www.bitpress.com.cn

版 印 次 / 2025 年 1 月第 5 版第 1 次印刷
印　　刷 / 涿州市新华印刷有限公司
开　　本 / 787 mm×1092 mm　1/16
印　　张 / 15.5
字　　数 / 367 千字
定　　价 / 49.50 元

再版前言

本书在编写过程中，坚持以习近平新时代中国特色社会主义思想为指导，全面贯彻党的二十大精神，以立德树人、德技并修为目标。党的二十大报告指出"我们要坚持以推动高质量发展为主题，把实施扩大内需战略同深化供给侧结构性改革有机结合起来，增强国内大循环内生动力和可靠性，提升国际循环质量和水平，加快建设现代化经济体系，着力提高全要素生产率，着力提升产业链供应链韧性和安全水平，着力推进城乡融合和区域协调发展，推动经济实现质的有效提升和量的合理增长。"

第5版改版的宗旨，一是突破以课堂为中心的教学模式，也就是以相对完整的职业技能培养为目标，使学生懂得怎么做，并且能做、会做，同时还要注重新技术、新技能的选择与整合，准确把握行业企业对高技能人才在知识、能力、素质等方面的具体要求；二是坚持"三面向、一提高"，即面向社会需求、面向学生基础、面向教育规律、提高培养质量，社会需求是出发点，学生基础是前提，教育规律是保障，提高培养质量是目标；三是根据人才培养目标的要求，统筹考虑知识、能力、素质之间的关系，找到三者之间最佳的结构平衡点，使学生的知识、能力、素质得到科学发展。

第5版改版的具体措施，一是更改了编写体例，将传统教材的"章""节"，更改为顺应职业教育发展的"项目""任务""子任务""知识窗"；二是在每一"项目"正文的前面增加"学习目标""思维导图""导入范文"；三是每个项目的正文后面增加"任务实训""学习评价"；四是更新了9个"素养之窗"的二维码，落实立德树人的根本任务；五是在36个知识点增加了34个二维码的视频链接，以便学生开阔视野，加深对知识点的理解；六是基于精益求精，对第4版教材内容，进行了勘误、更新与修改。

我在乎人生中随处可见的真诚和感动，我珍惜生命中每一位一起走过的亲人和朋友，我祈祷我认识的和认识我的人都健康、幸福、快乐！

本书的写作过程与出稿，要感谢供应链管理研究的大师与前辈所奉献的知识精华与宝典，如本书有疏漏、不足的方面，敬盼师长不吝赐教与斧正！由于作者水平有限，书中难免有错误和不足之处，敬请有关专家、学者和读者给予海涵。

杨国荣

E-mail：2234700754@qq.com

前 言 | PREFACE ■

　　世界经济一体化是全球化制造的最新趋势，在增加了企业管理复杂性的同时，也进一步确立了物流战略与实践在当今企业管理中尤为重要的地位，特别是在电子商务环境下的后工业经济时代。企业在降低生产成本、改善产品品质和扩大销售方面的竞争已经发展到相当成熟的地步，企业在生产领域进一步挖掘利润的空间已十分有限，在此大环境下，企业要在多变的市场环境中立足并谋求发展，就必须不断地寻求新的竞争优势。

　　供应链管理作为"横向一体化"的一种战略管理模式为此应运而生，企业的管理者认识到要摒弃"麻雀虽小，五脏俱全"的"大而全，小而全"的思想，要树立通过与合作伙伴的真诚合作，达到利益共享、风险共担的理念。毕竟今后的市场竞争不是某一单个企业与另一单个企业之间的竞争，而是这些企业各自所处在的供应链企业之间的竞争，简言之，是军团作战，而非散兵游勇之为。供应链管理强调全面规划供应链中的商流、物流、信息流、资金流等，并进行计划、组织、协调与控制，体现了人们对管理各环节、环节之间以及各环节内部构成要素之间内在关系的再认识。

　　本书在编写过程中体现了以下特点：一是编者出于理论与实践的辩证关系，较为明了地布局了全书的编写框架；二是归类集中和详细介绍了几个供应链管理的具体方法；三是以较丰富的图表的方式，系统阐述了供应链管理的产生背景、概念、结构模型、特征、理念、目标等。

　　本书可供高职高专院校物流管理、市场营销、电子商务、企业管理等专业作为教材，也可作为企业管理人员的参考书。

在我的成长过程中得到很多师长和朋友的关心和帮助。在此我首先要感谢我的父母，是他们把我带到这个世界，才有了今天的我，我同样要感谢我的岳父母，是他们培养了一位好女儿，我才会家有贤妻，从而有了一位非常支持我的乖女儿；在我心目中永远留有崇高地位的是我所有的老师，是他们无私奉献，把我带进了知识的宝殿，尤其是法国普瓦提埃大学的老师；我也不会忘记我曾经服务了15年的江西长运股份有限公司的众多友人及其他众多亲朋好友对我成长的帮助；我更不会忘记江西旅游商贸职业学院，是她让我登上三尺讲台，从事神圣的教学。

在本书的编写过程中，得到了北京理工大学出版社的大力支持，在此表示感谢。在编写中，参考了国内外有关专家学者不少最新研究成果，并引用了其中有关的概念和观点，尽可能在参考文献中列出，在此对本书所引用论著的作者表示衷心的谢意；对于引用的论著，有可能因为转载等原因有所遗漏，如有此情况发生，在此表示万分歉意并衷心感谢这些作者。

由于编者水平有限和对供应链这个领域认识不深，书中难免有错误和不足之处，敬请有关专家、学者和读者给予海涵，不吝斧正。

杨国荣

目 录 | CONTENTS

项目一　供应链管理概论 ………………………………………………… 1

　　任务 1　了解 21 世纪企业面临的环境特点 ………………………… 3

　　任务 2　认识 21 世纪全球市场竞争的主要特点 …………………… 6

　　任务 3　理解供应链研究的演化过程 ………………………………… 7

　　任务 4　掌握供应链的基本理论 …………………………………… 10

　　任务 5　掌握供应链管理的基本理论 ……………………………… 14

项目二　供应链管理的方法 …………………………………………… 26

　　任务 1　掌握 QR 快速反应 ………………………………………… 29

　　任务 2　掌握 ECR 有效顾客反应 ………………………………… 34

　　任务 3　熟悉 EOS 电子订货系统 ………………………………… 42

　　任务 4　掌握 ERP 企业资源规划 ………………………………… 49

　　任务 5　熟悉 CPFR 协同、规划、预测和连续补货 ……………… 56

　　任务 6　熟悉 ABC 存在分类法 …………………………………… 59

　　任务 7　熟悉 VCA 价值链分析法 ………………………………… 61

　　任务 8　掌握 JIT 准时化管理 ……………………………………… 63

项目三　采购管理 ……………………………………………………… 70

　　任务 1　认识采购的重要性 ………………………………………… 73

　　任务 2　理解采购的目标 …………………………………………… 75

　　任务 3　熟悉采购过程 ……………………………………………… 76

　　任务 4　理解采购活动与其他部门的关系 ………………………… 77

　　任务 5　掌握采购流程 ……………………………………………… 78

　　任务 6　熟悉采购决策 ……………………………………………… 85

　　任务 7　掌握选择供应商考虑的因素 ……………………………… 87

　　任务 8　熟悉使用多少供应商 ……………………………………… 89

　　任务 9　掌握选择供应商的步骤 …………………………………… 91

　　任务 10　熟悉采购模式 …………………………………………… 92

任务 11　理解国际采购/全球外包 ……………………………………………… 94

任务 12　掌握及时采购 …………………………………………………………… 95

任务 13　熟悉传统采购模式与现代供应链采购模式的比较 …………………… 98

项目四　库存管理 ………………………………………………………………… 102

任务 1　理解库存与库存管理的基本原理 ……………………………………… 105

任务 2　了解供应链管理环境下的库存问题 …………………………………… 109

任务 3　熟悉供应链管理环境下的库存管理策略 ……………………………… 117

项目五　供应链的构建 …………………………………………………………… 124

任务 1　认识供应链结构模型 …………………………………………………… 126

任务 2　理解供应链体系的设计策略与方法 …………………………………… 128

任务 3　熟悉供应链设计原则 …………………………………………………… 133

项目六　供应链合作伙伴的选择 ………………………………………………… 138

任务 1　理解供应链合作关系的含义和特征 …………………………………… 141

任务 2　认识建立供应链合作伙伴关系的重要意义 …………………………… 142

任务 3　熟悉建立供应链合作关系的制约因素 ………………………………… 145

任务 4　了解现阶段我国企业合作模式中存在的问题 ………………………… 146

任务 5　熟悉选择供应链合作伙伴的方法 ……………………………………… 146

任务 6　掌握选择供应链合作伙伴的步骤 ……………………………………… 148

任务 7　掌握建立供应链合作伙伴关系需要注意的问题 ……………………… 150

任务 8　熟悉供应链合作伙伴的评价与管理 …………………………………… 152

项目七　供应链业务流程重组 …………………………………………………… 159

任务 1　认识业务流程重组产生的原因 ………………………………………… 161

任务 2　理解业务流程重组的定义、核心内容和特点 ………………………… 165

任务 3　了解供应链流程整合的障碍 …………………………………………… 168

任务 4　认识供应链整合模型 …………………………………………………… 172

任务 5　理解供应链管理环境下的企业组织与业务流程的主要特征 ………… 177

任务 6　熟悉基于供应链管理模式的企业业务流程模型 ……………………… 178

任务 7　掌握供应链管理业务流程重组 ………………………………………… 179

项目八　供应链绩效评价 ………………………………………………………… 191

任务 1　认识传统的绩效评价指标的不足 ……………………………………… 193

任务 2　了解世界一流的绩效评估体系 ………………………………………… 194

任务 3　熟悉供应链绩效评价指标的原则、特点及作用 ……………………… 196

任务 4　掌握供应链绩效评估体系 ……………………………………………… 198

任务 5　熟悉供应链运作参考模型 ……………………………………………… 200

任务 6　掌握 BSC 平衡计分卡 …………………………………………………… 201

　　任务 7　掌握 SMM 供应链管理成熟度的表现及应用 ……………………………… 202
项目九　供应链企业的管理 ……………………………………………………………… 209
　　任务 1　理解供应链企业激励机制 ……………………………………… 211
　　任务 2　理解标杆管理 ………………………………………………… 215
　　任务 3　认识供应链风险的概念与特点 ……………………………… 219
模拟测试样卷 …………………………………………………………………… 226
模拟测试样卷答案 ……………………………………………………………… 229
物流相关术语中英对照 ………………………………………………………… 231
"教学做"一体化的相关要求 ……………………………………………………… 233
参考文献 …………………………………………………………………………… 237

项目一

供应链管理概论

❖ 学习目标

【知识目标】了解 21 世纪企业面临的环境特点，认识 21 世纪全球市场竞争的主要特点，理解供应链研究的演化过程。

【技能目标】掌握供应链的基本理论，掌握供应链管理的基本理论。

【素养目标】养成民族自豪感和科学思维，树立团结协作和发展的理念。

❖ 思维导图

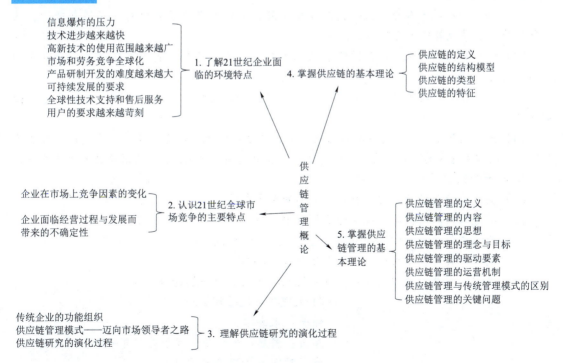

❖ 导入范文

从《西游记》看供应链管理的思想

1. 供应链管理的知识

在教材"供应链管理的运营机制"中，有如下表述：

供应链合作机制体现了战略伙伴关系和企业内外资源的集成与优化利用。基于这种企业环境的产品制造过程，从产品的研究开发到投放市场，周期大大缩短，而且顾客导向化程度更高，模块化、简单化产品、标准化组件，使企业的柔性和敏捷性在多变的市场中显著增强，虚拟制造与动态联盟提高了业务外包策略的利用程度。企业集成的范围扩展了，从原来的中低层次的内部业务流程重组上升到企业间的协作，这是一种更高级别的企业集成模式。

2. 《西游记》第七十四回故事情境

唐僧师徒来到狮驼山，遇到阻路的狮、象、鹏三怪。太白金星变一老者，介绍三怪的厉害，提醒悟空需"乖巧机谋"方得过山。悟空前往侦察，计审小钻风，得悉三怪联手结为同盟。悟空遂化装成小钻风，深入狮驼洞探听虚实，被鹏魔识破真面目，悟空被擒，鹏魔将其装入阴阳瓶。幸得菩萨三根救命毫毛，悟空方得钻破瓶底，化险为夷。与八戒叫战狮驼洞，同狮魔大战。狮魔巨口吞了悟空，八戒认定悟空必死，遂再起散伙念头。悟空降服狮魔，怒斥八戒。捉弄八戒与象怪大战，八戒遭擒。悟空营救，审出八戒私房底细，救其逃离魔窟。再战生擒象怪，迫其抬轿送唐僧过山。鹏魔施计大战悟空、八戒与沙僧，擒走唐僧。悟空多方营救，寡不敌众，终未得手，遂去灵山请来如来、文殊、普贤降服三魔，救出唐僧。

3. 我们的理解

（1）悟空与八戒等人为营救唐僧而降服狮魔，他们都在为了战胜对方而不断努力，从复杂的局势中寻找着对自己有利的条件。

（2）能力再强的个人，离开团队也很难成功。由此可见个人能力再强也离不开别人的帮助，需要进行合作。

（3）当一个人解决不了很大的困难时，可以去寻求团队的帮助，这样再大的困难也会被克服。

（4）一个团队中要是有过多的不信任，那么这个团队也会功亏一篑。一个团队中要相互信赖，创造相互包容的合作气氛，不能对彼此过多地隐瞒，彼此信赖是有效合作的重要条件。

4. 给我们的启示

（1）共情能力与换位思考，是合作必备的两个条件。

（2）要进入他人的头脑，就要为他们留出一把空椅子。

（3）合作不仅是一种积极向上的心态，更是一种智慧。

（4）同一个目标携手共进，同一个梦想合作共赢。

（5）共同的事业，共同的斗争，可以使人们产生忍受一切的力量。

21 级现代物流管理 2 班

组长：张嘉瑜

组员：黄麓、张中华、温华秀、郭一娇、项福明

完成时间：2023 年 4 月 2 日

指导老师：杨国荣

从《西游记》看供应链管理的思想

1. 供应链管理的知识

在教材"21 世纪企业面临的环境特点"中，有如下表述：

21 世纪大量信息的爆炸和通信技术的更新换代日益加快的发展状况，迫使企业把工作重心从如何迅速获得信息转到如何准确地过滤和有效利用各种信息。

2.《西游记》第十五回故事情境

他打个唿哨，跳在空中，火眼金睛，用手搭凉篷，四下里观看，更不见马的踪迹。按落云头报道："师父，我们的马断乎是那龙吃了，四下里看不见。"三藏道："徒弟呀，那厮能有多大口，却将那匹大马连鞍辔都吃了？想是惊张溜缰，走在那山凹之中。你再仔细看看。"行者道："你也不知我的本事。我这双眼，白日里常看一千里路的吉凶。像那千里之内，蜻蜓儿展翅，我也能看见，何期那匹大马，我就不见！"

3. 我们的理解

（1）唐僧凡马被吃呈现了一个残酷的事实：如果我们无法为自己提供足够的保护和支持，会被竞争所淘汰。就像凡马被小白龙给吃了，就表示你在职场中缺乏应对挑战的能力，可能会失去自己的立足之地。

（2）白龙马的特点是沉稳，耐得住性子。他的本职工作毕竟只是作取经人的脚力，而不是保镖，所以当其他三个徒弟大显神通时，他却耐得住寂寞，坚守自己的岗位。

（3）小白龙指责孙悟空未提前说明身份的细节，展示了沟通的重要性。我们可能会因为默认对方已了解我们的情况而省略了关键信息，导致误解和冲突的产生。

（4）在职场中，清晰、直接地传达信息，确保共同理解和合作是取得成功的关键。

4. 给我们的启示

（1）处理好员工的工作积极性和工作满意度，是先进企业发展面临的重要问题。

（2）组织中侧重沟通、协调关系的角色极其重要。

（3）企业要想生存，必须要有较强的生存能力。

（4）成本压力将顺着供应链而往下推。

（5）决策往往是主动性的非程序导向。

22 级采购与供应管理 1 班
组长：叶茜
组员：江丽敏、刘石莲、吴艳萍
完成时间：2023 年 11 月 17 日
指导老师：杨国荣

任务 1　了解 21 世纪企业面临的环境特点

子任务 1　了解 21 世纪企业面临的环境特点

知识窗： 21 世纪企业面临的环境特点如图 1-1 所示。

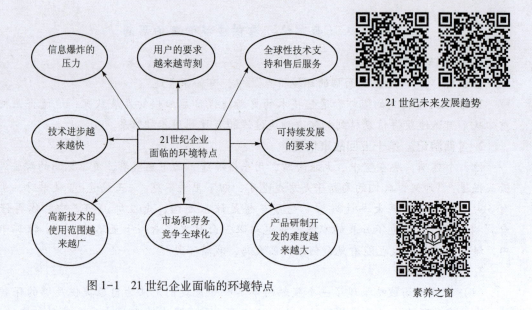

21世纪未来发展趋势

素养之窗

图1-1　21世纪企业面临的环境特点

子任务2-1　了解信息爆炸的压力

知识窗：21世纪大量信息的爆炸和通信技术的更新换代日益加快的发展状况，迫使企业把工作重心从如何迅速获得信息转到如何准确地过滤和有效利用各种信息。

子任务2-2　认识技术进步越来越快

知识窗：新技术、新产品的不断涌现，一方面使企业受到空前未有的压力（为满足顾客的个性化需求，自己与竞争对手是否掌握新技术，谁先掌握，谁先推向市场）；另一方面也使每个企业员工受到巨大的挑战，企业员工必须不断地学习新技术，否则他们将面临由于掌握的技能过时而遭淘汰。

子任务2-3　理解高新技术的使用范围越来越广

知识窗1：全球高速信息网使所有的信息都极易获得，而更敏捷的教育体系将使越来越多的人能在越来越少的时间内掌握最新技术，面对一个机遇，可以参与竞争的企业越来越多，从而大大加剧了国际竞争的激烈性。以计算机及其他高新技术为基础的生产技术在企业中的应用是21世纪的主要特色之一。例如，计算机辅助设计、计算机辅助制造、柔性制造供应链管理系统、自动存储和拣出系统、自动条码识别系统等，在世界各国尤其是工业发达国家的生产和服务中得到广泛应用。虽然高新技术应用的初始投资很高，但它会带来许多竞争上的优势。

知识窗2：高新技术的应用不仅在于节省人力，降低劳动成本，更重要的是提高了产品和服务质量，降低了废品和材料损耗，缩短了对用户需求的响应时间。高新技术的应用可以在很短时间内就把新产品或服务介绍给市场，让企业赢得时间上的优势。这种趋势在21世纪还会进一步加强。

子任务 2-4 了解市场和劳务竞争全球化

知识窗：企业在建立全球化市场的同时也在全球范围内造就了更多的竞争者。尽管发达国家认为发展中国家需要订单和产品，许多发展中国家却坚持他们更需要最新技术，希望也能成为国际市场上的供应商。商品市场国际化的同时也创造了一个国际化的劳动力市场。教育的发展使得原本相对专业的工作技能成为大众化的普通技能，从而使得工人的工资不得不从原有的水准上降下来，以维持企业的竞争优势。

子任务 2-5 理解产品研制开发的难度越来越大

知识窗：越来越多的企业认识到新产品开发对企业创造收益的重要性，因此许多企业不惜工本予以投入，但是资金利用率和投入产出比却往往不尽人意。原因之一是，产品研制开发的难度越来越大，特别是那些大型、结构复杂、技术含量高的产品在研制中一般都需要各种先进的设计技术、制造技术、质量保证技术等，不仅涉及的学科多，而且大都是多学科交叉的产物，因此如何能成功地解决产品开发问题是摆在企业面前的头等大事。

子任务 2-6 认识可持续发展的要求

知识窗1：人类只有一个地球！维持生态平衡和环境保护的呼声越来越高。臭氧层、热带雨林、全球变暖、酸雨、核废料、能源储备、可耕地减少，一个又一个的环境问题摆在人们面前。在全球制造和国际化经营趋势越来越明显的今天，各国政府将环保问题纳入发展战略，相继制定出各种各样的政策法规，以约束本国及外国企业的经营行为。人类在许多资源方面的消耗都在迅速接近地球的极限。

可持续发展的要求

知识窗2：随着发展中国家工业化程度的提高，如何在全球范围内减少自然资源的消耗成为全人类能否继续生存和持续发展的大问题。一位销售经理曾说："过去生产经理常问我该生产什么，现在是我问他能生产什么。"原材料、技术工人、能源、淡水资源、资金及其他资源越来越少，各种资源的短缺对企业的生产造成很大的制约，而且这种影响在将来会越加严重。在市场需求变化莫测、制造资源日益短缺的情况下，企业如何取得长久的经济效益，是企业制定战略时必须考虑的问题。

可持续发展
让世界变得更美好

子任务 2-7 理解全球性技术支持和售后服务

知识窗：赢得用户信赖是企业保持长盛不衰的竞争力的重要因素之一。赢得用户不仅要靠具有吸引力的产品质量，而且还要靠售后的技术支持和服务网络。许多世界著名企业在全球拥有健全而有效的服务网络就是最好的印证。

子任务 2-8 用户的要求越来越苛刻

知识窗1：随着时代的发展，大众知识水平的提高和激烈竞争带给市场的产品越来越多、越来越好，用户的要求和期望越来越高，消费者的价值观发生了显著变化，需求结构普遍向高层次发展。

知识窗 2-1：对产品的品种规格、花色品种、需求数量呈现多样化、个性化要求，而且这种多样化要求具有很高的不确定性。

知识窗 2-2：对产品的功能、质量和可靠性的要求日益提高，而且这种要求提高的标准又是以不同用户的满意程度为尺度的，产生了判别标准的不确定性。

知识窗 2-3：要求在满足个性化需求的同时，产品的价格要向大批量生产的那样低廉。

知识窗 3：制造商将发现，最好的产品不是他们为用户设计的，而是他们和用户一起设计的。全球供应链使得制造商和供货商得以紧密联系在一起来完成一项任务。这一机制也同样可以把用户结合进来，使得生产的产品真正满足用户的需求和期望。

任务 2　认识 21 世纪全球市场竞争的主要特点

子任务 1　认识企业在市场上竞争因素的变化

知识窗：随着经济的发展，影响企业在市场上获取竞争优势的主要因素也发生着变化。

认清主要竞争因素的影响力，对于企业管理者充分利用、获取最大竞争优势具有非常重要的意义。与 20 世纪的市场竞争特点相比，21 世纪的竞争又有了新的特点：产品寿命周期越来越短、产品品种数飞速膨胀、对交货期的要求越来越高、对产品和服务的期望越来越高。

子任务 2　了解企业面临经营过程与发展而带来的不确定性

知识窗 1：包括市场因素（顾客对产品、产量、质量、交货期的需求和供应方面）和企业经营目标（新产品、市场扩展等）的变化。这些变化增加了企业管理的复杂性，主要表现在：

知识窗 2-1：企业面临的环境，无论是企业内部环境，还是外部环境，均存在许多事先难以预测的不确定性因素。

对少品种、大批量的生产，一般说是一种平稳的随机过程；而对多品种、小批量的需求，则是非平稳过程和单件类型等的突发事件。

知识窗 2-2：大维数的离散事件使得企业的经营处于动态过程。

与化工、石油、电力等连续生产过程的企业不同，加工装配式的制造企业是一种离散过程，尽管也有流水线，但是它的零件是在不同设备上一个个生产出来的，它的最终产品是由各种零件装配而成的。这种过程在生产组织上遇到了计算上的复杂性困难，要想得到优化结果几乎是不可能的。

知识窗 2-3：过程中具有大量的非线性与非结构化的问题，出现在现代制造业的生产管理过程中，除了可以用现有理论和数学方法描述的结构化问题成分外，还有目前尚不能或只能部分描述的非结构化的成分。

对于结构化部分，也有不少过程呈现非线性关系。这说明人们对生产管理中的许多规律还没有掌握，只能靠管理人员的经验甚至是直觉来把握。

知识窗 3：企业要想在这种严峻的竞争环境下生存，必须具有较强的处理环境的变化和由环境引起的不确定性的能力。

任务 3　理解供应链研究的演化过程

子任务 1　认识传统企业的功能组织

知识窗 1：功能对立

功能对立如图 1-2 所示。

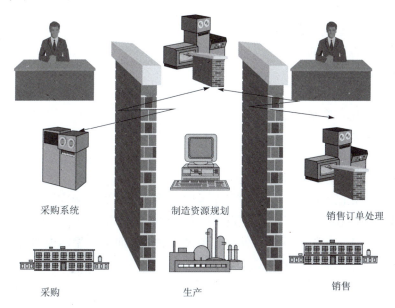

采购系统　　　　　　　制造资源规划　　　　　　销售订单处理

采购　　　　　　　　　　生产　　　　　　　　　　销售

图 1-2　功能对立

知识窗 2：传统企业的表象

传统企业的表象如图 1-3 所示。

知识窗 3：传统企业的结果

影响企业的结果如图 1-4 所示。服务水平不变，但作业成本上升；作业成本不变，但服务水平下降；作业成本上升，服务水平下降。

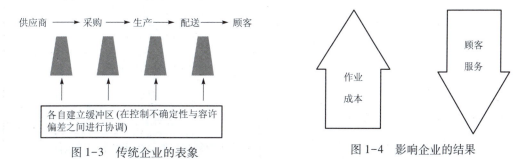

图 1-3　传统企业的表象　　　　　　　图 1-4　影响企业的结果

（1）成本压力将顺着供应链而往下推，如实时生产陷阱处于疲于应对的状态。

（2）泰勒主义：① 专家文化，理论上是对的，实际运作是错的；② 局部最佳解，只看到了整体中的一部分，忽视了全局利益。

（3）系统是仅仅用来做协调：① 临时应对处理相关紧急出现的事情，导致增加成本；② 更多数据不进行分析加工，导致并不等于拥有更多的信息。

（4）供应链不透明。

（5）局部最佳解：① 决策往往是主观性的非程序导向；② 在某个部门或项目的专家不具有其他领域的知识。

知识窗4：曾经经历了生存、发展的企业，他们所积累的经验在如今的时代为何不再有功能和效率。

（1）由卖方市场变成买方市场。

（2）质量是可以追求的。

（3）市场全球化。

（4）后工业时代的开始。

（5）大量订制化、客制化。

（6）供应链的复杂性。

（7）崩溃中的供应链。

知识窗5：引发转变流动的因素

（1）成功的模式已经改变，已由"订单导向"转变为"顾客导向"。

（2）企业、部门、个人是否有供应链？目标一致吗？是否有效率？

（3）设计、购买、自制、搬运、储存、销售在运作方面都是相同类似吗？是否同类项？产生规模效应了呢？产生的效应有多大呢？

子任务2　了解供应链管理模式——迈向市场领导者之路

知识窗1：基础阶段：注重质量

供应链管理基础阶段见表1-1。

表1-1　供应链管理基础阶段

企业的痛处	品质成本
推动的目标	品质与成本
组织的重心	个别部门
程序改变	标准作业步骤
衡量尺度	可预测的成本与费率
信息科技的重心	自动化
规划	速算表
执行	物料需求规划与其他自行开发的应用软件

知识窗2：跨部门小组阶段：服务顾客

供应链管理跨部门小组阶段见表1-2。

表 1-2　供应链管理跨部门小组阶段

企业的痛处	不可靠的订单处理
推动的目标	顾客服务
组织的重心	统合的作业
程序改变	跨部门的沟通
衡量尺度	准时、完美配送
信息科技之重心	包装
规划	点的工具
执行	制造资源规划

知识窗 3：整合性企业阶段：有效推动企业

供应链管理整合性企业阶段见表 1-3。

表 1-3　供应链管理整合性企业阶段

企业的痛处	顾客服务的成本
推动的目标	可获利之顾客反应度
组织的重心	整合性供应链（内部）
程序改变	跨部门程序
衡量尺度	整体配送成本
信息科技的重心	整合
规划	企业供应链规划
执行	企业资源规划

知识窗 4：延伸供应链阶段：创造市场价值

供应链管理延伸供应链阶段见表 1-4。

表 1-4　供应链管理延伸供应链阶段

企业的痛处	缓慢的增长，少量的害处
推动的目标	有利的增长
组织的重心	整合性供应链（外部）
程序改变	特有的顾客程序
衡量尺度	顾客的分享
信息科技的重心	相互可操作
规划	销售额驱动供应链规划
执行	客户管理系统

知识窗 5：供应链社群阶段：成为市场领导者

供应链管理供应链社群阶段见表 1-5。

表 1-5　供应链管理供应链社群阶段

企业的痛处	不提升供应商
推动的目标	市场的领导者
组织的重心	有效快速反应
程序改变	重组程序
衡量尺度	净价值
信息科技的重心	有效的工作
规划	使供应链规划同步
执行	将有效的商业活动置于中心

子任务 3　理解供应链研究的演化过程

知识窗：供应链研究的演化过程如图 1-5 所示。

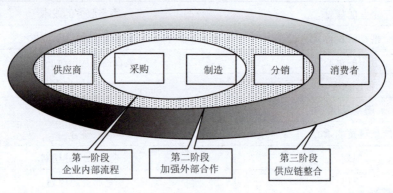

图 1-5　供应链研究的演化过程

任务 4　掌握供应链的基本理论

子任务 1　理解供应链的定义

供应链的定义

知识窗 1：供应链的概念是 20 世纪 80 年代初提出的，但其真正发展却是在 90 年代后期。对于供应链的定义，目前尚未形成统一的定义，许多学者从不同的角度出发给出了许多不同的理解。

知识窗 2：早期的观点认为供应链是制造企业中的一个内部过程，它是指把从企业外部采购的原材料和零部件，通过生产转换和销售等活动，再传递到零售商和用户的一个过程。传统的供应链概念局限于企业内部的操作层上，注重企业自身的资源利用。

知识窗 3：有些学者把供应链的概念与采购、供应管理相关联，用来表示与供应商之间的关系，这种观点得到了研究合作关系、JIT 关系、精细供应、供应商行为评估和用户满意度等问题的学者的重视。但这样一种关系也仅局限在企业与供应商之间，并且供应链中的各企业独立运作，忽略了与外部供应链成员企业的联系，往往造成企业间的目标冲突。

知识窗 4：后来供应链的概念注意了与其他企业的联系，注意了供应链的外部环境，认为它应是一个"通过链中不同企业的制造、组装、分销、零售等过程将原材料转换成产品，再到最终用户的转换过程"，这是更大范围、更为系统的概念。

知识窗 5：这些定义都注意了供应链的完整性，考虑了供应链中所有成员操作的一致性，注重了供应链中成员的关系。

知识窗 6：最新的关于供应链的概念更加注重围绕核心企业的网链关系，如核心企业与供应商、供应商的供应商乃至与一切前向性的关系，与用户、用户的用户及一切后向性的关系。此时对供应链的认识形成了一个网链的概念，像丰田、耐克、尼桑、麦当劳和苹果等公司的供应链管理都是从网链的角度来实施。

知识窗 7：在以上研究分析的基础上，我国国家标准 GB/T 18354—2021《物流术语》给出供应链的定义为："生产及流通过程中，围绕核心企业的核心产品或服务，由所涉及的原材料供应商、制造商、分销商直到最终用户所形成的网链结构。"

知识窗 8：供应链是指产品在达到消费者手中之前所涉及的原材料供应商、生产商、批发商、零售商以及最终消费者组成的供需网络，即由物料获取、物料加工，并将成品送到用户手中这一过程所涉及的企业和部门组成的一个网络。

子任务 2 认识供应链的结构模型

知识窗 1：根据供应链的定义，其结构可以简单地归纳为如图 1-6 所示的模型。典型的供应链中，厂商先进行原材料的采购，然后在一家或多家工厂进行产品的生产，把产成品运往仓库做暂时储存，最后把产品运往分销商或顾客。为了降低成本和提高服务水平，有效的供应链战略必须考虑供应链各环节的相互作用。

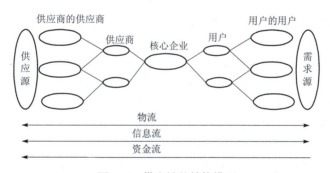

图 1-6 供应链的结构模型

知识窗 2：从图 1-6 中可以看出，供应链由所有加盟的节点企业组成，其中一般有一个核心企业（可以是产品制造企业，如我国的海尔；可以是大型零售企业，如美国的沃尔玛；也可以是第三方物流企业，如我国的宝供物流企业集团有限公司），节点企业在需求信息的驱动下，通过供应链的职能分工与合作（生产、批发、零售等），以资金流、物流或服务流为媒介实现整个供应链的不断增值。

知识窗 3：供应链上集成了物流、信息流、资金流等要素。并且，这些要素常常是跨部门、跨企业，甚至是跨行业的。物流的价值和价值增值由上游企业流向下游企业，需求信息则由下游企业流向上游企业。对于一个具体产品或产品大类的供应链，情况可能十分复杂，是一个复杂系统，存在多个行为主体、多渠道、多层结构和多个决策点。

子任务 3　理解供应链的类型

知识窗 1：供应链的类型见表 1-6。

表 1-6　供应链的类型

分　类　标　准	分　　类
按制造企业供应链的发展过程	内部供应链
	外部供应链
根据供应链存在的稳定性	稳定的供应链
	动态的供应链
根据供应链容量与用户需求的关系	平衡的供应链
	倾斜的供应链
按供应链的主导主体控制能力	盟主型供应链
	非盟主型供应链
按供应链的功能模式（物理功能和市场中介功能）	有效性供应链
	反应性供应链

知识窗 2-1：按制造企业供应链的发展过程分为内部供应链和外部供应链

（1）从结构上讲，内部供应链是指企业内部产品生产和流通过程中所涉及的采购部门、生产部门、仓储部门、销售部门等组成的供需网络。

最初的供应链概念局限于企业的内部操作，注重企业内部各部门的协调，通过团队精神和运行机制，以争取更满意的企业利益目标。

（2）外部供应链则是指涵盖企业的与企业相关的产品生产和流通过程中所涉及的供应商、生产商、储运商、零售商以及最终消费者组成的供需网络。

外部供应链是新的供应链的概念，注重与外部资源、与其他企业的联系，注重供应链的外部环境，偏向于供应链中不同企业的制造、组装、分销、零售等过程，即将原材料转换成产品给最终用户的转换过程，外部供应链是更大范围、更为系统的概念。

知识窗 2-2：根据供应链存在的稳定性分为稳定的供应链和动态的供应链

（1）基于相对稳定、单一的市场需求而组成的供应链稳定性较强。

（2）基于相对频繁变化、复杂的需求而组成的供应链动态性较高。

（3）在实际管理运作中，需要根据不断变化的需求，相应地改变供应链的组成。

知识窗 2-3：根据供应链容量与用户需求的关系分为平衡的供应链和倾斜的供应链

（1）当供应链的容量能满足用户需求时，供应链处于平衡状态，如图 1-7 所示。

（2）当市场变化加剧，造成供应链成本增加、库存增加、浪费增加等现象时，企业不是在最优状态下运作，供应链则处于倾斜状态，如图 1-8 所示。一个供应链具有一定的、相对稳定的设备容量和生产能力（所有节点企业能力的综合，包括供应商、制造商、运输商、分销商、零售商等）。

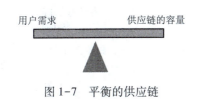

图 1-7　平衡的供应链

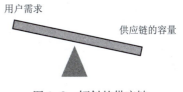

图 1-8　倾斜的供应链

知识窗 2-4：按供应链的主导主体控制能力分为盟主型供应链和非盟主型供应链

所谓盟主型供应链，即某一企业成员在供应链中占有主导地位，对其他企业成员具有很强的辐射能力和吸引能力，通常称该企业为核心企业或主导企业。

盟主型供应链相对于非盟主型供应链，是比较典型的一种供应链类型。从供应链的主导主体分析，可以将供应链划分为制造企业主导供应链、商业企业主导供应链和第三方物流企业主导供应链等形式。

知识窗 2-5：按供应链的功能模式（物理功能和市场中介功能）分为有效性供应链和反应性供应链

（1）有效性供应链也称物质效率型供应链。是以最低的成本将原材料转化成零部件、半成品、产品，并以尽可能低的价格有效地实现以供应为基本目标的供应链管理系统。此类产品需求一般是可以预测的，在整个供应链各环节中总是力争存货最小化，并通过高效率物流过程形成物资、商品的高周转率，从而在不增加成本的前提下尽可能缩短导入期。选择供应商时着重考虑服务、成本、质量和时间因素。

（2）反应性供应链也称灵敏反应型供应链。主要体现供应链的市场中介的功能，即把产品分配到满足用户需求的市场，对未预知的需求做出快速反应的供应链管理系统。此类产品需求一般是不可预见的，需要做到因商品脱销、降价销售和存货过少时所造成的损失最小化，因此，生产系统需要准备足够的缓冲生产能力，存货需准备有效的零部件和成品的缓冲存货，同时，需要以多种方式投资以缩短市场导入期。在选择供应商时主要考虑速度、灵活性和质量因素。

（3）在供应链管理设计中，功能性产品强调有效实物供给，创新性产品强调市场灵敏反应，无论是提高物质效率过程或提高市场灵敏反应过程都需要相应投资。根据企业产品及市场战略创建供应链管理体系，应当能够提高设计的针对性，强化信息流、物流同期化程度，重点提高供应链实物效率过程或市场灵敏反应过程，实现和增加供应链给客户带来的附加价值。

（4）有效性供应链和反应性供应链的比较见表 1-7。

表 1-7　有效性供应链和反应性供应链的比较

项目 ＼ 类型	反应性供应链	有效性供应链
基本目标	尽可能快地对不可预测的需求做出反应，使缺货、降价、库存造成的损失最小化	以最低的成本供应可预测的需求
制造的核心	配置多余的缓冲库存	保持高的平均利用率

续表

项目 ＼ 类型	反应性供应链	有效性供应链
库存策略	安排好零部件和成品的缓冲库存	创造高收益而使整个供应链的库存最小化
提前期	大量投资以缩短提前期	尽可能缩短提前期
供应商的标准	速度、质量、柔性	成本、质量
产品设计策略	采用模块化设计，尽可能差异化	绩效最大化、成本最小化

子任务 4　熟悉供应链的特征

知识窗 1：供应链的特征如图 1-9 所示。

知识窗 2-1：复杂性

供应链是一个复杂的网络系统。首先，受不同外部经济环境、不同行业、不同生产技术和不同产品的影响，会产生不同形态结构、不同行为主体构成和采用不同控制方式的供应链。其次，因为供应链节点企业组成的跨度（层次）不同，供应链往往由多个、多类型甚至多国企业构成，所以供应链结构模式比一般单个企业的结构模式更为复杂。因此，对某一企业来说，要找到最优的供应链发展战略，其本身就是一项很具有挑战性的工作。

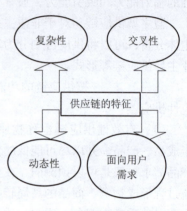

图 1-9　供应链的特征

知识窗 2-2：动态性

供应管理的目标，既要满足消费需求，又要实现系统成本最小化。然而，消费需求和成本结构参数都是随着时间不断变化，这增大了供应链管理的难度。另外，还受行业竞争的制约。最后，原材料供应商、制造商、物流者和分销商等合作伙伴的组成结构和行为方式，也需要不断优化组合。

知识窗 2-3：面向用户需求

供应链的形成、存在、重构，都是基于一定的市场需求而发生，并且在供应链的运作过程中，只有用户的需求拉动才是供应链中信息流、物品流、服务流、资金流运作的驱动源。

知识窗 2-4：交叉性

节点企业可以是这个供应链的成员，同时又是另一个供应链的成员，众多的供应链形成交叉网状结构，增加了协调管理的难度。

任务 5　掌握供应链管理的基本理论

子任务 1　理解供应链管理的定义

知识窗 1：对于供应链管理，曾有许多不同的定义和称呼对于供应链管理的定义和称呼有快速反应（QR）、虚拟物流（VL）、连续补充、有效用户反应（ECR）等。

这些称呼考虑的层次、角度不同，但都是通过计划和控制来实现企业内部和外部之间的合作，实质上它们一定程度上都集成了供应链和增值链两个方面的内容。

知识窗2：供应链管理是一种集成的管理思想和方法

从供应链的构成分析，在供应链管理中仅强调对单个部门的物流活动进行控制是不够的，必须要对整条供应链的所有环节或关系较近的几个关键环节的物流活动进行协同运作，实施一体化管理，它执行供应链中从供应商到最终用户的物流的计划和控制等职能。

例如，伊文斯认为："供应链管理是通过前馈的信息流和反馈的物料流及信息流，将供应商、制造商、分销商，直到最终用户连成一个整体的管理模式。"菲利浦则认为供应链管理不是供应商管理的别称，而是一种新的管理策略，它把不同企业集成起来以增加整个供应链的效率，注重企业之间的合作。美国物流协会认为："以提高企业个体和供应链整体的长期绩效为目标，对特定企业内部跨职能部门边界的运作和在供应链成员中跨企业边界的运作进行战术控制的问题。"

最早人们把供应链管理的重点放在管理库存上，作为平衡有限的生产能力和适应用户需求变化的缓冲手段，它通过各种协调手段，寻求把产品迅速、可靠地送到用户手中所需要的费用与生产、库存管理费用之间的平衡点，从而确定最佳的库存投资额。因此其主要的工作任务是管理库存和运输。现在的供应链管理则把供应链上的各个企业作为一个不可分割的整体，使供应链上各企业分担的采购、生产、分销的职能成为一个协调发展的有机体。

知识窗3：国家标准对供应链管理的定义

国家标准GB/T 18354—2021《物流术语》给出供应链管理的定义为："从供应链整体目标出发，对供应链中采购、生产、销售各环节的商流、物流、信息流及资金流统一进行计划、组织、协调、控制的活动和过程。"

可以这样理解：

（1）供应链管理的范围包括由供应商的供应商、客户的客户所构成的网链结构及所涉及的资源范畴。

（2）供应链管理的目的是追求整个系统的效率和费用的有效性，使系统效益最大、总成本最低。

（3）管理内容是围绕网链各方经营主体、设施资源、功能服务等的一体化与集成管理，资源有效利用、资源整合将贯穿于企业战略层、战术层直到作业层的决策、经营和作业管理活动之中。

知识窗4：集成化供应链管理（ISCM）与集成化供应链的定义

集成化供应链管理与集成化供应链是指购买者、供应商和顾客的联盟以及他们共同努力达到一个更具有竞争力的先进组织的过程，如图1-10所示。

子任务2　熟悉供应链管理的内容

知识窗1：供应链管理涉及的领域

（1）供应链管理研究的内容主要涉及四个领域：供应、生产作业、物流、需求，如图1-11所示。

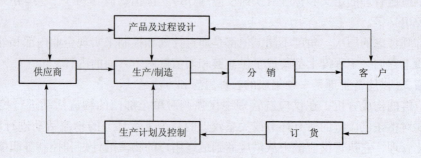

图 1-10　集成化供应链管理与集成化供应链

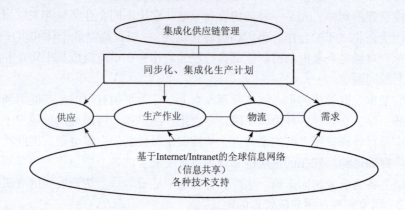

图 1-11　供应链管理研究的主要领域

（2）供应链管理研究的内容还涉及：战略性供应商和用户伙伴关系管理；供应链产品需求预测和计划；全球节点企业的定位，设备和生产的集成化计划、跟踪和控制；企业内部与企业之间物料供应与需求管理；基于供应链管理的产品设计与制造管理；基于供应链的用户服务和运输、库存、包装等管理；企业间资金流管理（如汇率、成本等问题）。

知识窗 2：供应链管理涉及的主要问题

供应链管理涉及的主要问题如图 1-12 所示。

（1）随机性问题。包括供应商可靠性、分销与物流渠道可靠性、需求不确定性、价格波动影响、汇率变动影响、随机固定成本、提前期的确定、顾客满意度的确定等方面。

（2）供应链结构性问题。包括规模经济性、选址决策、生产技术选择、产品决策、联盟网络确定等方面，如图 1-13 所示。

（3）供应链全球化问题。包括贸易壁垒、税收、政治环境、产品差异性等方面。

（4）协调机制问题。包括供应—生产协调、生产—销售协调、库存—销售协调等方面。

子任务 3　掌握供应链管理的思想

知识窗 1：对供应链这一复杂系统，要想取得良好的绩效，必须找到有效的协调管理方法，供应链管理思想就是在这种环境下提出的。

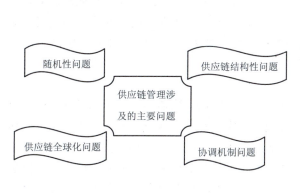

图 1-12 供应链管理涉及的主要问题   图 1-13 供应链结构性问题

计算机网络的发展进一步推动了制造业的全球化、网络化过程。虚拟制造、动态联盟等制造模式的出现，更加迫切需要新的管理模式与之相适应。传统的企业组织中的采购（物资供应）、加工制造（生产）、销售等看似整体，但却是缺乏系统性和综合性的企业运作模式，已经无法适应新的制造模式发展的需要，而那种大而全，小而全的企业自我封闭的管理体制，更无法适应网络化竞争的社会发展需要。因此，供应链的概念和传统的销售链是不同的，它已跨越了企业界限，从建立合作制造或战略伙伴关系的新思维出发，从产品生命线的源头开始，到产品消费市场；从全局和整体的角度考虑产品的竞争力，使供应链从一种运作性的竞争工具上升为一种管理性的方法体系，这就是供应链管理提出的实际背景。

综上所述，供应链管理的基本思想可以概括为如图 1-14 所示的内容。

图 1-14 供应链管理的基本思想

知识窗 2-1：“横向一体化”的管理思想

强调企业的核心竞争力，这也是当今人们谈论的共同话题。为此，要清楚地辨别本企业的核心业务，狠抓核心资源，以提高核心竞争力。供应链上的企业应向专业化方向发展，克服原来的“大而全、小而全”，努力发展自身的核心竞争能力。企业自身核心竞争能力的形成，有助于保持和强化供应链上的合作伙伴关系。

知识窗 2-2：系统思想

把供应链看成一个整体，而不是将供应链看成是由采购、制造、分销等构成的一些分离的功能块。例如，从库存管理来看，供应链管理中的库存水平是在供应链成员中协调，以使库存投资与成本最小。而传统的管理方法是把库存向前推或向后延，根据供应链成员谁最有主动权而定。例如，汽车制造商采用 JIT 存货管理时，供应商的库存水平大大提高了，以满足汽车制造商强加的 JIT 送货计划。把库存推向供应商并降低管道中的库存投资，仅仅是转移了库存。解决这个问题可通过提供有关生产计划的信息，共享有关预期需求、订单、生产计划等信息的方法，减少不确定性，并使安全库存点降低。但是让公司共享信息需要克服一些困难，比如共享方担心竞争对手知情太多会降低其竞争优势等。

知识窗 2-3：供应链企业间形成的合作性竞争

合作性竞争可以从两个层面理解：一是过去的竞争对手相互结盟，共同开发新技术，成果共享；二是将过去由本企业生产的非核心零部件外包给供应商，双方合作共同参与竞争。这实际上也是体现出核心竞争力的互补效应。

知识窗 2-4：非核心业务都采取外包的方式分散给业务伙伴，与业务伙伴结成战略联盟关系

建立新型的企业伙伴关系，以实现信息共享、风险共担。通过科学的选择业务伙伴，减少供应商数目，将过去企业与企业之间的敌对关系改变为紧密合作的业务伙伴，通过企业间的协调机制来降低成本、提高质量。

知识窗 2-5：以顾客满意度作为目标的服务化管理

对下游企业来讲，供应链上游企业的功能不是简单的提供物料，而是要用最低的成本提供最好的服务。

知识窗 2-6：供应链追求物流、信息流、资金流、工作流和组织流的集成

供应链管理的目的是降低整个供应链的总成本，包括采购时的价格及送货成本、库存成本等。在传统的管理中，公司一般只注重本公司发生的成本，不太意识到它们与供应商的关系如何将影响到最终产品的成本。由于竞争的原因，一般公司不会向供应商提供备货时间的信息，或要求顾客大批量购买，这样会增加他们的库存成本，最终此成本沿着供应链传递到最终客户中去。但是，信息共享是一个难处理的问题，尤其是在供应商或顾客也与它的竞争对手有业务往来的情况。但信息共享是成功的关键因素。

知识窗 2-7：借助信息技术实现目标管理

这是信息流管理的先决条件，况且传统型企业与现代型企业最大的区别就在于信息技术的不同。

知识窗 2-8：更加关注物流企业的参与

在供应链管理环境下，物流的作用特别重要，因为缩短物流周期比缩短制造周期更关键。供应链管理强调的是一种从整体上响应最终用户的协调性，没有物流企业的参与是不可

想象的。

子任务 4 掌握供应链管理的理念与目标

知识窗 1：供应链管理的理念

供应链管理的理念包括：

（1）面向顾客理念。

（2）双赢和多赢理念。

（3）管理手段、技术现代化。

供应链的定义

知识窗 2：供应链管理的目标

供应链管理的目标见表 1-8。

表 1-8 供应链管理的目标

供应链管理的目标	根据市场需求的扩大，提供完整的产品组合
	根据市场需求的多样化，缩短从生产到消费的周期
	根据市场需求的不确定性，缩短供给与需求的距离
	降低供应链整体的物流成本和费用，提高供应链整体的运作效率，增强整体供应链的竞争力

子任务 5 熟悉供应链管理的驱动要素

知识窗 1：供应链管理者必须针对影响供应链运营的相对独立的主要驱动要素——库存、运输、设施和信息（图 1-15），在反应能力和盈利水平之间进行平衡。

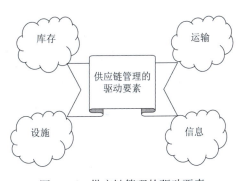

图 1-15 供应链管理的驱动要素

知识窗 2-1：库存

库存的改变会在很大程度上影响整个供应链的反应能力和盈利水平。

厂商可以通过提高库存水平来增强反应能力，然而，库存量的增大将增加厂商的成本，从而降低盈利水平；反之，减少库存会提高厂商的盈利能力，却又降低了反应能力。

知识窗 2-2：运输

运输有多种方式与多种路径的组合可供决策与选择，不同组合有各自不同的运营特点。

选择更为快捷的运输方式，提高供应链的反应能力，意味着要支付更高的运输成本，降低了盈利能力。

选择速度较慢的运输方式，降低运输成本，提高盈利能力，但意味着必须以降低反应能力为代价。

知识窗 2-3：设施

设施无论是在生产场所还是储存场所，有关设施的选址、功能和灵活性决策对供应链的绩效有着决定性的作用。例如，一家汽车零配件分销商为了提高自己的反应能力，可以选择在靠近消费者的地方建设许多仓储设施，但这样做会降低盈利水平。若为了追求利盈利，它可能会减少仓库数量，这样做又会降低反应能力。

知识窗 2-4：信息

信息包括整条供应链中有关库存、运输、设施、顾客等的数据资料和分析。

信息为管理者提供决策依据，从而使供应链更具反应能力和盈利水平。

在顾客需求拉动模式中，厂商利用及时、有效、丰富的顾客订单信息和供应信息，在订单履行时间内，快速合理地组织供应、生产和分销配送等活动，既提高了整个供应链的反应能力，也提高了供应链的盈利能力。

子任务 6　熟悉供应链管理的运营机制

知识窗 1：供应链成长过程体现为企业在市场竞争中的成熟与发展之中，通过供应链管理的合作机制、决策机制、激励机制、自律机制等来实现满足顾客需求、使顾客满意以及留住顾客等功能目标，从而实现供应链管理的最终目标，社会目标（满足社会就业需求）、经济目标（创造最佳利益）、环境目标（保持生态与环境平衡）的统一，如图 1-16 所示。

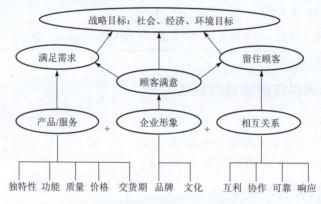

图 1-16　供应链管理目标的实现过程

知识窗 2-1：合作机制

供应链合作机制体现了战略伙伴关系和企业内外资源的集成与优化利用。基于这种企业环境的产品制造过程，从产品的研究开发到投放市场，周期大大缩短，而且顾客导向化程度更高，模块化、简单化产品、标准化组件，使企业的柔性和敏捷性在多变的市场中显著增强，虚拟制造与动态联盟提高了业务外包策略的利用程度。企业集成的范围扩展了，从原来的中低层次的内部业务流程重组上升到企业间的协作，这是一种更高级别的企业集成模式。

在这种关系中，市场竞争的策略主要是基于时间的竞争和价值链及价值让渡系统管理或基于价值的供应链管理。

知识窗 2-2：决策机制

由于供应链企业决策信息的来源不再仅限于一个企业内部，而是在开放的信息网络环境下，不断进行信息交换和共享，达到供应链企业同步化、集成化计划与控制的目的，而且随着 Internet/Intranet 发展成为新的企业决策支持系统，企业的决策模式将会产生很大的变化，因此处于供应链中的任何企业决策模式应该是基于 Internet/Intranet 的开放性信息环境下的群体决策模式。

知识窗 2-3：激励机制

为了掌握供应链管理的技术，必须建立、健全业绩评价和激励机制，使我们知道供应链管理思想在哪些方面、多大程度上给予企业改进和提高，以推动企业管理工作不断完善和提高，也使得供应链管理能够沿着正确的轨道与方向发展，真正成为能为企业管理者乐于接受和实践的新的管理模式。

知识窗 2-4：自律机制

自律机制要求供应链企业向行业的领头企业或最具竞争力的竞争对手看齐，不断对产品、服务和供应链业绩进行评价，并不断地改进，以使企业能保持自己的竞争力和持续发展能力。自律机制主要包括企业内部的自律、对比竞争对手的自律、对比同行企业的自律和比较领头企业的自律。企业通过推行自律机制，可以降低成本，增加利润和销售量，更好地了解竞争对手，提高客户满意度，增加信誉，企业内部的部门之间的业绩差距也可以得到缩小，从而提高企业的整体竞争力。

子任务 7　认识供应链管理与传统管理模式的区别

知识窗 1：供应链管理把供应链中所有节点企业看作一个整体，供应链管理涵盖整个物流的从供应商到最终用户的采购、制造、分销等职能领域过程。

知识窗 2：供应链管理强调和依赖战略管理。

"供应"是整个供应链中节点企业之间事实上共享的一个概念（任意两节点之间都是供应与需求关系），同时它又是一个有重要战略意义的概念，因为它影响了或者可以认为它决定了整个供应链的成本和市场占有份额。

知识窗 3：供应链管理最关键的是需要采用集成的思想和方法，而不仅是节点企业、技术方法等资源简单的连接。

知识窗 4：供应链管理具有更高的目标，通过管理库存和合作关系去达到高水平的服务，而不是仅完成一定的市场目标。

子任务 8　掌握供应链管理的关键问题

知识窗 1：供应链管理是一个复杂的系统，涉及众多目标不同的企业，牵扯到企业的方方面面，因此实施供应链管理必须确保要理清思路、分清主次、抓住关键问题。只有这样，才能做到既见"树木"，又见"森林"，避免陷入"只见树木，不见森林"或"只见森林，不见树木"的尴尬境况。

供应链管理的关键问题如图 1-17 所示。

知识窗 2-1：配送网络的重构

配送网络重构是指采用一个或几个制造工厂生产的产品来服务一组或几组在地理位置上分散的零售商，当原有的需求模式发生改变或外在条件发生变化后，根据需要对配送网络进行的调整。这可能由需求模式的改变，现有的几个仓库租赁合同的终止或零售商的数量发生增减变化等原因引起。另外，需求模式的变化可能要求改变工厂的生产水平，选择新的供应商，设计商品在配送网络中的新的流动方式。在最小化总生产、库存、运输成本和满足服务水平的条件下，管理层如何选择各仓库的地点和容量，确定每一个工厂的生产水平，安排各

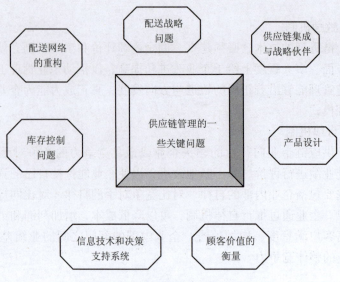

图 1-17   供应链管理的关键问题

设施之间的运输呢？

知识窗 2-2：配送战略问题

在供应链管理中配送战略也非常关键，需要考虑采用直接转运战略、经典配送战略还是直接运输战略？需要多少个转运点？哪种战略更适合供应链中大多数的节点企业呢？

大家知道沃尔玛公司的成功与采用直接转运的配送战略有关。所谓直接转运战略就是指在这个战略中终端渠道由中央仓库供应货物，中央仓库充当供应过程的调节者和来自外部供应商的订货的转运站，而其本身并不保留库存。经典配送战略则是在中央仓库中保留有库存。直接运输战略，则相对较为简单，它是指把货物直接从供应商仓库运往终端渠道的一种配送战略。

知识窗 2-3：供应链集成与战略伙伴

由于供应链本身的动态性以及不同节点企业间存在着相互冲突的目标，因此对供应链进行集成是相当困难的。但实践表明，对供应链集成不仅是可能的，而且它能够对节点企业的销售业绩和市场份额产生显著的影响作用。那么集成供应链的关键是什么呢？信息共享与作业计划！显然，什么信息应该共享、如何共享、信息如何影响供应链的设计和作业、在不同节点企业间实施什么层次的集成、可以实施哪些类型的伙伴关系等就成了最为关键的问题。

知识窗 2-4：库存控制问题

例如，关于"一个零售商对某一特定的产品应该持有多少库存？"的问题，因为顾客需求随时间而变化，零售商只能用历史数据来预测需求。零售商的目标在于决定在什么点上再订购一批产品，以及为了最小化库存订购和保管成本，应订多少产品。更基本的问题是，零售商为什么要保留库存？是因为顾客需求的不确定性，供应过程的不确定性，还是其他一些原因？如果是因为顾客需求的不确定性，那么是否可以采用一些措施来减少这种不确定性？零售商的订货量是否应该大于、小于或等于需求的预测值？最后，应该采用多大库存周转率？不同行业是否有不同的库存周转率？

知识窗 2-5：产品设计

众所周知，有效的产品设计在供应链管理中起着多方面的关键作用。最明显的，某些产品设计相对于其他设计会增加库存保管成本或运输成本，而其他一些设计可能有利于缩短制造周期。但是，产品重新设计的代价通常是很昂贵的，需要考虑的问题有：什么时候值得对产品进行设计来减少物流成本或缩短供应链的周期？产品设计是否可以弥补顾客需求的不确定性？为了利用新产品设计，对供应链应该做什么样的修改？最后，诸如大量定制化等新概念越来越流行，在成功地实施这些新概念的过程中，供应链管理扮演着什么样的角色？

知识窗 2-6：信息技术和决策支持系统

信息技术是促成有效供应链管理的关键因素。实际上，目前之所以开始研究供应链管理也是因为信息技术的发展。供应链管理的基本问题不在于是否可以获取数据，而在于应该传递什么数据，即哪些数据对于供应链管理是重要的，哪些是可以忽略的？如何进行数据的分析和利用？Internet 的影响是什么？电子商务的作用是什么？在企业内部和供应链伙伴之间需要什么样的基础设施？

知识窗 2-7：顾客价值的衡量

顾客价值是衡量一个企业对其顾客的贡献大小的指标，这一指标是根据企业提供的全部货物、服务以及无形影响来衡量的。最近几年来，这个指标已经取代了质量和顾客满意度等指标。主要包括在不同行业中，是什么因素决定顾客的价值？顾客价值是如何衡量的？在供应链中，信息技术如何用来增强顾客价值？供应链管理如何作用于顾客价值？

任务实训

从"四大名著"看供应链管理的思想

以小组的形式提交小论文，撰写要求如下：

1. 分组进行，每组 4~5 人（必须要有异性同学），抽签决定做具体不重复 4 个项目的小论文（方式：抽签决定。老师事先做好分别标记 1~9 的小纸签 4 份，学生代表抽签，如抽到重复数字的签，则作废，将重复数字的签放回到等待抽的一堆签当中去，再抽一次，直到 4 个不同数值的签；数字 1~9 对应教材的"项目"）。

2. 自行决定选择哪部"四大名著"与教材的某一段落，但必须这两者之间要有紧密的逻辑联系。

3. 小论文包括标题（4 号字，宋体）、四部分的正文与附件。

4. 正文第一部分"1. 供应链管理的知识"，内容必须是教材里面的，字数控制在 100 字以下。

5. 正文第二部分"2.《××××》第 ×× 回故事情境"，内容必须是"四大名著"里面的，字数控制在 200 字以下。

6. 正文第三部分"3. 我们的理解"，内容必须是至少 4 个点/段，点/段之间的文章字数大体匀称；控制在 900~1 200 字符数。

7. 正文第四部分"4. 给我们的启示"，内容字数控制在 80 字以内，必须是至少五个提纲式、浓缩的短句，短句间的字数大体匀称。

8. 附件中至少包含如下信息：专业、年级与班级，组别（如第5组），以及组长姓名、组员姓名、完成的时间、指导老师姓名。

9. 大标题必须醒目，四个小标题与正文的字体要区分，四个小标题之间的字体大小要一致。

10. 所有提交材料的文本内容必须要在一张A4纸上打印（可以通过调整字体、页边距、页眉页脚、文档网格、段落设置等来进行），正文字体为5号宋体。

11. 所撰写4个项目的小论文的时间间隔，要求至少10天。

▶ 思考题

1. 21世纪企业面临的环境特点有哪些？
2. 供应链的类型有哪些？
3. 有效性供应链和反应性供应链有什么区别？
4. 供应链管理涉及什么领域？涉及哪些主要问题？
5. 供应链管理与传统管理模式有什么区别？
6. 供应链管理的关键问题有哪些？

▶ 学习评价

考核项目	计分标准	得分	备注
考勤情况 （10分）	缺课一次，扣1分；累计缺课达到总课时的1/3，取消考试资格		
作业完成情况 （10分）	原则上全班前3名，为满分10分，4~6名，为9分，以此类推；如果某个分数相同的同学较多，则该分数为一个得分数值，后续，则再后推。举例：全班100分1人，99分2人，98分10人，则100分与99分的同学为10分，98分的同学为9分……		
学习积极参与度情况 （40分）	授课老师根据所提问题的难易程度，事先发布学习积极参与度完成的"悬赏分值"，第一个站立正确回答完毕的学生，得到"悬赏分值"，学生站立回答，不需要得到老师的许可；回答错误，不扣分。 　原则上全班前3名，为满分40分，4~6名，为39分，以此类推；如果某个分数相同的同学较多，则该分数为一个得分数值，后续，则再后推		

考核项目	计分标准	得分	备注
小论文完成情况（40分）	以小组的形式完成；组长根据组员的工作程度，给予分配权重系数，小组的总权重系数为人数之和。举例：小论文完成得分为80分，张三的权重系数为0.9，李四的权重系数为0.8，王二的权重系数为1.1，钱五的权重系数为1.0，赵六的权重系数为1.2，那么小论文完成得分分配到小组组员的分数为：张三80分×0.9=72分，李四80分×0.8=64分，王二80分×1.1=88分，钱五80分×1.0=80分，赵六80分×1.2=96分。 原则上全班前3名，为满分40分，4~6名，为39分，以此类推；如果某个分数相同的同学较多，则该分数为一个得分数值，后续，则再后推		4篇小论文的分数分别计入对应项目
其他加扣分情况	有一次正能量的事情，加1分；有一次负能量的事情，扣1分；加扣分可以互抵		
总成绩	教师签字		
举例说明：马三同学本项目学习评价：考勤10分，作业完成情况9分，学习积极参与度情况36分，小论文完成情况35分，其他加扣分情况加3分，该同学本项目学习评价：10分+9分+36分+35分+3分=93分。			

项目二

供应链管理的方法

❖ 学习目标

【知识目标】熟悉 EOS 电子订货系统，熟悉 CPFR 协同、规划、预测和连续补货，熟悉 ABC 管理法，熟悉 VCA 价值链分析法。

【技能目标】掌握 QR 快速反应、ECR 有效顾客反应、ERP 企业资源规划、JIT 准时化管理。

【素养目标】养成科学严谨思维，培养公平、公正素养，树立全局意识。

❖ 思维导图

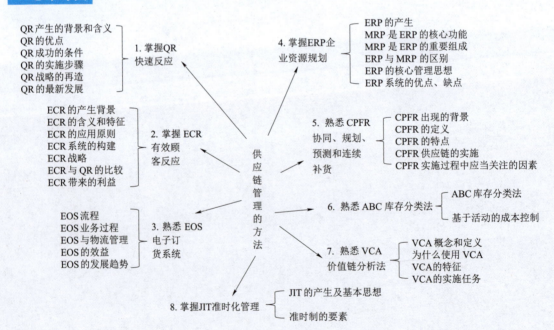

❖ 导入范文

从《红楼梦》看供应链管理的思想

1. 供应链管理的知识

在教材"ECR 的应用原则"中，有如下表述：

ECR 必须由相关的商业带头人启动。该商业带头人应决心通过代表共同利益的商业联盟取代旧式的贸易人系而达到获利之目的，必须建立共同的成果评价体系。该体系注重整个系统的有效性（即通过降低成本与库存以及更好的资产利用，实现更优价值），清晰地标识出潜在的回报（即增加的总值和利润），促进对回报的公平分享。

2.《红楼梦》第十三回故事情境

一时女眷散后，王夫人问凤姐："你今儿怎么样？"凤姐儿道："太太只管请回去，我须得先理出一个头绪来，才回去得呢。"王夫人听说，便先同邢夫人等回去，不在话下。这里凤姐儿来至三间一所抱厦内坐了，因想：头一件是人口混杂，遗失东西；第二件，事无专责，临期推委；第三件，需用过费，滥支冒领；第四件，任无大小，苦乐不均；第五件，家人豪纵，有脸者不服钤束，无脸者不能上进。

3. 我们的理解

（1）我们把秦可卿死后，王熙凤协助宁国府料理后事与供应链中的有效快速反应进行联系，把宁国府看成一个企业，把王熙凤看作相关行业的带头人。王熙凤能看到宁国府发展不好的原因，并快速反应，建立起了一个员工体系、奖惩制度。把每个员工具体落实到什么时间该干哪件事，充分地利用好员工的能力，实现更优的价值。

（2）王熙凤看到宁国府的状况后，反应迅速，及时有效。

（3）王熙凤在管理宁国府的时候，给宁国府的下人制定了严格的奖惩制度。她用严格的纪律来提高员工的素质和观念，给员工带来更好的服务，实现了消费者满意和基于各方利益整体效益的最大化。

（4）王熙凤给每个人分了任务组，能够更好地提高效率。王熙凤投入了大量的精力去管理宁国府内部，并在管理上严格要求，所以下人们做事效率高了。

4. 给我们的启示

（1）企业必须由相关的商业带头人启动，并且有创新的管理意识。

（2）一些中小型企业应当学习借鉴王熙凤的管理才能。

（3）作为一名管理者要努力提高自己的威信和专业能力。

（4）企业的运行要尽量落实每个人的工作，避免找不到负责人，避免推脱、偷闲等情况。

（5）企业的带头人须有灵活的头脑，遇事快速反应。

21 级现代物流管理 3 班

组长：詹丽

组员：杨慧、丁勇、曾瑶、韩飞杨、杨理胜

完成时间：2023 年 4 月 30 日

指导老师：杨国荣

从《三国演义》看供应链管理的思想

1. 供应链管理的知识

在教材"MRP 的产生"中，有如下表述：

MRP 的定义：物料需求计划是根据市场需求预测和顾客订单制订产品的生产计划，然后基于产品生成进度计划、组成产品的材料结构表和库存情况，通过计算机计算所需材料的需求量和需求时间，从而确定材料的加工进度和订货日程的一种实用技术。在实施 MRP 时，与市场需求相适应的销售计划是 MRP 成功的最基本的要素。如果销售领域能准确、及时地提供每个时间段的最终产品需求的数量和时间，则企业就能充分发挥 MRP 的功能，有效地实现 MRP 的目标。

2. 《三国演义》第三十五回故事情境

玄德南漳逢隐沦，单福新野遇英主。刘备遭荆州蔡瑁追杀，跃马过檀溪得以保全性命，机缘巧合之下，刘来到隐士云集的南漳，在这里他拜谒了著名的隐士司马徽。司马徽告诉他，想要成就一番伟业，必须有杰出人才的辅佐。不久，有大才但一直不得志的徐庶（单福）在新野和刘备巧遇，刘备慧眼识才，拜徐为军师。由于曹仁不听李典的劝告，认为新野是个小地方用不着曹操大军攻打，便一意孤行率领全军进攻，后被徐用计打败。

3. 我们的理解

（1）管理者要想白手起家建立公司，需要向外部环境了解市场需求并制定需求计划，方可有利于公司长期发展。

（2）企业想要发展壮大不仅要稳定企业内部环境，还要制定一个人才培养机制，这样的话企业才能够拥有核心竞争力。人才是企业发展过程中的核心，源源不断为企业输送人才方能维持企业的生命力。除此之外，企业还要进行生产技术的不断创新。

（3）企业要想在庞大的市场外部环境下生存并长期发展，可以和多方进行互惠互利的合作。在面对外部环境打压时，多个企业团结的力量总会比单个企业力量大得多。

（4）管理者不能急功近利，要有抗舆论压力的能力，还要有解决外界舆论的能力，同时诚信也是他们所必须具备的品格，这样的管理者具有人格魅力，才会有人才愿意追随他们。

4. 给我们的启示

（1）明知自身没有实力却有伟大理想，需从外部环境寻求发展。

（2）擅于看到他人的长处，取其优势补己劣势。

（3）当实力领先他人时，不能过于骄傲自负。

（4）与他人出现分歧时，要坚持自己的想法。

（5）在团队协作时，要制定合理的计划才能够取得最终胜利。

22 级采购与供应管理 1 班

组长：汪晶晶

组员：朱盈希、詹菊萍、魏泰坤、周晴、张紫烟

完成时间：2023 年 10 月 22 日

指导老师：杨国荣

任务1　掌握 QR 快速反应

子任务1　认识 QR 产生的背景和含义

知识窗1：QR 产生的背景

1984 年，美国服装纺织以及化纤行业成立了一个委员会，1985 年该委员会为提高美国消费者对本国生产服装的信誉度开始做广告，1985—1986 年，Kurt Salmon 咨询公司进行了分析，结果发现，尽管系统的各个部分都具有高运作效率，但整个系统的效率却十分低。

整个服装供应链，从原材料到消费者购买，总时间为 66 周：有 11 周时间在制造车间，40 周在仓库或转运，15 周在商店，各种费用非常大，更重要的是：基于不精确需求预测的生产和分销，因生产数量过多或过少造成的损失更大。

整个服装供应链系统的总损失每年可达 25 亿美元，其中 2/3 的损失来自零售商或制造商对服装的降价处理以及在零售时的缺货（调查发现，消费者离开商店而不购买的主要原因是找不到合适尺寸和颜色的商品）。

快速反应是零售商及供应商密切合作的策略，应用这种策略，零售商和供应商通过共享POS 系统信息、联合预测未来需求、发现新产品营销机会等对消费者的需求做出快速的反应。

知识窗2：QR 的含义

QR 是指在供应链中，为了实现共同的目标，至少在两个环节之间进行的紧密合作。目的是减少原材料到销售点的时间和整个供应链上的库存，最大限度地提高供应链的运作效率。

一般来说，供应链共同目标包括：

（1）提高顾客服务水平。即用正确的来源、正确的产品、正确的商品、正确的服务、正确的质量、正确的数量、正确的（运输）方式、正确的包装、正确的成本或价格、正确的时间、正确的地点来响应正确的消费者的需求。

（2）降低供应链的总成本，增加零售商和厂商的销售额，从而提高零售商和厂商的获利能力。

子任务2　熟悉 QR 的优点

知识窗1：QR 对厂商的优点

QR 对厂商的优点如图 2-1 所示。

（1）更好的顾客服务。快速反应零售商可为店铺提供更好的服务，最终为顾客提供更好的店内服务水平。由于厂商送来的货物与承诺的货物是相符的，厂商能够很好地协调与零售商间的关系。长期的良好顾客服务会增加市场份额。

（2）降低了流通费用。由于集成了对顾客消费水平的预测和生产规划，就可以提高库存周转速度，需要处理和盘点的库存量减少了，从而降低了流通费用。

（3）降低了管理费用。因为不需要手工输入订单，所以采购订单的准确率提高了。额外发货的减少也降低了管理费用。货物发出之前，仓库对运输标签进行扫描并向零售商发出提前运输通知，这些措施都降低了管理费用。

（4）更好的生产计划。由于可以对销售进行预测并能得到准确的销售信息，厂商可以准确地安排生产计划。

知识窗 2：QR 对零售商的优点

QR 对零售商的优点如图 2-2 所示。

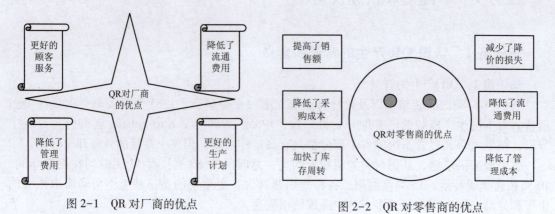

图 2-1   QR 对厂商的优点　　　　　　　　图 2-2   QR 对零售商的优点

子任务 3   掌握 QR 成功的条件

知识窗：QR 成功必须具备以下 5 个条件，见表 2-1。

表 2-1   QR 成功的条件

QR	条件	说　　明
成功条件	改变传统的经营方式，革新经营意识和组织	（1）企业必须改变只依靠独自的力量来提高经营效率的传统经营意识，要树立通过与供应链各方建立合作伙伴关系，努力利用各方资源来提高经营效率的现代经营意识； （2）零售商在垂直型 QR 系统中起主导作用，零售店铺是垂直型 QR 系统的起始点； （3）通过 POS 数据等销售信息和成本信息的相互公开和交换来提高各个企业的经营效率； （4）明确垂直型 QR 系统内各个企业之间的分工协作范围和形式，消除重复作业，建立有效的分工协作框架； （5）通过利用信息技术实现事务作业的无纸化和自动化，改变传统的事务作业的方式
	开发和应用现代信息处理技术	这些信息技术有：商品条形码技术、物流条形码（SCM）技术、电子订货系统（EOS）、POS 数据读取系统、EDI 系统、预先发货清单（ASN）技术、电子资金支付（EFT）系统、生产厂家管理的库存方式（VMI）、连续库存补充方式（CRP）等
	与供应链相关方建立战略伙伴关系	具体内容包括以下两个方面：一是积极寻找和发现战略合作伙伴；二是在合作伙伴之间建立分工和协作关系。合作的目标既要削减库存，又要避免缺货现象的发生，降低商品风险，避免大幅度降价现象发生，减少作业人员和简化事务性作业等
	改变传统的对企业商业信息保密的做法	将销售信息、库存信息、生产信息、成本信息等与合作伙伴交流分享，并在此基础上要求各方在一起发现问题、分析问题和解决问题
	供应方必须缩短生产周期和商品库存	缩短商品的生产周期，进行多品种、少批量生产和多频度、小数量配送，降低零售商的库存水平，提高顾客服务水平，在商品实际需要将要发生时采用 JIT 生产方式组织生产，减少供应商的库存水平

子任务 4　理解 QR 的实施步骤

知识窗 1：QR 的实施步骤见表 2-2。

表 2-2　QR 的实施步骤

序号	步　骤	说　明
1	条形码和 EDI	UPC 和 EDI
2	固定周期补货	自动补货
3	先进的补货联盟	共享预测和 POS 数据
4	零售空间管理	店铺品种补货和购销
5	联合产品开发	跟踪新产品开发和试销
6	快速响应的集成	公司业务重组和系统集成

知识窗 2-1：步骤一：条形码和 EDI

条形码和 EDI 零售商首先必须安装通用产品代码（UPC 码）、POS 扫描和 EDI 等技术设备，以加快 POS 机收款速度、获得更准确的销售数据并使信息沟通更加通畅。

POS 扫描用于数据输入和数据采集，即在收款检查时用光学方式阅读条形码，获取信息，即在收款检查时用光学方式阅读条形码，然后将条形码转换成相应的商品代码。

通用产品代码（UPC 码）是行业标准的 12 位条形码，用作产品识别。正确的 UPC 产品标志对 POS 端的顾客服务和有效的操作是至关重要的。扫描条形码可以快速准确地检查价格并记录交易。

EDI 是在计算机间交换的商业单证，需遵从一定的标准，如 ANSIX.12。零售业的专用标准是"志愿跨行业通信标准"委员会制定的，食品类的专用标准是 UCC 制定的。EDI 要求公司将其业务单证转换成行业标准格式，并传输到某个增值网（VAN），贸易伙伴在 VAN 上接收到这些单证，然后将其从标准格式转到自己系统可识别的格式。电子资金支付系统（EFT）可传输的单证包括订单、发票、销售和存货数据及事先运输通知等。

EDI 的实施一般分为以下几个阶段。

（1）EDI 的技术实现，主要满足贸易伙伴通过 EDI 进行沟通的需要。

（2）将 EDI 系统同厂商和零售商现有的内部系统集成起来，加快信息流的速度，并提高通信数据的准确性。

（3）重新设计业务流程，以支持全面实现 EDI 后带来的角色和责任的变化。快速反应要求厂商和零售商完成本阶段的 EDI 实施。

许多零售商和厂商都了解 EDI 的重要性，所以已经实施了一些基本的交易（如采购订单、发票等）的 EDI 业务。而且很多大型零售商也强制其厂商实施 EDI 来保证快速反应。但 EDI 的全面实施还需要较长时间。

知识窗 2-2：步骤二：固定周期补货

固定周期补货 QR 的自动补货要求供应商更快、更频繁地运输重新订购的商品，以保证店铺不缺货，从而提高销售额。通过对商品实施快速反应并保证这些商品能敞开供应，使零售商的商品周转速度更快，消费者可以选择更多的花色品种。

　　某些基本商品每年的销售模式实际上都是一样的，一般不会受流行趋势的影响。这些商品的销售量是可以预测的，所以不需要对商品进行考察来确定重新订货的数量。

　　自动补货是指基本商品销售预测的自动化。自动补货使用基于过去和目前销售数据及其可能变化的软件进行定期预测，同时考虑目前的存货情况和其他一些因素，以确定订货量。自动补货是由零售商、批发商在仓库或店内进行的。

　　知识窗 2-3：步骤三：先进的补货联盟

　　先进的补货联盟是为了保证补货业务的流畅。零售商和消费品制造商联合起来检查销售数据，制订关于未来需求的计划和预测，在保证有货和减少缺货的情况下降低库存水平。还可以进一步由消费品制造商管理零售商的存货和补货，以加快库存周转速度，提高投资毛利率。

　　知识窗 2-4：步骤四：零售空间管理

　　零售空间管理指根据每个店铺的需求模式来规定其经营商品的花色品种和补货业务。一般来说，对于花色品种、数量、店内陈列及培训或激励售货员等决策，消费品制造商也可以参与甚至制定决策。

　　知识窗 2-5：步骤五：联合产品开发

　　联合产品开发这一步的重点不再是一般商品和季节商品，而是像服装等生命周期很短的商品。

　　厂商和零售商联合开发新产品，其关系的密切超过了购买与销售的业务关系，缩短从新产品概念到新产品上市的时间，而且经常在店内对新产品实时试销。

　　知识窗 2-6：步骤六：快速响应的集成

　　快速响应的集成通过重新设计业务流程，将前五步的工作和公司的整体业务集成起来，以支持公司的整体战略。最后一步零售商和消费品制造商重新设计其整个组织、绩效评估系统、业务流程和信息系统，设计的重点围绕着消费者而不是传统的公司职能，要集成的是信息技术。

子任务 5　掌握 QR 战略的再造

　　知识窗 1：QR 战略再造环节如图 2-3 所示。

　　知识窗 2-1：同步生产

同步生产包括以下内容。

（1）生产设备的投资是灵活的。

（2）以能扩大生产能力的"拉"的模式为指导，重新设计企业流程。

（3）转变强调的重点，生产顺序从"固定物—质量—可变物"转变到"可变物—质量—固定物"的顺序。

（4）在生产线之外采取行动以增强流程的可靠性。

（5）规定工作效率的下限和废品率的上限。

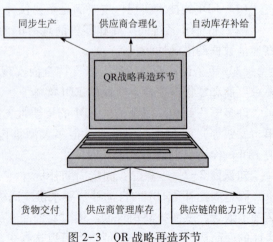

图 2-3　QR 战略再造环节

（6）维修、妥善保管在流程中要使用的原材料和零部件。

（7）利用生产改进小组进行流程分析、确定病症所在，并对此加强管理。

知识窗 2-2：供应商合理化

供应商合理化应考虑以下因素。

（1）企业与供应商关系的密切程度。

（2）信息技术的应用。

（3）在单独、双方和多方投资的情况下，各自的投资成本。

（4）评价未来供应商的能力。

（5）具有能够建立和管理与供应商的合作关系的人力资源。

（6）在没有绩效时，维持该战略需要的时间和成本。

（7）市场渠道、技术和财务的风险估计。

（8）为维持技术和竞争优势而投资，存在有失败的可能性。

（9）从合并而扩大规模中得到的成本、价格优势。

（10）竞争程度的削弱对企业的影响。

知识窗 2-3：自动库存补给

自动库存补给管理的方法主要用于制造业和工程中的有多种用途、低价值的商品。它的目的是在订货和补给流程中增加效率，并给供应商更多的自由空间去直接对采购商的要求做出反应。

知识窗 2-4：货物交付

供应商和采购商在交付货物时，需要用合适的协议。这个协议要反映双方的能力、合作关系的性质和各种支出的种类。具体说，要在协议中体现以下方面。

（1）仓储水平的最低和最高限度。

（2）补给的周期。

（3）明确要生产的产品，考虑健康、安全和环境保护问题。

（4）对数据的提供、预测、补给和仓储负责。

（5）库存财产权的分割和转移的原则。

知识窗 2-5：供应商管理库存

供应商管理库存是以通过双方密切合作形成的交付货物的方式为基础的。

供应商管理库存可用的方法包括：使用第三方的资源，由采购商组织的第三方进行经营管理；使用供应商拥有所有权的车辆、设备，交由第三方管理；使用采购商拥有所有权的车辆、设备，交由第三方管理；由供应商组织的第三方管理；供应商通过拥有股权实行管理；采购商通过拥有股权实行管理。

知识窗 2-6：供应链的能力开发

（1）回顾供应商选择的标准，以查明供应商在哪些方面需要改进和是否需要清除水平很差的供应商。

（2）确定选择供应商的标准，以使企业在产品生产和关联关系的管理上获得能力。

（3）对供应商的资格进行审查，建立信息跟踪和回报的体系。

（4）通过与供应商的日常联系、供应商俱乐部、技术训练、讨论会等形式收集反馈意见。

（5）供应商越来越多地涉入产品设计和新产品开发中。

子任务6　认识 QR 的最新发展

知识窗1：尽管 QR 的原则没有变化，但 QR 的策略以及技术却今非昔比。最初，供应链上的每一个业务实体（如制造商、零售商或物流方）都单独发挥作用，因此，每一个企业都对其贸易伙伴的业务不感兴趣，更谈不上同其贸易伙伴共享信息。随着市场竞争的加剧，业主及经营者逐渐认识到：应改进自己的业务系统，提高产品的质量，以便为客户提供最好的服务。但令人失望的是，他们很少考虑内部系统的改变给他们的前方客户和后方供应商带来的不利影响。

知识窗2：在欧美 QR 已跨入第三个阶段

目前在欧美，QR 的发展已跨入第三个阶段，即协同、规划、预测与连续补货（CPFR）阶段。CPFR 是一种建立在贸易伙伴之间密切合作和标准业务流程基础上的经营理念，它应用一系列技术模型，这些模型具有如下特点。

（1）开放，但安全的通信系统。

（2）适应于各个行业。

（3）在整个供应链上是可扩展的。

（4）能支持多种需求（如新数据类型，各种数据库系统之间的连接等）。

知识窗3：实施 CPFR 达到目标

通过实施 CPFR 可以达到如下目标。

（1）新产品开发的前导时间可以减少 2/3。

（2）可补货产品的缺货将大大减少，甚至消除（通过供应商与零售商的联合从而保证 24 小时供货）。

（3）库存周转率可以提高 1~2 倍（通过制造商减少前导时间、零售商利用顾客需求导向策略）。

（4）通过敏捷制造技术，企业的产品中可以有 20%~30% 是根据用户的特定需求而制造的。

商品的供应商和零售商通过这一方法为他们的客户提供了更好的服务，同时也减少了整个供应链上的非增值成本。QR 作为一种供应链管理方法，必将向其更高的阶段发展，必将为供应链上的贸易伙伴——供应商、分销商和最终客户带来更大的价值。

任务2　掌握 ECR 有效顾客反应

如何有效地
引导顾客

有效顾客反应（ECR）是日杂百货行业的供应链营销战略，即由零售商、批发商与厂商等供应链节点企业相互协调和合作，更好、更快并以更低的成本为顾客提供更多的价值的一种供应链管理方法。

由于降低分销成本的压力越来越大，ECR 对于日杂百货业越来越重要，它的实施能为供应链的各个节点提高顾客满意率，并能大幅度地降低成本。

子任务 1　了解 ECR 的产生背景

知识窗 1：ECR 是 1993 年年初由食品业发起的。一些制造商、经纪人、批发商和零售商组成了有共同目标的联合业务小组，其目标是通过降低和消除供应链上的无谓浪费来提高消费者价值。我们先来了解一下 ECR 的产生背景，如图 2-4 所示。

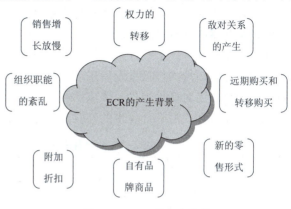

图 2-4　ECR 的产生背景

知识窗 2-1：销售增长放慢

20 世纪七八十年代，日杂百货行业的增长率放慢了，主要是因为消费者的食品支出降低了，这就迫使零售商为维持市场份额而展开激烈的竞争，竞争的中心集中在增加商品的花色品种上。这种做法进一步降低了存货的周转率和售价，对利润造成了更大压力。

知识窗 2-2：权力的转移

另一个主要的变化，是厂商和零售商之间的权力转移。过去，零售商是很分散的地区性行业，现在这种情况发生了很大的变化，因为零售商借助通信技术和信息技术组建了一些全国性的大公司。零售行业的这种整合导致了交易的权力从供应商逐渐转向购买方。

知识窗 2-3：敌对关系的产生

由于交易权力的转换，再加上行业增长率的下降引起的激烈竞争，厂商和零售商之间的关系恶化了，甚至到了相互不信任的地步。同时还由于组织效率的低下以及绩效衡量系统的过时，使这种情况进一步恶化。

知识窗 2-4：组织职能的紊乱

食品日杂百货行业各个部门和其他部门都是隔绝的，他们只是努力提高自己的效率，由于各部门的激励体系不同，这种隔绝状况加深了，有时各部门的工作目标甚至是针锋相对的。厂商和零售商之间的关系也是如此。例如，厂商衡量业绩的一个主要指标是送货的效率，而零售商衡量业绩的主要指标是利润。

知识窗 2-5：远期购买和转移购买

为了同时满足零售商和厂商的目标，双方增加了一些新的业务，最终增加了经营成本。厂商采用了促销策略，即报价很高，然后利用节日或为了满足季节送货目标而对高价进行打折，采购者可以通过大量低价购进，在厂商促销期结束后高价卖出的办法获利。这些业务带来了额外的库存、运输和其他成本，但获得的额外收益远远抵消了这些成本。

现在这些额外的收益要大打折扣了，为保持竞争优势，现在所有的零售商和批发商都开展了远期购买和转移购买的业务。传统的竞争优势没有了，但额外的成本却仍然存在。

知识窗 2-6：附加折扣

为获得更大的竞争优势，大的零售商要求厂商提供其他的好处，如减免费用、返款、减价和特别的促销资金等，结果厂商只好提高他们的价格来弥补附加折扣的成本。

由于日杂百货业的厂商把价格提得很高，以弥补给零售商的所有附加折扣；自有品牌商品对消费者越来越有吸引力。直接从制造商那里进货可大大提高零售商的收益，同时这些商品使用的是零售商的自有品牌，在别处买不到。

在 20 世纪 80 年代末，日杂百货行业又出现了一些新的零售形式，向传统的零售形式发出了挑战。这些新形式包括批发俱乐部、大型综合超市和折扣商店。他们成功的原因是因为强调每日低价、绝对低价进货及快速的存货流转。

批发俱乐部和大型综合超市的经营特点见表 2-3。

表 2-3 批发俱乐部和大型综合超市的经营特点

批发俱乐部	大型综合超市
强调灵活的商品分类 流水线化的后勤系统 有效的店内经营	广泛的单品选择 强调每日低价 先进的后勤系统 顾客服务 卓越的管理系统

子任务 2　掌握 ECR 的含义和特征

有效顾客反应（ECR）是一个由生产厂家、批发商、零售商和供应商供应链组成的，通过相互协调和合作，以更好、更快的服务并以更低的成本满足消费者需要为目的的供应链管理系统。

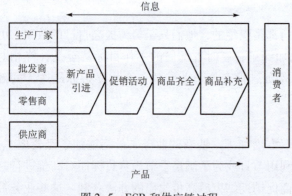

图 2-5　ECR 和供应链过程

ECR 的优点在于供应链各方以为了提高消费满意度这个共同的目标进行合作，分享信息和诀窍。ECR 是一种把以前处于分离状态的供应链联系在一起来满足消费者需要的工具。ECR 概念的提出者认为，ECR 活动是过程，这个过程贯穿供应链各方，如图 2-5 所示。因此，ECR 的战略主要集中在 4 个领域：① 高效率的店铺空间安排；② 高效率的商品补充；③ 高效率的促销活动；④ 高效率的新商品开发与市场投入。

（1）管理意识的创新。传统的产销双方的交易关系是一种此消彼长的对立型关系，即交易各方以对自己有利的买卖条件进行交易。简单地说，是一种输赢型关系。ECR 要求产销双方的交易关系是一种合作伙伴关系。即交易各方通过相互协调合作，实现以低成本向消费者提供更高价值服务的目标，在此基础上追求双方的利益。简单地说是一种双赢型关系。

（2）供应链整体协调。传统流通活动缺乏效率的主要原因在于厂家、批发商和零售商之间存在企业间联系的非效率性和企业内采购、生产、销售和物流等部门或职能之间联系的非效率性。传统的组织是以部门或职能为中心进行经营活动，以各个部门或职能的效益最大化为目标。这样虽然能够提高各个部门或职能的效率，但容易引起部门或职能间的摩擦。同样，传统的业务流程中各个企业以各自企业的效益最大化为目标，这样虽然能够提高各个企业的经营效率，但容易引起企业间的利益摩擦。ECR 要求对各部门、各职能以及各企业之间的隔阂进行跨部门、跨职能和跨企业的管理和协调，使商品流和信息流在企业内和供应链内顺畅地流动。

（3）涉及范围广。既然 ECR 要求对供应链整体进行管理和协调，ECR 所涉及的范围必然包括零售业、批发业和制造业等相关的多个行业。为了最大限度地发挥 ECR 所具有的作用，必须对关联的行业进行分析研究，对组成供应链的各类企业进行管理和协调。

子任务3 熟悉 ECR 的应用原则

知识窗1：应用 ECR 时必须遵守 5 个基本原则：

（1）以较少的成本，不断致力于向食品杂货供应链顾客提供更优的产品、更高的质量、更好的分类、更好的库存服务以及更多的便利服务。

（2）ECR 必须由相关的商业带头人启动。该商业带头人应决心通过代表共同利益的商业联盟取代旧式的贸易关系而达到获利之目的。

（3）必须利用准确、适时的信息支持有效的市场、生产及后勤决策。这些信息将以 EDI 的方式在贸易伙伴间自由流动，它将影响以计算机信息为基础的系统信息的有效利用。

（4）产品链必须不断地增值，从生产至包装，直至流动至最终顾客的购物篮中，以确保顾客能随时获得所需产品。

（5）必须建立共同的成果评价体系。该体系注重整个系统的有效性（即通过降低成本与库存以及更好的资产利用，实现更优价值），清晰地标识出潜在的回报（即增加的总值和利润），促进对回报的公平分享。

知识窗2：ECR 是供应链各方推进真诚合作来实现消费者满意和实现基于各方利益的整体效益最大化的过程。

子任务4 掌握 ECR 系统的构建

知识窗1：ECR 作为一个供应链管理系统，需要把营销技术、物流技术、信息技术和组织革新技术有机结合起来作为一个整体使用，以实现 ECR 的目标。ECR 系统的结构如图 2-6 所示，构筑 ECR 系统的具体目标是：实现低成本的流通、基础关联设施建设、消除组织间的隔阂、协调合作满足消费者需要。组成 ECR 系统的技术要素主要有：营销技术、物流技术、信息技术和组织革新技术。

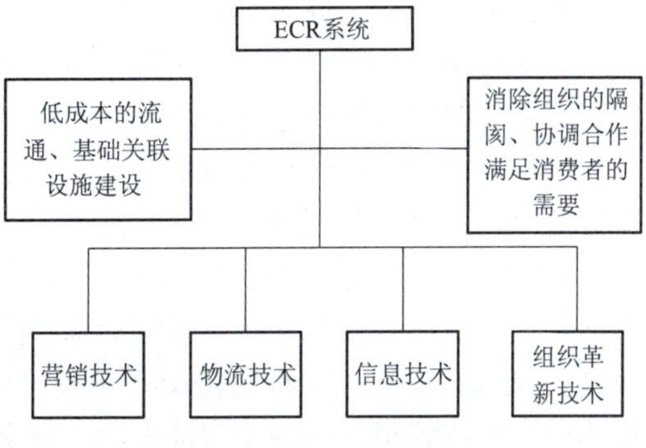

图 2-6 ECR 系统的结构

知识窗 2-1：营销技术

在 ECR 系统中采用的营销技术主要是商品类别管理（CM）和店铺空间管理（SM）。

（1）商品类别管理。商品类别管理是以商品类别为管理单位，寻求整个商品类别全体收益最大化。具体来说，企业对经营的所有商品按类别进行分类，确定或评价每一个类别商品的功能、收益性、成长性等指标。在此基础上，结合考虑各类商品的库存水平和货架展示等因素，制定商品品种计划，对整个商品类别进行管理，以便在提高消费者服务水平的同时增加企业的销售额和收益水平。例如，企业把某类商品设定为吸引顾客的商品，把另一类商品设定为增加企业收益的商品，努力做到在满足顾客需要的同时兼顾企业的利益。商品类别管理的基础是对商品进行分类。分类的标准、各类商品功能和作用的设定依企业的使命和目标不同而不同。但是原则上，商品不应该以是否方便企业来进行分类，而应该以顾客的需要和顾客的购买方法来进行分类。

（2）店铺空间管理。店铺空间管理是对店铺的空间安排、各类商品的展示比例、商品在货架上的布置等进行最优化管理。在 ECR 系统中，店铺空间管理和商品类别管理同时进行，相互作用。在综合店铺管理中，对于该店铺的所有类别的商品进行货架展示面积的分配，对于每个类别下的不同品种的商品进行货架展示面积分配和展示布置，以便提高单位营业面积的销售额和单位营业面积的收益率。

知识窗 2-2：物流技术

ECR 系统要求及时配送（JIT）和顺畅流动。实现这一要求的方法有：连续库存补充计划（CRP）、自动订货（CAO）、预先发货通知（ASN）、供应商管理用户库存（VMI）、交叉配送、店铺直送（DSD）等。

（1）连续库存补充计划（CRP）。即利用及时准确的 POS 数据确定销售出去的商品数量，根据零售商或批发商的库存信息和预先规定的库存补充程序确定发货补充数量和发送时间。以小批量、高频率方式进行连续配送，补充零售店铺的库存，提高库存周转率，缩短周期。

（2）自动订货（CAO）。自动订货系统是基于库存和需要信息，利用计算机进行自动订货的系统。

（3）预先发货通知（ASN）。预先发货通知是生产厂家或者批发商在发货时利用电子通信网络提前向零售商传送货物的明细清单。这样零售商事前可以做好货物进货准备工作，同时可以省去货物数据的输入作业，使商品检验作业效率化。

（4）供应商管理用户库存（VMI）。供应商管理用户库存是生产厂家等上游企业对零售商等下游企业的流通库存进行管理和控制。具体地说，生产厂家基于零售商的销售、库存等信息，判断零售商的库存是否需要补充。如果需要补充的话，自动地向本企业的物流中心发出发货指令，补充零售商的库存。VMI 方法包括了 POS、CAO、ASN 和 CRP 等技术。在采用 VMI 的情况下，虽然零售商的商品库存决策主导权由作为供应商的生产厂家把握，但是，在店铺的空间安排、商品货架布置等店铺空间管理决策方面仍然由零售商主导。

（5）交叉配送。交叉配送是指零售商的流通中心，把来自各个供应商的货物按发送店铺迅速进行分拣装车，向各个店铺发货。在交叉配送的情况下，流通中心便是一个具有分拣装运功能的中转型中心，有利于缩短交货周期、减少库存、提高库存周转率，从而节约成本。

（6）店铺直送（DSD）。店铺直送方式是指商品不经过流通配送中心，直接由生产厂家运送到店铺的运送方式。采用店铺直送方式可以保持商品的新鲜度，减少商品运输破损，缩短周期。

知识窗 2-3：信息技术

ECR 系统应用的信息技术主要有：电子数据交换（EDI）和 POS 销售时点信息。

（1）电子数据交换（EDI）。ECR 系统的一个重要信息技术是 EDI，信息技术最大的作用之一是实现事务作业的无纸化或电子化。一方面，利用 EDI 在供应链企业间传送、交换订货发货清单、价格变化信息、付款通知单等文书单据。例如，厂家在发货的同时预先把产品清单发送给零售商，这样零售商在商品到货时，用扫描仪自动读取商品包装上的物流条形码获得进货的实际数据，并自动地与预先到达的商品清单进行比较。因此，使用 EDI 可以提高事务作业效率。另一方面，利用 EDI 在供应链企业间传送、交换销售时点信息、库存信息、新产品开发信息和市场预测信息等直接与经营有关的信息。例如，生产厂家可利用销售时点信息把握消费者的动向，安排好生产计划；零售商可利用新产品开发信息预先做好销售计划。因此使用 EDI 可以提高整个企业，乃至整个供应链的效率。

（2）POS 销售时点信息。ECR 系统的另一个重要信息技术是 POS。对零售商来说，通过对在店铺收银台自动读取的 POS 数据进行整理分析，可以掌握消费者的购买动向，找出畅销商品和滞销商品，做好商品类别管理。可以通过利用 POS 数据做好库存管理、订货管理等工作。对生产厂家来说，通过 EDI 利用及时、准确的 POS 数据，可以把握消费者需要，制订生产计划，开发新产品，还可以把 POS 数据和 EOS 数据结合起来分析和把握零售商的库存水平，进行供应商管理用户库存（VMI）的库存管理。

现在，许多零售企业把 POS 数据和顾客卡、点数卡等结合起来使用。通过顾客卡可以知道某个顾客每次在什么时间、购买了什么商品、金额多少，到目前为止总共购买了哪些商品、总金额是多少。这样可以分析顾客的购买行为，发现顾客不同层次的需要，做好商品促销等方面的工作。

知识窗 2-4：组织革新技术

应用 ECR 系统不仅需要每个企业内部各个部门间紧密协调和合作，还需要组成供应链的每一个成员紧密协调和合作，因此，成功地应用 ECR 需要对企业的组织体系进行革新。

（1）在企业内部的组织革新。需要把采购、生产、物流、销售等按职能划分的组织形式改变为以商品流程为基本职能的横向组织形式。也就是把企业经营的所有商品按类别划分，对应于每一个商品类别设立一个管理团队，以这些管理团队为核心构成新的组织形式。在这种组织形式中，给每一个商品类别管理设定经营目标（如顾客满意度、收益水平、成长率等），同时在采购、品种选择、库存补充、价格设定、促销等方面赋予相应的权限。每个管理团队由一个负总责的商品类别管理人和 6~7 个负责各个职能领域的成员组成。由于商品类别管理团队规模小，内部容易交流，各职能间易于协调。

（2）在组成供应链的企业间需要建立双赢型的合作伙伴关系。具体讲，厂家和零售商都需要在各自企业内部建立以商品类别为管理单位的组织。这样双方相同商品类别的管理就可聚集在一起，讨论从材料采购、生产计划到销售状况、消费者动向的有关该商品类别的全盘管理问题。另外需要在企业间进行信息交换和信息分享。当然，这种合作伙伴关系的建立有赖于企业最高决策层的支持。

前面已经谈到 ECR 是供应链各方通过真诚合作来实现消费者满意和实现基于各方利益的整体效益最大化的过程。这就引申出一个问题，即由供应链全体协调合作所产生的利益如何在各个企业之间进行分配。为了解决这个问题，需要弄清楚什么活动带来多少效益，什么活动耗费多少成本。为此，需要把按部门和产品区分的成本计算方式改变为基于活动的成本计算方法（ABC）。基于活动的成本计算方法于 20 世纪 80 年代后期在美国开始使用。ABC 方法把成本按活动进行分摊，确定每个活动在各个产品上的分配，以此为基础计算出产品的成本。同时进行基于活动的管理（ABM），即改进活动内容，排除不需要的无效活动，从而减少成本。

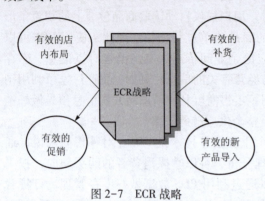

图 2-7　ECR 战略

子任务 5　熟悉 ECR 战略

知识窗 1：ECR 战略如图 2-7 所示。

知识窗 2-1：有效的店内布局

实施这一战略，其目的是通过有效地利用店铺的空间和店内布局以便最大限度地提高商品的获利能力；利用计算机化的空间管理系统，零售商可以提高货架的利用率；有效的商品分类要求店铺储存消费者需要的商品，把商品范围限制在高销售率的商品上，从而提高所有商品的销售业绩。

了解消费者的意见是商品品种决策对企业的要求，消费者调查的信息有力地帮助了企业了解消费者的购买行为。

企业应经常监测店内空间分配以确定商品的销售业绩，优秀的零售商至少每月检查一次商品的空间分配情况，甚至每周检查一次，这样能够使品种经理可以对新产品的导入、老产品的撤换、促销措施及季节性商品的摆放制订及时、准确的决策；同时，通过分析各种商品的投资回报率，这种检查有助于企业了解商品的销售趋势，据此可以使企业对商品的空间分配进行适当的调整，从而保证商品的销售，实现事先确定的投资收益水平。

知识窗 2-2：有效的补货

有效补货战略是通过努力降低系统的成本，从而降低商品的售价，其目的是将正确的产品在正确的时间和正确的地点以正确的数量和最有效的方式送给消费者；有效补货的构成要素主要包括：POS 机扫描、店铺商品预测、店铺的电子收货系统、商品的价格和促销数据库、动态的计算机辅助订货系统、集成的采购订单管理、厂商订单履行系统、动态的配送系统、仓库电子收货、直接出货、自动化的会计系统、议付等。

知识窗 2-3：有效的促销

有效的促销战略的主要内容是简化贸易关系，将经营重点从采购转移到销售，快速周转消费品行业现在把更多的时间和金钱用于对促销活动的影响进行评价；消费者则可以从这些新型的促销活动所带来的低成本中获利。食品行业的促销活动主要有三种：消费者广告、消费者促销、贸易促销。

知识窗 2-4：有效的新产品导入

不管哪一个行业，新产品导入都是一项重要的创造价值的业务，它们能够为消费者带来新的兴趣、快乐，为企业创造新的业务机会，特别是食品工业在这个方面表现得更加活跃。

有效的新产品导入包括让消费者和零售商尽早接触到这种产品。首要的策略就是零售商和厂商应为了双方的共同利益而密切合作，这个业务包括把新产品放在一些店铺内进行试销，然后再按照消费者的类型分析试销的结果，根据这个信息决定怎样处理这种新产品，处理办法包括：淘汰该产品、改进该产品、改进营销技术、采用不同的分销策略。

子任务 6　掌握 ECR 与 QR 的比较

知识窗 1：ECR 主要以食品行业为对象，其主要目标是降低供应链各环节的成本，从而提高效率。而 QR 主要集中在一般商品和纺织行业，其主要目标是对客户的需求作出快速反应，并快速补货。这是因为食品杂货行业与纺织服装行业经营的产品的特点不同：食品杂货业经营的产品多数是一些功能型产品，每一种产品的寿命相对较长（生鲜食品除外），因此，订购数量的过多（或过少）的损失相对较少。纺织服装业经营的产品多属创新型产品，每一种产品的寿命相对较短，因此，订购数量过多（过少）造成的损失相对较大。

知识窗 2：二者的共同特征表现为：超越企业之间的界限，通过合作追求物流效率变化。具体表现在如下 3 个方面。

（1）贸易伙伴间商业信息的效率。即零售商将原来不公开的 POS 系统单品管理数据提供给制造商或分销商，制造商或分销商通过对这些数据的分析来实现高精度的商品进货、调达计划，降低产品库存，防止出现次品，进一步使制造商能制订、实施所需对应型的生产计划。

（2）商品供应方进一步涉足零售业，提供高质量的物流服务。作为商品供应方的分销商或制造商比以前更接近位于流通最后环节的零售商，特别是零售业的店铺，从而保障物流的高效运作。当然，这一点与零售商销售、库存等信息的公开是紧密相连的，即分销商或制造商所从事的零售补货机能是在对零售店铺销售、在库情况迅速了解的基础上开展的。

（3）企业间订货、发货业务全部通过 EDI 来进行，实现订货数据或出货数据的传送无纸化。企业间通过积极、灵活运用这种信息通信系统，来促进相互间订货、发货业务的高效化。计算机辅助订货（CAO）、卖方管理库存（VMI）、连续补货（CRP）以及建立产品与促销数据库等策略，打破了传统的各自为政的信息管理、库存管理模式，体现了供应链的集成化管理思想，适应市场变化的要求。

知识窗 3：从具体实施情况来看，建立世界通用的、唯一的标识系统，以及用计算机连接的能够反映物流、信息流的综合系统，是供应链管理必不可少的条件，即在 POS 信息系统基础上确立各种计划和进货流程。也正因为如此，通过 EDI 的导入，从而达到最终顾客全过程的货物追踪系统和贸易伙伴的沟通系统的建立，成为供应链管理的重要因素。

子任务 7　认识 ECR 带来的利益

知识窗 1：由于在流通环节中缩减了不必要的成本，零售商和批发商之间的价格差异也随之降低，这些节约了的成本最终将使消费者受益，各贸易商也将在激烈的市场竞争中赢得一定的市场份额。

知识窗 2：对客户、分销商和供应商来说，除这些有形的利益以外，ECR 还有着重要的不可量化的无形利益，见表 2-4。

表 2-4　ECR 的无形利益

类型	ECR 带来的利益
客户	增加选择和购物便利，减少无库存货品，货品更新鲜
分销商	提高信誉，更加了解客户情况，改善与供应商的关系
供应商	减少供货现象，加强品牌的完整性，改善与分销商的关系

知识窗 3：ECR 战略的实施，还可以减少多余的活动费用和节约相应的成本。具体来说，节约的成本包括商品的成本、营销费用、销售和采购费用、后勤费用、管理费用和店铺的经营费用等。从表2-5中可以看到节约这些成本的原因。

表 2-5　ECR 带来的企业成本和费用的节约

费用的类型	ECR 带来的节约
商品的成本	损耗降低，制造费用降低，包装费用降低，更有效的材料采购
营销费用	促销费用降低，产品导入失败的可能性减小
销售和采购费用	现场和总部的费用降低，简化了管理
后勤费用	更有效地利用了仓库和卡车，跨月台物流，仓库空间要求降低
管理费用	减少了一般的办事员和财务人员
店铺的经营费用	自动订货，单位面积的销售额更高

知识窗 4：ECR 的导入可能会导致营业利润暂时下降。所谓营业利润指去掉所有的经营费用后的净收入，它主要是用来支付税收、利息和红利，剩下的钱是用于继续发展的留存盈余。

尽管营业利润降低了，但实际上制造商和零售商并没有损失，这是因为随着固定资产和流动资金（存货）的降低，投资收益率增加了。

任务 3　熟悉 EOS 电子订货系统

知识窗：电子订货系统（EOS）是指将批发、零售商场所发生的订货数据输入计算机，通过计算机通信网络连接的方式将资料传送至总公司、批发业、商品供货商或制造商处。因此，EOS 能处理从新商品资料的说明直到会计结算等所有商品交易过程中的作业，可以说 EOS 涵盖了整个商流。在寸土寸金的情况下，零售业已没有许多空间用于存放货物，在要求供货商及时补足售出商品的数量且不能有缺货的前提下，更必须采用 EOS。EDI/EOS 因内含了许多先进的管理手段，因此在国际上使用非常广泛，并且越来越受到商业界的青睐。

子任务 1　理解 EOS 流程

知识窗 1：EOS 并非是由单个的零售店与单个的批发商组成的系统，而是许多零售店和许多批发商组成的大系统的整体运作方式。EOS 基本构成是：① 在零售店的终端利用条码阅读器获取准备采购的商品条码，并在终端机上输入订货材料；② 利用电话线通过调制解调器传到批发商的计算机中；③ 批发商开出提货传票，并根据传票，同时开出拣货单，实施拣货，然后依据送货传票进行商品发货；④ 送货传票上的资料便成为零售商的应付账款资料及批发商的应收账款资料，并接到应收账款的系统中去；⑤ 零售商对送到的货物进行检验后，便可以陈列与销售了。EOS 的构成如图 2-8 所示。

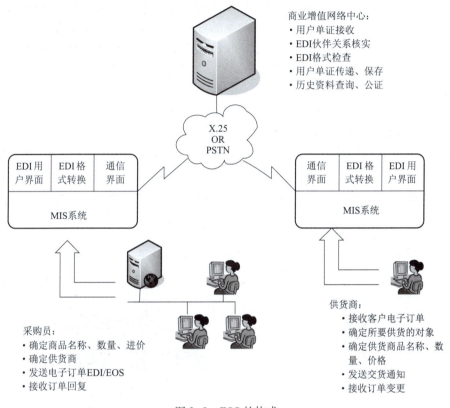

图 2-8　EOS 的构成

知识窗 2： 从商流的角度来看电子订货系统，不难分析批发、零售商场，商业增值网络中心，供货商在商流中的角色和作用。

（1）批发、零售商场。采购人员根据 MIS 系统提供的功能，收集并汇总各机构要货的商品名称、要货数量，根据供货商的可供商品货源、供货价格、交货期限、供货商的信誉等资料，向指定的供货商下达采购指令。采购指令按照商业增值网络中心的标准格式进行填写，经商业增值网络中心提供的 EDI 格式转换系统而成为标准的 EDI 单证，经由通讯界面将订货资料发送至商业增值网络中心，然后等待供货商发回的有关信息。

（2）商业增值网络中心（VAN）。VAN 是共同的情报中心，它是通过通信网络让不同机种的计算机或各种连线终端相通，促进情报的收发更加便利的一种共同情报中心。实际在这个流通网络中，VAN 也发挥了莫大的功能。VAN 不单单是负责资料或情报的转换工作，也可与国内外其他地域的 VAN 相连并交换情报，从而扩大了客户资料交换的范围。

商业增值网络中心不参与交易双方的交易活动，只提供用户连接界面，每当接收到用户发来的 EDI 单证时，自动进行 EOS 交易伙伴关系的核查，只有互有伙伴关系的双方才能进行交易，否则视为无效交易；确定有效交易关系后还必须进行 EDI 单证格式检查，只有交易双方均认可的单证格式，才能进行单证传递；对每一笔交易进行长期保存，供用户今后的查询或在交易双方发生贸易纠纷时，可以根据商业增值网络中心所储存的单证内容作为司法证据。当然，交易双方交换的信息不仅是订单和交货通知，还包括：订单更改、订单回复、变价通知、提单、对账通知、发票、退换货等信息。

（3）供货商。根据商业增值网络中心传来的 EDI 单证，经商业增值网络中心提供通讯界面和 EDI 格式转换系统而成为一张标准的商品订单，根据订单内容和供货商的 MIS 系统提供的相关信息，供货商可及时安排出货，并将出货信息通过 EDI 传递给相应的批发、零售商场，从而完成一次基本的订货作业。

子任务 2　理解 EOS 业务过程

知识窗 1：销售订货业务过程

销售订货作业流程如图 2-9 所示，批发、订货作业过程中的业务往来可划分成以下几个步骤。

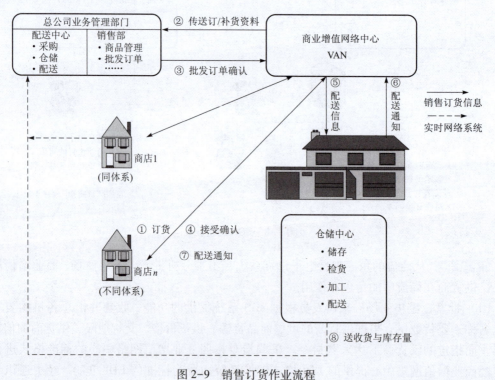

图 2-9　销售订货作业流程

（1）各批发、零售商场或社会网点根据自己的销售情况，确定所需货物的品种、数量，按照：同体系商场某店中非独立核算单位根据实际网络情况补货需求，通过商业增值网络中心或通过实时网络系统发送给总公司管理业务部门；不同体系商场某店中独立核算单位或社会网点通过商业增值网络中心发出 EOS 订货需求。

（2）商业增值网络中心将收到的补货、订货需求资料发送至总公司业务管理部门。

（3）总公司业务管理部门对收到的数据汇总处理后，通过商业增值网络中心向不同体系的商场或社会网点发送批发订单确认。

（4）不同体系的商场或社会网点从商业增值网络中心接收到批发订单确认信息。

（5）总公司业务管理部门根据库存情况通过商业增值网络或实时网络系统向仓储中心发出配送通知。

（6）仓储中心根据接收到的配送通知安排商品配送，并将配送通知通过商业增值网络传送到客户。

（7）不同体系的商场或社会网点从商业增值网络中心接收到仓储中心对批发订单的配送通知。

（8）各批发、零售商场，仓储中心根据实际网络情况将每天进出货物的情况或通过增值网络中心或通过实时网络系统，报送总公司业务管理部门，让业务部及时掌握商品库存数量，以合理保持库存；并根据商品流转情况，合理调整商品结构等工作。

上述 8 个步骤组成一个基本的电子批发、订货流程，通过这个流程，将某店与同体系商场、不同体系商场和社会网点之间的商流、信息流结合在一起。

知识窗 2：采购订货业务过程

采购订货作业流程如图 2-10 所示，向供货商采购作业流程中的业务往来划分成以下几个步骤。

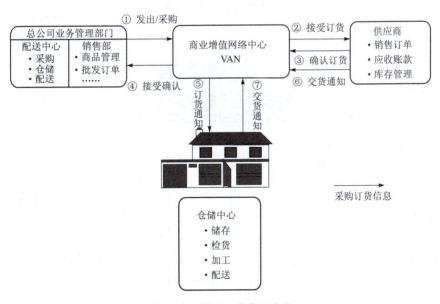

图 2-10 采购订货作业流程

（1）总公司业务管理部门根据仓储中心商品库存情况，向指定的供货商发出商品采购订单。

（2）商业增值网络中心将总公司业务管理部发出的采购单发送至指定的供应商处。

（3）指定的供应商在收到采购订货单后，根据订单的要求通过商业增值网络对采购订单加以确认。

（4）商业增值网络中心将供货商发来的采购订单确认发送至总公司业务管理部门。

（5）总公司业务管理部门根据供应商发来的采购订单确认，向仓储中心发订货信息，以便仓储中心安排检验和仓储空间。

（6）供应商根据采购单的要求，安排发运货物，并在向总公司交运货物之前，通过商业增值网络中心向仓储中心发送交货通知。

（7）仓储中心根据供货商发来的交易通知安排商品检验并安排仓库、库位或根据配送要求进行备货。

上述7个步骤组成一个基本的采购订货流程，通过这个流程，将某店供货商之间的商流、信息流结合在一起。

子任务3　熟悉 EOS 与物流管理

知识窗1： 物流作业过程

物流作业流程如图 2-11 所示，将供货商发运作业过程中的业务往来划分成以下几个步骤。

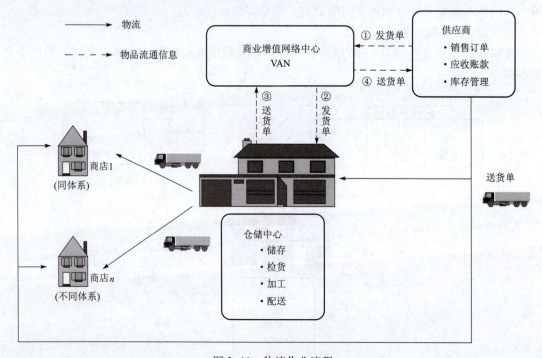

图 2-11　物流作业流程

（1）供货商根据采购合同要求将发货单通过商业增值网络中心发给仓储中心。

（2）仓储中心对接收到商业增值中心传来的发货单进行综合处理，或要求供应商送货至仓储中心或发送至各批发、零售商场。

（3）仓储中心将送货要求发送给供应商。

（4）供应商根据接收到的送货要求进行综合处理，然后根据送货要求将货物送至指定地点。

上述4个步骤完成了一个基本的物流作业流程，通过这个流程，将物流与信息流牢牢地结合在一起了。

综上所述，某店配销中心管理系统可根据实际情况，参照对商流、物流、信息流的流程分析，并掌握住资金流，组合成一个完整并强有力的配销管理系统。常说商场如战场，只有牢牢控制住商业几大流之间的关系，才能牢牢地把握住商机，从而在商战中赢得胜利。但是某店若急于一步到位，便可能会因为没有积累正确的经验而导致最终失败，因此必须明确地定出应用目的，分阶段来进行。此外完全由自己公司的人力和成本来进行也非良策，不如多加利用外面的专门机构，通过商业增值网络进行资料传送、分析、加工，处理成有用的数据资料再回馈到公司，待基础管理扎实之后再全面展开才是明智之举。

知识窗 2：仓储作业过程

公司（采购部）向供应商发出定购单，供应商接单后按订购单上商品和数量组织货品，并按订购单指定地点送货，可以向多个仓库送货，也可直接送到指定的商店。

（1）商品的入库。供应商把商品送到某一仓库后发生的商品流动全过程如下。

商品送到某仓库（送/收货单）后，一般卸在指定的进货区，在进货区对新进入的商品进行商品验收手续，验收合格的商品办入库手续，填写收/验/入库单（商品名、数量、存放位置等信息），然后送入指定的正品存放区的库位中，正品存放区的商品是可供配送的，这时总库存量增加。对验收不合格的商品，填写退货单，并登录在册，另行暂时存放，适时退给供货商以调换合格商品。调换回的商品同样有收/验产入库的过程。

（2）商品的出库。当仓库收到配货中心配货清单后，按清单要求（商品名、数量、库位等）备货，验证正确出库待送。若是本地批发，按销货单配货发送，配送信息要及时反馈给配货中心，这时配货中心的总库存量减少，商品送交客户后，也有客户对商品验收过程。当客户发现商品包装破损、商品保质期已到、送交的商品与要求的商品不符等情况时，客户会退货（退库单）。客户退货后配货中心要补货给客户，对退回的商品暂存待处理区，经检验后做处理，如完好的商品（错配退回）送回正品存放区（移转单），对质量和包装有问题的商品归回给供应商（退货单），过期和损坏的商品作报废处理（报废单）等。这一些商品处理的流动过程也影响到总库存量的变化，掌握和控制这些商品的流转过程也就有效地控制和掌握了总库存量。

在库存的管理中也会发现某些商品因储运移位而发生损伤，有些商品因周转慢使保质期即将到期等情况，这时应及时对这些商品作转移处理，移至待处理区（移转单），然后作相应的退货、报废、削价等处理。商品在此流动过程中也会使仓库的总库存量发生变化，因此这些流动过程也必须在配货中心的掌握和控制之中。

配货中心掌握了逻辑上的商品总库存量和物理上的分库商品库存量，在配货过程中如果发现因配货的不平衡引起某仓库某商品库存告急，而另一仓库此商品仍有较大库存量时，配货中心可用库间商品调拨的方式（调拨单）来调节各分库的商品库存量，满足各分库对商品的需求，增加各库配货能力，但并不增加总库存量，从而提高仓库空间和资金的利用率。

配货中心通过增值网还可掌握本系统中各主体商场、连锁超市的进销调存的商业动态信息。由于商场架构不同、所处区域不同、面对消费对象不同，因此各商场动态销售的商品结构也不同。配货中心的计算机系统会对各商场的商品结构作动态的调整（内部调拨），从而达到降低销售库存，加速商品的流通，加快资金流转的目的，以较低的投入获得最高的收益。

在某店的配货中心系统中，商品的选配应是自动化和智能化的。这样便可降低配货过程的工作量、提高配货效率、提高正确配货率、合理配货的数量、减少商品库存数和库存资金，达到资源优化配置和资产存量盘活的目的。

自动化选配商品有两种方式：被动式配送和主动式配送。

子任务4　掌握 EOS 的效益

知识窗1：EOS 的效益可以从给零售业和批发业带来明显的好处，如图 2-12 所示。

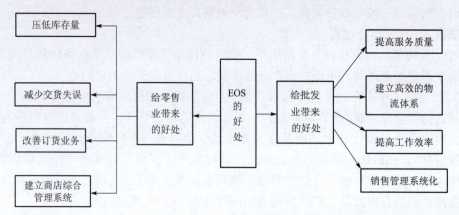

图 2-12　EOS 的好处

知识窗 2-1：EOS 给零售业带来的好处

（1）压低库存量。零售业可以通过 EOS 将商店所陈列的商品数量缩小到最小的限度，以便使有限的空间能陈列更多种类的商品，即使是销量较大的商品也无须很大库房存放，可压低库存量，甚至做到无库存。商店工作人员在固定时间去巡视陈列架，将需补足的商品以最小的数量订购，在当天或隔天即可到货，不必一次订购很多。

（2）减少交货失误。EOS 订货是根据通用商品条码来订货的，可做到准确无误。批发商将详细的订购资料用计算机处理，可以减少交货失误，迅速补充库存。若能避免交错商品或数量不足的情况，那么，把对商品的检验由交货者来完成是十分可取的，零售商店只作抽样检验即可。

（3）改善订货业务。由于 EOS 的操作十分方便，任何人都可正确迅速地完成订货业务，并根据 EOS 可获得大量的有用信息，如，订购的控制、批发订购的趋势、紧俏商品的趋势、其他信息等。若能将订货业务管理规范化，再根据 EOS 就可更加迅速、准确地完成订货业务。

（4）建立商店综合管理系统。以 EOS 为中心确立商店的商品文件、商品货架系统管理、商品货架位置管理、进货价格管理等，便可实施商店综合管理系统。如，将所订购的商品资料存入计算机，再依据交货传票，修正订购与实际交货的出入部分，进行进货管理分析，可确定应付账款的管理系统。批发业可运用零售商店中商品的货架标签来销售，也可据此提供商品咨询等，从而大大改善了交货体系。

知识窗 2-2：EOS 给批发业带来的好处

（1）提高服务质量。EOS 可以满足顾客对某种商品少量、多次的要求，缩短交货时间，能迅速、准确和廉价地出货、交货。EOS 提供准确无误的订货，因此减少了交错商品，减少了退货。计算机的库存管理系统可以正确、及时地将订单输入，并因出货资料的输入而达到正确的管理从而减少缺货现象的出现，同时增加了商品品种，为顾客提供商品咨询。共同使用 EOS，使得零售业和批发业建立良好的关系，做到业务上相互支持，相辅相成。

（2）建立高效的物流体系。EOS 的责任制避免了退货、缺货现象，缩短了交货时检验时间，可大幅度提高送货派车的效率，降低物流的成本。同时，可使批发业内部的各种管理系统化、规范化，大幅度降低批发业的成本。

（3）提高工作效率。实施 EOS 可以使员工减轻体力劳动。如以前专门派人去收订购单，登记、汇总等繁杂的手工劳动以前需 3 小时至半天的手工工作量，在实施 EOS 后，10 分钟即可完成。实施 EOS 可减轻员工事务性工作。如，通常的退货处理要比一般订货处理多花 5 倍的工时，在实施 EOS 后，避免了退货，从而减少了繁杂的事务性工作。

（4）销售管理系统化。EOS 使得销售管理系统化、一体化，大大提高了企业的经济效益。

子任务 5 了解 EOS 的发展趋势——标准化、网络化

知识窗：要实施 EOS，必须做一系列的标准化准备工作。以日本 EOS 的发展为例，从 20 世纪 70 年代起即开始了包括对代码、传票、通信及网络传输的标准化研究，如商品的统一代码、企业的统一代码、传票的标准格式、通信程序的标准格式以及网络资料交换的标准格式等。

在日本，有许多中小零售商和批发商在各地设立了地区性的 VAN 网络，即成立区域性的 VAN 营运公司和地区性的咨询处理公司，为本地区的零售业服务，支持本地区的 EOS 的运行。

在贸易流通中，常常是按商品的性质划分专业的，如食品、医药品、玩具、衣料等，因此形成了各个不同的专业。

任务 4 掌握 ERP 企业资源规划

子任务 1 了解 ERP 的产生

知识窗 1：企业资源规划（ERP）的产生可追溯到物料需求计划（MRP）和准时化运作（JIT）。

知识窗 2-1：物料需求计划（MRP）

1970 年在 APICS 的学术年会上，首先提出了物料需求计划的概念和基本框架，并得到该协会的大力支持和推广。物料需求计划是根据市场需求预测和顾客订单制订产品的生产计划，然后基于产品生成进度计划、组成产品的材料结构表和库存状况，通过计算机计算所需材料的需求量和需求时间，从而确定材料的加工进度和订货日程的一种实用技术。

在实施 MRP 时，与市场需求相适应的销售计划是 MRP 成功的最基本的要素。如果销售领域能准确、及时地提供每个时间段的最终产品需求的数量和时间，则企业就能充分发挥 MRP 的功能，有效地实现 MRP 的目标。从这一思路出发，人们把 MRP 的原理应用到流通

领域，发展出营销渠道需求计划（DRP），即分销（配送）需求计划。

1981 年在物料需求计划的基础上，将 MRP 的领域由生产、材料和库存管理扩大到营销、财务和人力资源管理等方面，提出了制造资源计划（MRPⅡ）。

知识窗 2-2：准时化运作（JIT）

准时化运作方式最早由日本丰田汽车公司以"看板"管理的名称开发出来，并应用于电子商务与现代物流生产制造系统，其后 JIT 方式的"及时"哲学被广泛地接受并大力推广。近年来，在供应链管理中，特别是由制造业和零售企业组成的生产销售联盟中，极其重视 JIT 哲学。及时生产、及时管理、及时采购等概念都是在 JIT 哲学的影响下产生的。

应该指出的是，准时化运作方式与物料需求计划在经营目标、生产要求方面是一致的，但在管理思想上是不同的。MRP 讲求推动概念和计划性，而 JIT 讲求拉动概念和及时性；MRP 认为库存必要，而 JIT 认为一切库存都是浪费。

随着全球化经济的形成，社会消费水平和消费结构的深刻变革，产品呈多样性、个性化、系统化和国际化的特征，以面向企业内部信息集成为主，单纯强调离散制造环境和流程环境的 MRPⅡ 系统已不能满足全球化经营管理的要求。因为随着网络通信技术的迅速发展和广泛应用，为了实现柔性制造，迅速占领市场，取得高回报率，生产企业必须转换经营管理模式，改变传统的"面向生产经营"的管理方式，转向"面向市场和顾客生产"。注重产品的研究开发、质量控制、市场营销和售后服务等环节，把经营过程的所有参与者，如供应商、客户、制造工厂、分销商网络纳入一个紧密的供应链中。

知识窗 2-3：企业资源规划（ERP）

企业资源规划 ERP 就是在 MRPⅡ 和 JIT 的基础上，通过前馈的物流和反馈的物流和资金流，把客户需求和企业内部的生产活动，以及供应商的制造资源结合在一起，体现完全按用户需求制造的一种供应链管理思想的功能网链结构模式。

作为一项重要的供应链管理的运作技术，ERP 在整个供应链的管理过程中，更注重对信息流和资金流的控制；同时，通过企业员工的工作和业务流程，促进资金、物料的流动和价值的增值，并决定了各种流的流量和流速。ERP 已打破了 MRPⅡ 只局限在传统制造业的格局，并把它的触角伸向各行各业，如金融业、高科技产业、通讯业、零售业等，从而使 ERP 的应用范围大大扩展。为给企业提供更好的管理模式和管理工具，ERP 还在不断地吸收先进的管理技术和 IT 技术，如人工智能、Internet/Intranet、数据库、精益生产、并行工程等。未来的 ERP 将在动态性、集成性、优化性和广泛性方面得到发展，若将 ERP 与卖方管理库存技术（VMI）相结合，可以开发出下一代的 ERP 产品——供应链规划（SCP）。SCP 可以将企业所在的供应链中的所有职能都集成到单一的框架中，使得整个供应链就像一个扩展企业一样运作。

子任务 2　掌握 MRP 是 ERP 的核心功能

知识窗 1：只要是制造业，就必然要从供应方买来原材料，经过加工或装配，制造出产品，销售给资源缺乏方，即需求方，这也是制造业区别于金融业、商业、采掘业（石油、矿产）、服务业的主要特点。任何制造业的经营生产活动都是围绕其产品开展的，制造业的信息系统也不例外，MRP 就是从产品的结构或物料清单（对食品、医药、化工行业则为"配方"）出发，实现了物料信息的集成—— 一个上小下宽的锥状产品结构：其顶层是出厂产品，是属于企业市场销售部门的业务；底层是采购的原材料或配套件，是企业物资供应部门的业务；介乎其间的是制造件，是生产部门的业务。如果要根据需求的优先顺序，在统一的计划指导下，把企业的"销、产、供"信息集成起来，就离不开产品结构（或物料清单）这个基础文件。

知识窗 2：在产品结构上，反映了各个物料之间的从属关系和数量关系，它们之间的连线反映了工艺流程和时间周期；换句话说，通过一个产品结构就能够说明制造业生产管理常用的"期量标准"。MRP 主要用于生产"组装"型产品的制造业，如果把工艺流程（工序、设备或装置）同产品结构集成在一起，就可以把流程工业的特点融合进来。

知识窗 3：通俗地说，这种保证既不出现短缺，又不积压库存的计划方法，解决了制造业所关心的缺件与超储的矛盾。所有 ERP 软件都把 MRP 作为其生产计划与控制模块，因此 MRP 是 ERP 系统不可缺少的核心功能。

子任务 3   掌握 MRP 是 ERP 的重要组成

知识窗 1：MRP 解决了企业物料供需信息集成，但是还没有说明企业的经营效益。MRP 同 ERP 的主要区别就是它运用管理会计的概念，用货币形式说明了执行企业"物料计划"带来的效益，实现物料信息同资金信息集成。衡量企业经营效益首先要计算产品成本，产品成本的实际发生过程，要以 MRP 系统的产品结构为基础，从最底层采购件的材料费开始，逐层向上将每一件物料的材料费、人工费和制造费（间接成本）累积，得出每一层零部件直至最终产品的成本。再进一步结合市场营销，分析各类产品的获利性。

知识窗 2：MRP 把传统的账务处理同发生账务的事务结合起来，不仅能说明账务的资金现状，而且可追溯资金的来龙去脉。例如将体现债务债权关系的应付账、应收账同采购业务和销售业务集成起来，同供应商或客户的业绩或信誉集成起来，同销售和生产计划集成起来等，按照物料位置、数量或价值变化，定义"事务处理"，使与生产相关的财务信息直接由生产活动生成。在定义事务处理相关的会计科目之间，按设定的借贷关系，自动转账登录，保证了"资金流（财务账）"同"物流（实物账）"的同步和一致，改变了资金信息滞后于物料信息的状况，便于实时做出决策。

知识窗 3：ERP 是一个高度集成的信息系统，它必然体现了物流信息同资金流信息的集成。传统的 MRP 系统主要包括的制造、供销和财务三大部分依然是 ERP 系统不可欠缺的重要组成。所以，MRP 的信息集成内容既然已经包括在 ERP 系统之中，就没有必要再突出 MRP，形象地说，MRP 已经"融化"在 ERP 之中，而不是"不再存在"。

知识窗 4：总之，从管理信息集成的角度来看，从 MRP 到 MRP Ⅱ 再到 ERP，是制造业管理信息集成的不断扩展和深化，每一次进展都是一次重大的质的飞跃，然而，又是一脉相承的。

子任务 4   熟悉 ERP 与 MRP 的区别

知识窗 1：世界经济形势、管理思想和信息技术都是在不断发展的。随着全球化经济的形成，以面向企业内部信息集成为主的 MRP 系统已不能满足企业多元化、多行业、跨地区、多供应和销售渠道的全球化经营管理模式的要求。

素养之窗

　　进入 20 世纪 90 年代，随着网络通信技术迅速发展和广泛应用，一些跨国经营的制造企业开始朝着更高的管理信息系统层次——ERP 迈进。需要再次指出的是——MRP 不是"过时了"，而是"不够了"，不能满足新形势的需求了。

　　ERP 是由美国加特纳公司在 20 世纪 90 年代初首先提出的，那时的 ERP 概念的报告，还只是根据计算机技术的发展和供应链管理，推论各类制造业在信息时代管理信息系统的发

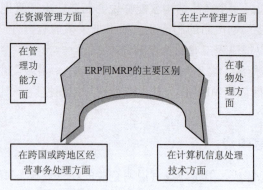

图 2-13　ERP 同 MRP 的主要区别

展趋势和变革；当时 Internet 的应用还没有广泛普及。随着实践和发展，ERP 至今已有了更深的内涵，概括起来主要有 6 方面特点，也是 ERP 同 MRP 的主要区别，如图 2-13 所示。

　　知识窗 2-1：在资源管理方面

　　MRP Ⅱ 系统主要侧重对企业内部人、财、物等资源的管理；ERP 系统则提出了供应链的概念，即把客户需求和企业内部的制造活动以及供应商的制造资源整合在一起，并对供应链上的所有环节进行有效管理，这些环节包括订单、采购、库存、计划、生产制造、质量控制、运输、分销、服务与维护、财务管理、人事管理、项目管理、实验室管理等。

　　知识窗 2-2：在生产管理方面

　　MRP Ⅱ 系统把企业归类为几种典型的生产方式来进行管理，如重复制造、批量生产、按订单生产、按订单装配、按库存生产等，针对每一种类型都有一套管理标准。而在 20 世纪 80 年代末、90 年代初，企业为了紧跟市场的变化，多品种、小批量生产以及看板生产成为企业主要采用的生产方式，而 ERP 系统则能很好地支持和管理了这种混合型制造环境，满足了企业多元化的经营需求。

　　知识窗 2-3：在管理功能方面

　　ERP 系统除包括了 MRP Ⅱ 系统的制造、供销、财务管理功能外，还增加了支持整个供应链上物料流通体系中供、产、需各个环节之间的运输管理和仓库管理；支持生产保障体系的质量管理、实验室管理、设备维修和备品备件管理；支持对工作流（业务处理流程）的管理。

　　知识窗 2-4：在事物处理方面

　　MRP Ⅱ 系统是通过计划的及时滚动来控制整个生产过程，它的实时性较差，一般只能实现事中控制。而 ERP 系统支持在线分析处理（OLAP），售后服务及质量反馈，强调企业的事前控制能力，它可以将设计、制造、销售、运输等通过集成进行各种相关的作业，为企业提供了对质量、适应变化、客户满意、绩效等关键问题的实时分析能力。

　　此外，MRP Ⅱ 系统中，财务系统只是一个信息的归结者，它的功能是将供、产、销中的数量信息转变为价值信息，是物流的价值反映。而 ERP 系统则将财务功能和价值控制功能集成到整个供应链上，如在生产计划系统中，除了保留原有的主生产计划、物料需求计划和能力计划外，还扩展了销售执行计划和利润计划。

　　知识窗 2-5：在跨国或跨地区经营事务处理方面

电子商务的发展使得企业内部各个组织单元之间、企业与外部的业务单元之间的协调变得越来越多和越来越重要，ERP 系统运用完善的组织架构，从而可以支持跨国经营的多国家、多地区、多工厂、多语种、多币制应用需求。

知识窗 2-6：在计算机信息处理技术方面

随着 IT 技术的飞速发展，网络通信技术的应用，使得 ERP 系统实现了对整个供应链信息进行集成管理。ERP 系统除了已经普遍采用的诸如图形用户界面技术（GUI）、SQL 结构化查询语言、关系数据库管理系统（RDBMS）、面向对象技术（OOT）、第四代语言/计算机辅助软件工程、客户机/服务器和分布式数据处理系统等技术之外，还要实现更为开放的不同平台交互操作，采用适用于网络技术的编程软件，加强用户自定义的灵活性和可配置性功能，以适应不同行业用户的需要。网络通信技术的应用，使 ERP 系统得以实现供应链管理信息集成。

知识窗 3：ERP 系统同企业业务流程重组（BPR）是密切相关的。信息技术的发展加快了信息传递速度和实时性，扩大了业务的覆盖面和信息的交换量，为企业进行信息的实时处理、作出相应的决策提供了极其有利的条件。为了使企业业务流程能够预见并反映环境的变化，企业的内外业务流程必须保持信息的敏捷通畅。正如局限于企业内部的信息系统是不可能实时掌握瞬息万变的全球市场动态一样，多层次、臃肿的组织机构也必然无法迅速实时地对市场动态变化作出有效的反应。

知识窗 4：因此，提高企业供应链管理的竞争优势，必然会带来企业业务流程、信息流程和组织机构的改革。这个改革，已不限于企业内部，而是把供应链上的供需双方合作伙伴包罗进来，系统考虑整个供应链的业务流程。ERP 系统应用程序使用的技术和操作必须能够随着企业业务流程的变化而相应地调整。只有这样，才能把传统 MRP 系统对环境变化的"应变性"上升为 ERP 系统通过网络信息对内外环境变化的"能动性"。BPR 的概念和应用已经从企业内部扩展到企业与需求市场和供应市场整个供应链的业务流程和组织机构的重组。

子任务 5 掌握 ERP 的核心管理思想

知识窗 1：ERP 的核心管理思想是供应链管理，主要体现在以下 3 个方面，如图 2-14 所示。

知识窗 2-1：体现对整个供应链资源进行管理的思想

在电子商务时代仅靠企业自身的资源不可能有效地参与市场的竞争，还必须把经营过程中的有关各方，如供应商、制造工厂、分销网络、客户等纳入一个紧密的供应链中，才能有效地安排企业的产、供、销活动，满足企业利用全社会一切资源快速、高效地进行生产经营

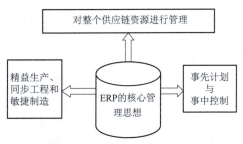

图 2-14 ERP 的核心管理思想

的需求，以期进一步提高效率和在市场上获得竞争的优势。换句话说，现代企业竞争不是单一企业与单一企业的竞争，而是一个企业的供应链与另一个企业供应链之间的竞争。ERP

系统实现了对整个企业供应链的管理，适应了企业在电子商务时代市场竞争的需要。

知识窗 2-2：体现精益生产、同步工程和敏捷制造的思想

ERP 系统支持对混合型生产方式的管理，其管理思想表现在两个方面：

（1）"精益生产"（LP）思想。该思想是由美国麻省理工学院提出的一种企业经营战略体系，即企业按照大批量生产方式组织生产时，把客户、销售代理商、供应商、协作单位纳入生产体系。企业同其销售代理、客户和供应商的关系，已不再是简单的业务往来关系，而是利益共享的合作伙伴关系，这种合作伙伴关系组成了企业的一个供应链，这是"精益生产"的核心思想。

（2）"敏捷制造"（AM）思想。当市场发生变化，企业偶有特定的市场和产品需求时，企业的基本合作伙伴不一定能满足新产品开发生产的要求，这时，企业就会组织一个由特定的供应商和销售渠道组成的短期或一次性供应链，形成"虚拟工厂"，把供应和协作单位看成是企业的一个组成部分，运用"同步工程"（SE）组织生产，用最短的时间将新产品打入市场，时刻保持产品的高质量、多样化和灵活性，这就是"敏捷制造"的核心思想。

知识窗 2-3：体现事先计划与事中控制的思想

（1）ERP 系统中的计划体系主要包括：主生产计划、物料需求计划、能力计划、采购计划、销售执行计划、利润计划、财务预算和人力资源计划等，且这些计划功能与价值控制功能已完全集成到整个供应链系统当中。

（2）ERP 系统通过定义事物处理相关的会计核算科目与核算方式，以便在事物处理发生时同时自动生成会计核算分录，保证了资金流与物流的同步处理和数据的一致性。从而实现了根据财务资金现状，可以追溯资金的来龙去脉，并可以进一步追溯所发生的相关业务活动，改变了资金信息滞后于物料信息的状况，便于实现事中控制和实时做出决策。

（3）计划、事物处理、控制与决策功能都在整个供应链的业务处理过程中实现，要求在每个业务流程处理过程中最大限度地发挥每个人的工作潜力与责任心，流程与流程之间则强调人与人之间的合作精神，以便在组织中充分发挥个人的主观能动性与潜能，实现企业管理从"金字塔式"组织结构向"扁平式"结构的转变，提高企业对市场动态变化的反应速度。

（4）在供应链上除了人们已经熟悉的商流、物流、资金流、信息流外，还有容易被人们所忽略的增值流和工作流。就是说，供应链上有 6 种基本"流"在流动。

从形式上看，客户是在购买商品或服务，但实质上，客户是在购买商品或服务提供的能带来效益的价值。各种物料在供应链上移动，是一个不断增加其技术含量或附加值的增值过程，在此过程中，还要注意消除一切无效劳动与浪费，因此，供应链还有价值增值链（VAC）的含义。不言而喻，只有当产品能够售出，增值才有意义。企业单靠成本、生产率或生产规模的优势打价格战是不够的，要靠价值的优势打创新战，这才是企业竞争的真正出路，ERP 系统可提供企业分析增值过程的功能。

信息、物料、资金都不会自己流动，物料的价值也不会自动增值，要靠人的劳动来实现，要靠企业的业务活动——工作流或业务流程，它们才能流动起来。工作流决定了各种流的流速和流量，是企业业务流程重组（BPR）研究的对象。ERP 系统提供各种行业的行之有效的业务流程，而且可以按照竞争形势的发展，随着企业工作流（业务流程）的改革在应用程序的操作上作出相应的调整。

知识窗 3：总之，ERP 所包含的管理思想是非常广泛和深刻的，这些先进的管理思想之

所以能够实现，同信息技术的发展和应用分不开。ERP 不仅面向供应链，体现精益生产、敏捷制造、同步工程的精神，而且必然要结合全面质量管理（TQM）以保证质量和客户满意度；结合准时制生产（JIT）以消除一切无效劳动与浪费、降低库存和缩短交货期；它还要结合约束理论（TOC）（它是优化生产技术 OPT 的发展），来定义供应链上的瓶颈环节、消除制约因素来扩大企业供应链的有效产出。

随着信息技术和现代管理思想的发展，ERP 的内容还会不断扩展。让我们共同探讨 ERP 系统具有跨世纪意义的深刻内涵，为提高我国企业在全球市场的竞争力、提供全面的企业管理解决方案作出贡献。

子任务 6 熟悉 ERP 系统的优、缺点

知识窗 1：如果 ERP 系统能够正确地安装并运转，那一定会给企业带来很大的竞争优势，其成果弥补资金和时间的投入应该是不成问题的。一个功能完整的 ERP 系统可以提高企业产能的利用，更准确地安排生产进度，减少库存，满足装运日期，提高供应链的高效运作。

知识窗 2：ERP 的优点

ERP 系统优于 MRP 系统的地方就在于使用统一的数据库和架构，提供更广泛、更新的信息，从而实现更好的高层决策并从供应链中获益。ERP 也很擅长提供实时信息，便于供应链中的合作伙伴及时沟通和交流运营变化，避免运输延误。ERP 的设计也可以充分享用互联网的优势，使用户可以通过互联网交流和分享信息。

ERP 通过供应链过程的可视化降低整个供应链的库存，在订单的执行过程中，过程的可视化可以使供应、生产和物流更加顺畅。供应链可视化可以减少"牛鞭效应"，帮助供应链成员更好地安排生产和产品的运输。

ERP 系统还可以帮助企业实现生产流程的标准化。许多制造企业存在不同业务单元生产相同产品，但使用不同流程和信息系统的情况。ERP 可以帮助制造企业的某些步骤实现自动化。生产过程的标准化可以减少资源的浪费并提高生产能力。

ERP 可以使企业特别是业务多元化的企业有效地跟踪雇员的操作并通过标准的方法和他们进行沟通。全公司的运营可以采用相同的评估体系和标准进行监控。统一软件平台和数据库还可以整合财务、生产、供应和客户订单信息。公司在一套软件中拥有所有信息，就可以跟踪物料、订单和财务状况并同时协调在各地的相同和不同业务单元的生产、库存和装运。

知识窗 3：ERP 的缺点

可以看出 ERP 的优点是很明显的，但也并非没有缺点。例如，实施 ERP 需要一笔可观的资金。在前期评审 ERP 功能和供应商的时候就要花费大量的时间和金钱，还要采购必要的硬件和软件，还需要对员工进行培训。ERP 的拥有成本包括购买硬件、软件、专业服务和内部的员工成本。另外，ERP 系统很复杂，不易实施。

然而，对 ERP 的最主要的批评还在于它是在特有的商业模式的基础上专门针对特定的业务流程而设计的。因为 ERP 软件中的业务流程都是参考行业内最好的公司而设计的，所以采用 ERP 的企业就要针对这个已经设计好的流程来调整自己的业务流程。这就造成了一种不利局面，即用软件去决定公司的业务流程和模式，而不是根据公司的业务流程和模式来

设计软件。

任务5　熟悉CPFR协同、规划、预测和连续补货

子任务1　认识协同、规划、预测和连续补货（CPFR）出现的背景

知识窗：随着经济环境的变迁，信息技术的进一步发展以及供应链管理逐渐为全球所认同和推广，供应链管理开始更进一步地向无缝连接转化，促使供应链的整合程度进一步提高。

高度供应链整合的项目就是沃尔玛所推动的CFAR和CPFR，这种新型系统不仅是对企业本身或合作企业的经营管理情况给予指导和监控，更是通过信息共享实现联动的经营管理决策。

CFAR是利用互联网通过零售企业与生产企业的合作，共同做出商品预测，并在此基础上实行连续补货的系统。CPFR是在CFAR共同预测和补货的基础上，进一步推动共同计划的制订，即不仅合作企业实行共同预测和补货，同时将原来属于各企业内部事务的计划工作（如生产计划、库存计划、配送计划、销售规划等）也由供应链各企业共同参与。

子任务2　熟悉CPFR的定义

知识窗：CPFR是一种协同式的供应链库存管理技术，它能同时降低销售商的存货量，增加供应商的销售量。CPFR的最大优势是能及时、准确地预测由各项促销措施或异常变化带来的销售高峰和波动，从而使销售商和供应商都能做好充分的准备，赢得主动。CPFR采取了双赢的原则，始终从全局的观点出发，制定统一的管理目标以及实施方案，以库存管理为核心，兼顾供应链上其他方面的管理。因此，CPFR能在合作伙伴之间实现更加深入广泛的合作。

子任务3　掌握CPFR的特点

知识窗1：协同

CPFR要求双方长期承诺公开沟通、信息分享，从而确立其协同性的经营战略。

协同的第一步就是保密协议的签署、纠纷机制的建立、供应链计分卡的确立以及共同激励目标的形成。在确立协同性目标时，不仅要建立起双方的效益目标，更要确立协同的盈利驱动性目标，只有这样，才能使协同性能体现在流程控制和价值创造的基础之上。

京津冀协同发展规划，
疏解非首都功能

知识窗2：规划

CPFR要求有合作规划（品类、品牌、分类、关键品种等）以及合作财务（销量、订单满足率、定价、库存、安全库存、毛利等）。此外，为了实现共同的目标还需要双方协同制订促销计划、库存政策变化计划、产品导入和中止计划以及仓储分类计划。

知识窗3：预测

CPFR强调买卖双方必须做出最终的协同预测。CPFR所推动的协同预测不仅关注供应链双方共同做出最终预测，同时也强调双方都应参与预测反馈信息的处理和预测模型的制定

和修正，特别是如何处理预测数据的波动等问题。最终实现协同促销计划是实现预测精度提高的关键。

知识窗 4：连续补货

销售预测必须利用时间序列预测和需求规划系统转化为订单预测。一方面由于供应方的约束条件，如订单处理周期、前置时间、订单最小量、商品单元，另一方面零售方长期形成的购买习惯等，都需要供应链双方加以协商解决。协同运输计划也被认为是补货的主要因素。

例外状况出现的比率、需要转化为存货的百分比、预测精度、安全库存水准、订单实现的比例、前置时间以及订单批准的比例，这些都需要在双方公认的计分卡基础上定期协同审核。

子任务 4 熟悉 CPFR 供应链的实施

知识窗 1：CPFR 供应链的体系结构

CPFR 供应链的体系结构见表 2-6。

表 2-6 CPFR 供应链的体系结构

	分 类	说 明
CPFR 供应链的体系结构	决策层	主要负责管理合作企业领导层，包括企业联盟的目标和战略的制定、跨企业的业务流程的建立、企业联盟的信息交换和共同决策
	运作层	主要负责合作业务的运作，包括制定联合业务计划、建立单一共享需求信息、共担风险和平衡合作企业能力
	内部管理层	主要负责企业内部的运作和管理，包括商品或分类管理、库存管理、商店运营、物流、顾客服务、市场营销、制造、销售和分销等
	系统管理层	主要负责供应链运营的支撑系统和环境管理及维护

知识窗 2：CPFR 实施的框架和步骤

CPFR 实施的框架和步骤见表 2-7。

表 2-7 CPFR 实施的框架和步骤

	名 称	说 明
CPFR 实施的框架和步骤	识别可比较的机遇	订单预测的整合
		销售预测的协同
	数据资源的整合运用	不同层面的预测比较
		商品展示与促销包装的计划
		时间段的规定
	组织评判	
	商业规则界定	

（1）识别可比较的机遇。CPFR 有赖于数据间的比较，这既包括企业间计划的比较，又

包括一个组织内部新计划与旧计划，计划与实际绩效之间的比较，这种比较越详细，CPFR 的潜在收益越大。

在识别可比较的机遇方面，关键在于：① 订单预测的整合，CPFR 为补货订单预测和促销订单提供了整合、比较的平台，CPFR 参与者应该搜集所有的数据资源和拥有者，寻求一对一的比较；② 销售预测的协同，CPFR 要求企业在周计划促销的基础上再做出客户销售预测，这样将这种预测与零售商的销售预测相对照，就可能有效地避免销售预测中没有考虑促销、季节因素等产生的差错。

CPFR 的实施要求 CPFR 与其他供应和需求系统相整合。对于零售商，CPFR 要求整合比较的资源有：商品销售规划、分销系统、店铺运作系统；对于供应商而言，CPFR 需要整合比较的资源有：顾客关系管理（CRM）、高级计划与定时系统（APS）以及企业资源规划（ERP）；CPFR 的资源整合和比较不一定都要求 CPFR 系统与其他应用系统的直接相连，但是这种比较至少是形成共同的企业数据库的基础，即这种数据库的形成是来源于不同企业计划系统在时间整合以及共同的数据处理的基础上。

（2）数据资源的整合运用。

• 不同层面的预测比较。不同类型的企业由于自身的利益所驱使，计划的关注点各不相同，造成信息的来源不同，信息常常因不同来源产生不一致。CPFR 要求协同团队寻求到不同层面的信息，并确定可比较的层次。

例如，一个供应商提供 4 种不同水果香味的香水，但是零售商不可能对每一种香味的香水进行预测，这时供应商可以输入每种香味的预测数据，CPFR 解决方案将这些数据搜集起来，并与零售商的品类预测相比较。

• 商品展示与促销包装的计划。CPFR 系统在数据整合运用方面一个最大的突破在于它对每一个产品进行追踪，直到店铺，并且以包含展示信息的销售报告形式反映出来，这样预测和订单的形式不仅是需要多少产品，而且包含了不同品类、颜色及形状等特定展示信息的东西，这样数据之间的比较不再是预测与实际绩效的比较，而是建立在单品基础上，包含商品展示信息的比较。

• 时间段的规定。CPFR 在整合利用数据资源时，非常强调时间段的统一，由于预测、计划等行为都是建立在一定时间段基础上，所以，如果交易双方对时间段的规定不统一，就必然造成交易双方的计划和预测很难协调。

供应链参与者需要就管理时间段的规定进行协商统一，诸如预测周期、计划起始时间、补货周期等。

（3）组织评判。一旦供应链参与方有了可比较的数据资源，他们必须建立一个企业特定的组织框架体系以反映产品和地点层次、分销地区以及其他品类计划的特征。

企业通常在现实中采用多种组织管理方法，CPFR 能在企业清楚界定组织管理框架后，支持多体系的并存，体现不同框架的映射关系。CPFR 所支持的多层组织框架如图 2-15 所示。

（4）商业规则界定。当所有的业务规范和局部资源的整合以及组织框架确立后，最后在实施 CPFR 的过程中需要决定的是供应链参与方的商业行为规则，这种规则主要表现在例外情况的界定和判断。

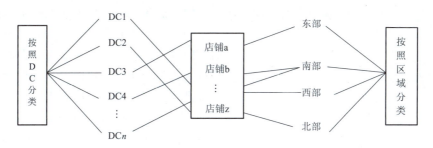

图 2-15   CPFR 所支持的多层组织框架

子任务 5   掌握 CPFR 实施过程中应当关注的因素

知识窗：

（1）以"双赢"的态度看待合作伙伴和供应链相互作用。

（2）为供应链成功运作提供持续保证和共同承担责任。

（3）抵御转向机会。

（4）实现跨企业、面向团队的供应链。

（5）制定和维护行业标准。

任务 6   熟悉 ABC 库存分类法

物动量 ABC 分类

子任务 1   熟悉 ABC 库存分类法

知识窗 1： ABC 库存分类法的基本原理

由于各种库存物品的需求量和单价各不相同，其年耗用金额也各不相同。那些年耗用金额较大的库存物品，由于其占压企业的资金较大，对企业经营的影响也较大，因此需要进行特别的重视和管理。ABC 库存分类法就是根据库存物品的年耗用金额的大小，把库存物品划分为 A、B、C 共三类。

（1）A 类库存品。其年耗用金额占总库存金额的 75%～80%，其品种数却占库存品种数的 15%～20%。

（2）B 类库存品。其年耗用金额占总库存金额的 10%～15%，其品种数占总库存品种数的 20%～25%。

（3）C 类库存品。其年耗用金额占总库存金额的 5%～10%，其品种数却占总库存品种数的 60%～65%。

知识窗 2： ABC 库存分类法的实施步骤

（1）先计算每种库存物资在一定期间，例如一年内的供应金额，用单价乘以供应物资的数量。

（2）按供应金额的大小排序，排出其品种序列。

（3）按供应金额大小的品种序列计算供应额的累计百分比，并绘制 ABC 分析图，如图 2-16 所示。

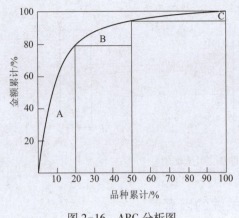

图2-16　ABC分析图

知识窗3：ABC库存分类法的准则

（1）A类库存商品。对于这类品种少、价值高的商品，应当投入较大力量精心管理、严格控制，防止缺货或超储，尽量将库存量压缩到最低，并保持最高的服务水平，即最少98%的存货可得性。按库存模型计算每种商品的订货量，按最优批量、采用定量订购方式订货；严密监视库存量变化情况，当库存量一旦降到报警点时便马上订货；库存进、出库记录填写严格；对需求进行较精确的预测，尽量减少安全库存量。

（2）B类库存商品。这类库存品属于一般的品种。按经营方针调节库存水平，保持较高的服务水平，至少95%的存货可得性。单价较高的库存品采用定量订货方式；其他的采用定期订货方式，可对若干商品进行联合统一订货，存货检查较频繁，物品进、出库记录填写比较严格，并保持较多的安全存货。

（3）C类库存商品。对企业的经营影响最小，对其的管理也最不严格。集中大量订货，以较高的库存来减少订货费用，并保持一般的服务水平，即大约90%的存货可得性；存货检查按年度或季度进行。简单填写物品进出库记录，多准备安全存货，减少订购次数，降低订货费用。

知识窗4：ABC库存分类法的优点

（1）压缩了总库存量。

（2）解放了被占压的资金。

（3）使库存结构合理化。

（4）节约管理力量。

子任务2　熟悉基于活动的成本控制——ABC方法

知识窗1：概述

ABC方法是一个过程，它超越了传统成本会计的界限，将企业的直接成本与间接成本分配到各个主要活动中去，然后将这些活动分配给相关的物品和服务。通过把企业主要活动和特定的物品或服务联系起来，帮助管理者了解耗费资源的真正原因和每项产品与服务的真实成本。

作为一种现代战略管理工具，ABC方法克服了传统的成本会计过程中的许多不足。它的出现基于这样一个概念，即活动消耗资源，物品和服务消耗活动。ABC方法的基本原理如图2-17所示。

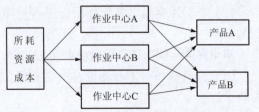

图2-17　ABC方法的基本原理

知识窗2：实施步骤

（1）获得最高管理层的支持和同意。

ABC方法要求与企业不同部门的代表组成跨部门小组，最高管理层的支持会鼓励小组成员相互合作。

　　ABC 方法将对企业及其活动的传统观念形成挑战，可能会要求企业机构的改革。高层管理者必须能够支持这种根本性的改革。

　　（2）实施小组必须获得必要的信息以确定资源、活动成本指示器和成本对象

　　（3）是跨部门小组利用企业总账及平衡账目的信息来为各个成本对象分配活动，为各项活动分配资源。

　　知识窗 3：核算

　　（1）程序。

- 确定各项作业的成本动因，可与技术业务人员共同讨论易获得；
- 对作业进行筛选，建立作业成本中心和作业成本中心库；
- 依据资源动因，把各项作业消耗的资源追加到各作业中心；
- 根据产品对作业的消耗，将成本分配给最终产品项目。

　　（2）作业成本分配。

- 某项作业成本分配率＝该作业中心作业成本总额/该中心的成本动因量化总和；
- 某产品的某项作业成本分配率＝该产品消耗某作业量的总和×该项作业成本分配率。

　　知识窗 4：成功实施的关键因素

　　（1）开展企业内部全体员工针对 ABC 方法的教育学习。

　　（2）适当的定位。

　　（3）企业内部清晰的目标沟通。

　　（4）鼓励企业内部各部门提供各种帮助，并且识别相应的行为变化，参与 ABC 方法过程的各个员工必须广泛地获取各种信息，搜集来自各个部门的意见。

　　（5）用试验项目开始实施过程。

　　（6）能够看到实施 ABC 方法所带来的好处和成功。

　　知识窗 5：用途

　　（1）把管理费用分配到各项物品或服务。

　　（2）了解企业内部各项活动的实际成本。

　　（3）了解各项物品或服务的实际成本。

　　（4）了解企业物品、服务和顾客的赢利能力。

　　（5）量化、测量、分析和改进企业的业务流程。

任务 7　熟悉 VCA 价值链分析法

价值链分析

子任务 1　熟悉 VCA 概念和定义

　　知识窗： VCA 是一个过程，是企业使用的一套工具，用来评估当前的经营状况，评价拟定的改进措施的潜在影响。

　　（1）VCA 不同于传统方法，它为企业内部影响其产品或服务价值的所有活动分配成本，同时也能从贸易伙伴的角度来看待成本。

　　（2）VCA 意味着，企业应根据拟定的变革方案对各贸易伙伴所产生的综合影响来确定

削减成本的重点，以避免供应链某个环节的变化导致的整个价值链成本增加、效率下降。价值链分析的过程包括搜集数据并把数据输入到一系列模型中，现在这些模型可以用计算机程序来实现。企业利用这些模型作为工具来分析数据并形成报告。

子任务 2　了解为什么使用 VCA

知识窗：

企业实施 ECR 计划时，使用 ECR 来确定工作重点和战略方向，其原因在于 VCA 可以为企业解决下面几个十分棘手的问题。

（1）企业当前的业绩如何，ECR 对企业的经营和生产产生哪些影响？

（2）在特定的业务目标和品种战略下，哪些 ECR 的概念最重要，应如何实施？哪些产品品种能提供最好的机会？应与哪些贸易伙伴合作？

（3）在认识到企业应付和管理环境变化的能力的前提下，如何进行试验并筛选 ECR 概念？相关联的工作计划和现金流又怎样？

回答了以上问题，企业就能确定实施计划的方向，或者证明当前的计划已足够完备且重点突出。

成功实施 ECR 的关键在于进行一场变革，这场变革可以使企业能够循序渐进地发展所需的管理技能。但变革的步伐应该与企业特定的业务需要相一致，与员工和企业吸收变化的能力相适应。

子任务 3　掌握 VCA 的特征

知识窗：

一般来说，VCA 的整个实施过程至少需要两周时间，但也可能长达两个月。VCA 的实施过程有以下特征。

（1）不管是零售商、批发商、经纪人还是日用百货制造商都可以开展研究，来评估实施 ECR 对企业当前的经营和业绩的潜在影响。

（2）上述研究的内容包括 VCA 模型中的 ECR 改进方法组合的影响。

（3）第一次使用 VCA，其范围通常局限在对企业最为重要的产品品种上。一般来说，生产者可选出 3~5 个品种，而零售商或批发商往往选 12~15 个。但必须谨慎选择产品品种，以保证所选品种对供应链上的所有贸易伙伴都有意义。经常用的一条实用准则是：所选的品种应与一般零售店安排货架的方式相一致，即以方便购买为目的给产品分类。

（4）对于所选的每个品种，VCA 都要分析处理其在整个供应链的所有产品流——从原材料开始经过所有贸易伙伴到消费者付款台的整个过程。

（5）依靠贸易伙伴所扮演的不同角色，供应渠道可以包括自我配送零售连锁，需送货批发商供应系统、自提货批发商供应系统、只送货直接店铺送货、全面服务直接店铺送货 5 种基本分销渠道的任何组合，以确保在合适的时间、合适的地点、把合适数量的产品以合适的价格送到合适的地点。

子任务 4 熟悉 VCA 的实施任务

知识窗:

VCA 的实施任务如下。

（1）为 VCA 研究做准备。

（2）确定当前成本基准。

（3）收集主要业绩指标。

（4）评估 ECR 的成熟程度。

（5）估测成本的降低额。

（6）准备最终报告。

准时化生产 JIT

任务 8 掌握 JIT 准时化管理

子任务 1 熟悉 JIT 的产生及基本思想

知识窗 1：JIT 技术是由日本丰田汽车公司开发出来的看板管理方式，又称为及时管理方式，是顺应市场需求多样化的要求，作为一种在多品种、小批量的混合生产条件下，高质量、低成本地进行生产的方式在实践中被创造出来的。

知识窗 2：JIT 的基本思想是库存就是浪费，消除库存就是消除浪费。这就要求企业只在必要的时间、按必要的数量、生产必要的产品，不过多、过早地生产暂不需要的产品。

子任务 2 掌握准时制的要素

知识窗 1：表 2-8 介绍了 JIT 主要组成以及每项组成的简要描述。要根据企业各自的资源、产品和加工的特点以及从前实施类似项目的成功经验和失败教训，采取不同内容的 JIT 以及其他精益项目。企业成功实施 JIT 一般都要包括下面这些要素。

表 2-8 JIT 主要组成以及每项组成的简要描述

组　成	描　述
减少浪费	减少浪费是 JIT 思想中至关重要的一个观念，包括减少多余的库存、物料的移动、生产步骤、废料的丢弃、退货和返工
JIT 合作伙伴	与买家和客户以及相关的有共同目标的企业协同工作，目标就是减少浪费、提高速度和降低成本
JIT 布局	在制品库存被放在靠近每个生产线的地方，设备的布局要设计得尽可能减少人员和物料的移动，流程的设计要顺畅
JIT 库存	通过减少批量、缩短启动时间和减少安全存货可以降低库存，由此会揭示出流程中的各种问题，然后再控制和解决这些问题

续表

组　成	描　述
JIT 进度安排	企业生产小批量多批次的产品，便于实现产品的更换和达到平稳生产；与供应商就更小更频繁的采购订单进行沟通，给客户提供更频繁的运送服务；系统中使用看板管理对在制品进行拉式管理
持续改进	当排队和等待时间减少，就更需要持续地关注来解决问题和改进流程；当安全库存降低，就更需要高水平的质量来避免生产过程中断，就会更加关注供应商的供货质量
人力投入	员工经过相互培训可以增加流程操作的灵活性以及解决问题的能力；员工在零部件进入生产线的时候就监控它的质量；员工被授予更大的职责，被给予更多的权力和资源来发现和解决问题
JIT Ⅱ	供应商联盟的进一步发展更为流行；供应商的代表就在买家公司上班并以买家的身份进行采购；供应商代表可以了解买家的设备和数据

知识窗 2-1：减少浪费

所有 JIT 项目贯穿始终的目标就是尽可能减少浪费。企业通过减少生产系统中的浪费，实现产品的成本降低和价值增加。这里的浪费包括额外的等候时间、多余的库存、物料和人员移动、处理步骤、变化以及任何其他不产生价值增加的行为。浪费的减少会带来更低的成本、更短的订货周期、更好的质量和竞争优势。减少浪费是 JIT 中的主旋律。

知识窗 2-2：JIT 合作伙伴

一般情况下，公司都要保持一定程度的安全库存，因为供应商的运输时间可能不稳定或者质量不能总是满足特定的要求。在配送方面，成品在装运给客户前保存在库房里，在某些情况下经常要几个月时间。保存这些库存要消耗企业的资金并且不产生任何价值，因此被视为浪费。

当核心企业与它的供应商和客户开始协同工作，降低浪费，减少成本，提高质量和客户服务时，这就意味着 JIT 合作伙伴关系的形成。

JIT 采购包括将小批量，多批次的物品运送到核心企业的指定地点。这样可以使采购企业保持比较低的库存水平。但频繁的运输势必增加供货企业的成本，为降低这些成本，供应商经常被要求在采购企业的附近设厂或建立仓库。如今的许多配送中心就为客户提供货物周转和再包装。

从几家供应商进行小批量、多批次的采购可以使采购企业处于更有利的位置。因为保持的库存水平较低，所以每次的运输就必须准时，数量要准确，质量要可靠。为达到这个目标，汽车工业策进会（AIAG）最近出版了管理手册，指导原料在 EDI 中的标准化。这样，采购商就可以通过 EDI 系统进行较大批量的采购。随着 JIT 的熟练使用，合作伙伴之间就可以建立起长期的、平等互利关系。

核心企业还一直努力和他们的关键客户建立这种平等互利的 JIT 合作伙伴关系。一旦建立这种关系，企业就可以为其主要客户提供高水准的服务。它们将生产设施和仓储设施建在客户附近，为客户提供小批量、多批次的及时运输。你可以看到相互平等、相互受益的关系出现在 JIT 合作伙伴之间，帮助所有参与者实现价值的增值和竞争力的提高。

知识窗 2-3：JIT 布局

设计 JIT 布局的主要目标就是减少多余的移动。在生产现场的物品和人员移动并不产生任何价值，JIT 布局就是要在需要的时间和地点实现物品和人员的移动。在处理物品移动的流程中，设备要彼此靠近。

成组技术工作单元是将处理相同或类似部件的流程安排在一起，减少重复的设备和人员，同时更加关注相同业务单元的采购和运输。在多数情况下，这些工作单元被设计成"U"形、"T"形，以便于操作人员的操作和物料的移动。在有组装流水线的车间，工作单元一般都紧临着传送带，这样完工的半成品就可以直接传送到下一环节，而不必先找地方储存，然后等需要的时候再取出来。工作单元本身也被设计成灵活的小型传送带，并且可以根据流程的需要进行构造上的变化，而且装上轮子或者挂上起重机就可以推动挪走。

JIT 布局还要保持视野开阔，这样操作人员站在他的位置就可以看到其他工位工作的进展情况。所有采购的和在制品库存都码放在车间的地板上，不受遮挡的视野可以让操作人员容易发现库存的积压情况和避免瓶颈的出现，一旦出现也会及时发现并采取行动。相对较近的设备和相对功能一致的工作单元放在一起，有利于问题的协调解决，并且比传统布局节约空间。

JIT 布局还有利于直接找到问题的根源。因为原材料和零部件是从一个工作单位传到另一个工作单位的，因此在传递的每个环节都接受下一个环节的监督，发现问题可以及时追查到上一工序。

知识窗 2-4：JIT 库存

根据 JIT 的理念，库存被视为一种非常严重的浪费，因为它会掩盖采购、生产和质量等许多问题，库存后面隐藏着一系列损害价值的问题，减少库存则会让各种问题表露出来。当这些问题被发现和解决以后，公司产品的价值就会提高，系统运转就会更加有效。例如，当降低物料的安全库存时，一旦运输延误供应就会中断。公司可以自己找到解决问题的办法也可以换一家更好的供应商。不管如何解决问题，其结果都将是企业在更低库存投入的情况下运转更顺畅。这个原理对于生产设备也一样。维护良好的设备不会中途停产，所以保持较低的安全库存也要基于对生产设备的良好维护。

另一个降低库存水平的方法就是降低订货批量和生产的批量。假设消耗是一定的，如果将订货数量和生产批量减半，那么平均库存也会减半。但不幸的是，这样安排也意味着更多的订货和更多的生产启动。因此必须要降低订货成本，这一点可以通过基于电子数据交换（EDI）和互联网的自动采购流程来实现。例如，现在公司开发了一种虚拟库存系统（VIS），允许分销商将库存信息反馈到共享数据库中，对小型买家的 JIT 订货提供快速反应。

启动生产设备需要宝贵的时间，因此增加设备启动的次数同时就要减少设备启动的时间。减少启动时间的方法很多：包括在上一批次生产过程中就做好重新启动的准备、将生产工具放在附近的地方、改进工具和接口环节、将启动步骤标准化、尝试各种缩短启动时间的方法、采购需要较少启动时间的机械设备。

最后，随着库存的逐步降低，隐藏的问题被发现并得以解决，公司还可以进一步地发现其他问题并一一解决。经过多次的努力，公司会逐步改进其运作效率。

知识窗 2-5：JIT 进度安排

企业应该多批次、小批量地采购，联合更好的供应商，每次生产的批量不要太大。这些内容说起来容易，但实际做到就不那么容易了。许多企业都在这些方面做了尝试，但却以失败而告终，最后还是保有大量的库存，生产大量的产品去销售，而不是解决上述问题使生产更加轻盈和有效。为保证小批量生产，生产流程中的内部和外部交流，都需要一个合理的时间进度安排，这是保证 JIT 顺利实施的一项关键内容。

小批量生产减少了采购、在制品和成品的库存，因此降低了成本，同时也可以更加灵活地满足客户的需要，如图 2-18 所示，在同样长的时间里，小批量生产可以变换产品 9 次，而大批量生产的情况下只能变换产品 3 次而且还不包括生产产品 D。保持一定水平的小批量生产可以帮助供应商提前计划和安排运输，避免运输的延误。

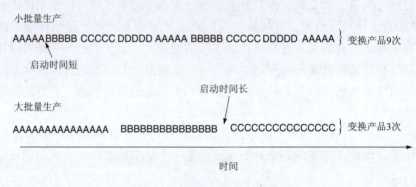

图 2-18　小批量可以增加灵活性

JIT 过程中的小批量生产是通过使用看板完成的。在 JIT 应用中，看板被视为一种信号。当工作单元需要零部件和物料时，它们就用看板向上一环节或外部供应商发出信号，提出需要供应的具体要求。上一环节或供应商只有收到这种指令才会采取行动，这就是为什么 JIT 系统被称为"拉式"系统。

知识窗 2-6：持续改进

前面间接提到，JIT 系统的运转是不会停止的，紧密的设备布局有利于产品在工厂内部合地流动，库存从储存区移到生产车间，再到装进每个工位设计好的盛物箱里，采购和生产都是以小量在进行。在这样的系统里，开始的问题从表面看是供应商要努力适应频繁地准时送货，在线工人努力地保持产出水平，同时经常性地启动机器以适应小批量生产的需要；为使 JIT 系统更好地运转，员工们需要持续地解决供应商的运送和质量问题，在生产环节解决移动的问题、可视性的问题、机器停工的问题、启动问题和内部质量问题。在日本的制造企业，这种情况被称为改善。一旦某个题得到解决，将某个工位的盛物箱去掉一个，就又开始了一轮新的问题解决过程。这就是持续改进。直到所有的事情都变得尽善尽美，在需要的时候生产出所需的质量和数量的产品。

质量改进也是 JIT 持续改进的一部分。例如，无论是从外部供应商还是从内部生产单元得到零部件，如果不能满足生产的需要，那么和没有得到是一样的。它给生产流程带来的短期结果就是缺货和停产。在较低的安全库存和在制品库存的情况下以较高的质量为保证，是在生产过程中必不可少的。

知识窗 2-7：人力投入

JIT 的成功实施取决于大幅度地降低浪费和持续改进，因此从事有关工作的人必须在这个过程中扮演重要的角色。企业的经理必须保证给予强有力的支持，包括提供有关技术、工具、时间和其他必要的资源来发现问题和实施解决方案。企业的高层经理需要营造一种氛围，即鼓励发现问题。

公司员工要进行各生产环节的相互培训，以便员工可以在机器停工或他人请假的时候接替不同的工作。工人要在工作日花费一定的时间研究如何减少机器的启动时间，同时解决其他生产问题。另外，他们还需要进行一定次数的质量检查。一旦发现质量问题，工人可以要求停止生产，直到问题的起因被找到并得到解决。许多在实施 JIT 企业的员工喜欢自己的公司，因为他们被授予一定的职责并且被视为企业成功实施 JIT 的重要环节。

知识窗 2-8：JIT Ⅱ

JIT Ⅱ是一个相对较新的概念，它是供应商伙伴和卖方控制库存的延伸。JIT Ⅱ对于合作伙伴双方有着显著的好处。首先，采购公司用到了免费的员工，而供应公司得到了未来采购的保障。买卖两家公司也通过这种协作增进了沟通。供应商可以在这种合作中很快了解到有关新产品和设计变更将给公司带来的影响。而且，生产中出现的因供应商产品质量和服务所导致的问题也更容易被供应商代表所发现并转达给他们的公司。因此，这种合作方式对双方都有利。

▶ 任务实训

从"四大名著"看供应链管理的思想

以小组的形式提交小论文，撰写要求如下：

1. 分组进行，每组 4~5 人（必须要有异性同学），抽签决定做具体不重复 4 个项目的小论文（方式：抽签决定。老师事先做好分别标记 1~9 的小纸签 4 份，学生代表抽签，如抽到重复数字的签，则作废，将重复数字的签放回到等待抽的一堆签当中去，再抽一次，直到 4 个不同数值的签；数字 1~9 对应教材的"项目"）。

2. 自行决定选择哪部"四大名著"与教材的某一段落，但必须这两者之间要有紧密的逻辑联系。

3. 小论文包括标题（4 号字，宋体）、四部分的正文与附件。

4. 正文第一部分"1. 供应链管理的知识"，内容必须是教材里面的，字数控制在 100 字以下。

5. 正文第二部分"2.《××××》第××回故事情境"，内容必须是"四大名著"里面的，字数控制在 200 字以下。

6. 正文第三部分"3. 我们的理解"，内容必须是至少 4 个点/段，点/段之间的文章字数大体匀称；控制在 900~1 200 字符数。

7. 正文第四部分"4. 给我们的启示"，内容字数控制在 80 字以内，必须是至少五个提纲式、浓缩的短句，短句间的字数大体匀称。

8. 附件中至少包含如下信息：专业、年级与班级，组别（如第5组），以及组长姓名、组员姓名、完成的时间、指导老师姓名。

9. 大标题必须醒目，四个小标题与正文的字体要区分，四个小标题之间的字体大小要一致。

10. 所有提交材料的文本内容必须要在一张 A4 纸上打印（可以通过调整字体、页边距、页眉页脚、文档网格、段落设置等来进行），正文字体为 5 号宋体。

11. 所撰写 4 个项目的小论文的时间间隔，要求至少 10 天。

思考题

1. QR 对厂商、零售商的优点是什么？
2. QR 成功必须具备的条件是什么？
3. 供应商合理化需要考虑哪些因素？
4. QR 的最新发展是什么？
5. ECR 产生的背景是什么？
6. ECR 有哪些应用原则？
7. 如何进行 ECR 系统的构建？
8. EOS 的效益表现在什么方面？
9. ERP 是如何产生的？
10. ERP 同 MRP 的区别有哪些？
11. ERP 的核心管理思想体现在什么方面？
12. ERP 系统有哪些优缺点？
13. 简述 CPFR 实施的框架和步骤。
14. CPFR 实施过程中应当关注什么因素？
15. ABC 库存分类法有什么优点？
16. 基于活动的成本控制——ABC 方法的核算程序和成功实施的关键因素分别是什么？
17. 为什么要使用 VCA？
18. JIT 的基本思想是什么？
19. 准时制的组成要素有哪些？

学习评价

考核项目	计分标准	得分	备注
考勤情况 （10分）	缺课一次，扣1分；累计缺课达到总课时的1/3，取消考试资格		
作业完成情况 （10分）	原则上全班前3名，为满分10分，4~6名，为9分，以此类推；如果某个分数相同的同学较多，则该分数为一个得分数值，后续，则再后推。举例：全班100分1人，99分2人，98分10人，则100分与99分的同学为10分，98分的同学为9分……		
学习积极 参与度情况 （40分）	授课老师根据所提问题的难易程度，事先发布学习积极参与度完成的"悬赏分值"，第一个站立正确回答完毕的学生，得到"悬赏分值"，学生站立回答，不需要得到老师的许可；回答错误，不扣分。 原则上全班前3名，为满分40分，4~6名，为39分，以此类推；如果某个分数相同的同学较多，则该分数为一个得分数值，后续，则再后推		
小论文完成情况 （40分）	以小组的形式完成；组长根据组员的工作程度，给予分配权重系数，小组的总权重系数为人数之和。举例：小论文完成得分为80分，张三的权重系数为0.9，李四的权重系数为0.8，王二的权重系数为1.1，钱五的权重系数为1.0，赵六的权重系数为1.2，那么小论文完成得分分配到小组组员的分数为：张三80分×0.9＝72分，李四80分×0.8＝64分，王二80分×1.1＝88分，钱五80分×1.0＝80分，赵六80分×1.2＝96分。 原则上全班前3名，为满分40分，4~6名，为39分，以此类推；如果某个分数相同的同学较多，则该分数为一个得分数值，后续，则再后推		4篇小论文的分数分别计入对应项目
其他加扣分情况	有一次正能量的事情，加1分；有一次负能量的事情，扣1分；加扣分可以互抵		
总成绩	教师签字		

举例说明：马三同学本项目学习评价：考勤10分，作业完成情况9分，学习积极参与度情况36分，小论文完成情况35分，其他加扣分情况加3分，该同学本项目学习评价：10分+9分+36分+35分+3分＝93分。

项目三

采购管理

❖ 学习目标

【知识目标】认识采购的重要性，理解采购的目标，理解采购活动与其他部门的关系，理解国际采购/全球外包。

【技能目标】熟悉采购过程，熟悉采购决策，熟悉使用多少供应商，熟悉采购模式，熟悉传统采购模式与现代供应链采购模式的比较；掌握采购流程，掌握选择供应商考虑的因素，掌握选择供应商的步骤，掌握及时采购。

【素养目标】培养学生科学严谨的工作态度和廉洁作风，养成学生科学决策的成本意识和责任担当。

❖ 思维导图

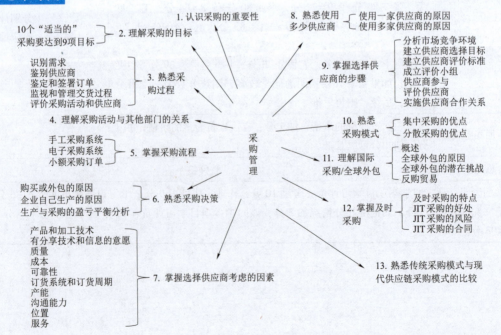

❖ 导入范文

从《水浒传》看供应链管理的思想

1. 供应链管理的知识

在教材"生产与采购的盈亏平衡分析"中，有如下表述：

目前的外包趋势是购买设备、物料和服务，除非自己生产可以提供很多效益，如保护私有技术、获取出众的品质、保证足够的供给。然而，外包有自身的缺陷，如缺少控制和供应商的经营风险。虽然成本极少成为战略采购决策的唯一因素，但盈亏平衡分析仍然是计算外包决策成本效益的便利工具，特别是成本成为重要指标的时候。

2. 《水浒传》第七回故事情境

"只是一千贯，你让我打一半的折扣，我便买了。"这几日鲁智深被安排天天找林冲闲逛饮酒，林冲已自知在劫难逃，准备假意接下任务，以后再自行其是，故而言语之中坚决要打半价的折扣。那汉叹口气道："金子做生铁卖了，罢，罢！一文也不要少了我的。"林冲道："跟我来家中取钱还你。"回身却与智深道："师兄且在茶房里少待，小弟便来。"智深道："这刀好不好的酒家看两眼也就罢了，酒家且回去，明日再相见。"林冲别了智深，自引了卖刀的那汉，去家去取钱与他。将银子折算价贯，准还与他。

3. 我们的理解

（1）林冲明确了自己的需求，需要一把好刀，考虑了自身的需要，对刀的品质和性能有明确的要求。选择了一个他认为刀质优良的供应商，并与其建立了合作关系。在供应链管理中，选择合适的供应商并建立良好的合作伙伴关系是至关重要的。这可以确保供应商能够提供高质量的产品或服务，同时保证供应链的稳定性和可靠性。在选择供应商时，需要考虑供应商的能力、信誉、质量和价格等因素，同时还需要考虑供应商的可靠性和交货期。

（2）林冲需要将购买的刀从供应商处运送到自己的所在地，这涉及物流和运输管理的问题。在供应链管理中，物流和运输管理是至关重要的环节。它涉及产品的运输、仓储、包装和配送等环节，这些环节需要高效、准确和及时地运作，以确保产品的交付和质量。在这个过程中，林冲需要考虑运输效率和成本控制，以确保供应链的顺畅运行，还可以帮助企业降低采购成本，提高采购效率，保证产品质量，确保产品或服务能够及时、准确地送达客户手中。

（3）林冲在购买刀的过程中还涉及支付和结算环节。他需要支付供应商提出的价款，这涉及支付工具的选择和支付方式的确认。这个过程涉及供应链管理中的支付和结算环节。通过这些环节，林冲能够确保供应链中的资金流动的准确性和及时性，从而保证整个供应链的稳定性和可靠性，以避免供应链中的风险和不确定性，减少不必要的麻烦。还需要加强与供应商之间的沟通和协作，以降低支付风险和提高供应链的整体效益。

（4）林冲购买刀后，没有察觉到这是高太尉设下的陷阱，最终因为这把刀而被陷害入狱。这个故事反映了供应链管理中风险管理的重要性。在供应链中，风险可能来自各个方面，如供应商的不稳定、物流中断、市场需求变化等。通过建立有效的风险管理体系，供应链管理者可以降低或规避潜在的风险。这包括对市场环境和供应商进行深入的调研和分析，制定应急预案以应对潜在的风险事件。通过降低风险，可以提高供应链的稳定性和可靠性。同时，还可以帮助企业及时调整生产和销售计划，应对市场变化。

4. 给我们的启示

（1）建立良好的合作伙伴关系。

（2）加强风险管理。

（3）选择可靠的供应商。

（4）要明确自身需求。

（5）谈判技巧可以争取利益最大化。

22 级采购与供应管理 1 班

组长：徐琳

组员：胡桂花、沈紫腾、欧阳文静、陈雨珊、江玉连

完成时间：2023 年 11 月 19 日

指导老师：杨国荣

从《三国演义》看供应链管理的思想

1. 供应链管理的知识

在教材"选择供应商考虑的因素"中，有如下表述：

决定选择哪一家供应商提供办公用品或非重要物料，好像是一件很简单的事情。然而，如果是在能够影响企业竞争优势的，向企业提供重要物料的一组能胜任的供应商中进行选择，就是一个复杂的决定；需要基于多重指标，包括成本运送绩效，还要考虑供应商对企业产品和加工技术的贡献程度。

2.《三国演义》第十回故事情境

夏侯惇带典韦来见曹操，极力夸赞典韦勇力过人。曹操就"令韦试之"。典韦"挟载骤马，往来驰骋。忽见帐下大旗为风所吹，岌岌欲倒，众军士挟持不定；韦下马，喝退众军，一手执定旗杆，立于风中，巍然不动。"曹操不由赞扬道："此古之恶来也。"（恶来乃商纣王之臣子，以勇力闻名）当下封为帐前都尉。

3. 我们的理解

（1）在庆贺铜雀台落成的宴会上，曹操曾别出心裁，考试部下的文臣武将。他以西川红锦战袍一领作为奖品，让武将射箭争夺。在这里看，曹操作为供应商将西川红锦战袍看作产品，供应商应该要及时更新产品，以提供给文臣武将。曹操将西川红锦战袍一领作为奖品，目的是选拔优秀的人才。对供应链管理来说，采购物品的质量水平是选择供应商的一项主要指标。产品质量必须好而且稳定，因为它会直接影响成品的质量。

（2）整个武官分为两队：曹氏宗族俱穿红，其余将士俱穿绿。大家你争我夺，最后绿袍队中的许褚和徐晃获胜。这是一种合作伙伴之间沟通的能力体现。对于供应链管理来说，绿袍队中的许褚和徐晃获胜体现了团队合作中伙伴之间的相互配合默契和互相沟通能力是非常重要的。将武官分为两队是战略性因素，选择胜任的战略供应商的能力直接影响着企业的成功。战略供应商是值得信任的合作伙伴，并成为企业设计和生产整体的一部分。

（3）曹操这里运用的考试有两个特点：一是公开，二是公平。这就为大家提供了一个

在公众监督下的、平等的竞争机会，对每个人使用同等的衡量本领的尺度。曹操运用考试在供应商管理中对应的是选择供应商的成本，选择供应商考虑因素的成本中，整体拥有成本包括物料的单价、付款条件、现金折扣、订货成本、维护成本、物流成本、维修成本和其他难以评估的某类性质的成本。而曹操举办考试也使用到了场地成本、人力成本等。

（4）最后的胜利，靠的只能是真本领、硬功夫，拉关系、靠后台、走后门在此行不通。任何不公平的裁判，都处在众目睽睽之下，任何偏私行为都会受到公众舆论的谴责。对应着供应商的可靠性，在供应商的选择中，供应商的财务状况是否稳定、供应商的交货周期是否可靠等都是很重要的。比赛中选取出的人才，才是有真本领、派得上用处的人才。这样提供的平等竞争机会，才能产生货真价实的尖子，才能更好地促进人才的成长和优异成绩的涌现，也才能推动事业的发展。

4. 给我们的启示

（1）在选择供应商考虑的因素中，供应商产品质量水平必须好且稳定。

（2）在选择供应商考虑的因素中，整体拥有成本才是主要因素。

（3）供应商应该注重产品和加工技术，以及及时更新的产品。

（4）一般情况下，供应商还要具备促进伙伴之间沟通的能力。

（5）供应商要有良好的服务来为产品提供支持，并且在规定的时间内提供产品。

22 级采购与供应管理 1 班

组长：汪晶晶

组员：朱盈希、詹菊萍、魏泰坤、周晴、张紫烟

完成时间：2023 年 11 月 18 日

指导老师：杨国荣

任务 1　认识采购的重要性

采购的重要性

知识窗 1：

采购对于组织的重要性源于两个方面：费用效益和作业效力。具有采购谈判技巧和良好供应商关系的经理会为他们的组织节省大量的资金。如果能够识别适用的生产设备并且以优惠的价格购买它，那就可以对以后若干年的竞争优势产生影响。最后，良好的采购实践也避免了作业中出现的问题。如果重要的生产设备不能按时到达，工厂就要关闭了。如果购买的原材料不符合生产标准，制造的产品就不可能符合客户要求的标准。虽然避免了这些问题不一定能达到有效的作业，但是，如果存在这些问题，则有效的作业就是不可能的。

当前人们倾向于认为：高级管理人员在采购中应考虑长远的利益，而不是独钟于低廉的价格，避免以后出现问题。采购应保证供给以产生利润，而不仅仅是减少费用。高级管理涉入采购，这一事实强调了其日益增加的重要性，尤其是与组织的战略目标息息相关。

纯粹从费用的观点上看，采购的重要性也是显而易见的，表 3-1 显示了在选择的几个行业中购买原材料的费用占年销售收入的比例，表 3-1 显示的费用代表整个行业的平均值。

表 3-1　购买原材料的费用占年销售收入的比例　　　　　　　　　　　　　%

行　业	在销售收入中所占的比例
商品	64
石油	83
运输设备	60
烟草	27
美国的普通制造公司	54

知识窗 2：

考察一下这些行业中的大公司、普通公司和小公司的情况，就可以看出高效率的采购是如何产生竞争优势的。例如，一个运输设备制造商也许会产生 1 亿单位的年收入。对于一个普通的运输设备制造公司来说，材料的费用可能是 6 000 万单位。大的采购组织比普通公司一般会少花费 5% 的采购费用，所以他们的采购费用为 5 700 万单位。小公司则要多花费 5% 的采购费用，所以他们的原材料费用是 6 300 万单位。

在这个简单的例子中，节省的费用是很显著的。然而，进一步分析一下，采购的重要性会变得更加显著，表 3-2 用一些简单的计算说明了采购可达到的最终效果。请注意，对假设的三个不同规模的采购，公司的其他费用和年总收入是相同的。普通公司的采购费用占年销售收入的 60%，这一数据与美国运输设备制造业的平均数是相同的。

表 3-2　大型、普通和小型采购对企业产生的影响

　　　　　　　　　　　　　　　　　　　　　　　　　　　　　　　　　　　100 万单位

类型　　　项目	大型采购	普通采购	小型采购
年总收入	100	100	100
采购费	57	60	63
其他费用	30	30	30
总费用	87	90	93
毛利润	13	10	7
税金	5.2	4	2.8
净利润	7.8	6	4.2
对销售的返回，为达到大型采购所需要增加的采购量	—	30% 或 30 单位	85.7% 或 85.7 单位

采购对于节约费用重要到什么程度呢？为了得到大型采购同样的利润，普通公司必须增加 30% 的销售收入，达到 13 000 万单位。小型公司则必须把销售收入提高到 18 570 万单位才能获得同样的净利润。

知识窗 3：

没有高效的采购实践，公司的作业就可能垮掉，客户服务水平就可能下降，长期的客户

关系就可能被破坏。在制造任何产品之前，供给必须到位，而且要满足某些条件。满足这些条件可以被认为是采购的目标。

任务 2　理解采购的目标

子任务 1　认识 10 个 "适当的"

有效地获取产品和服务必须满足 10 个适当（Right）：即适当的来源、适当的物品或服务、适当的质量、适当的数量、适当的包装、适当的时间、适当的地点、适当的运输方式、适当的价格或成本及送给适当的客户。

子任务 2　熟悉采购要达到 9 项目标

知识窗 1：更明确地说，采购要达到以下 9 项目标，如图 3-1 所示。

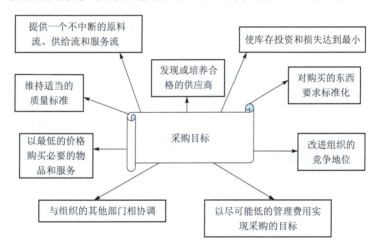

图 3-1　采购目标

知识窗 2-1：提供一个不中断的原料流、供给流和服务流

原材料和元器件应该及时到达，这是公司作业所需要的。关闭生产线会损害雇员和客户，同时也增加了成本。

知识窗 2-2：使库存投资和损失达到最小

库存费用已经占到产品价值的 50%，库存的保管费用则占到产品价值的 20%~30%，假设一家公司的年平均库存投入为 5 000 万美元，而保管费用占 25%，如果能把库存量减少到 4 000 万美元，则可以节约 250 万美元。这个结果是可以而且应该达到的。

知识窗 2-3：维持适当的质量标准

产品的质量受到购买的原材料质量的限制，企图控制采购的成本时很容易忽视质量，因而，在追求较低的价格时不要在质量标准上妥协，这一点无论怎样强调都不为过。

知识窗 2-4：发现或培养合格的供应商

货物供应商可以协助解决许多采购问题，与高品质的供应商签约是采购经理的主要任务。

知识窗 2–5：对购买的东西要求标准化

无论什么地方什么时候，只要可能，对购买的东西要求标准化，标准的原材料减少了库存量（零件较少）和保管费用，同时可以因大量购进而获得价格折扣。

知识窗 2–6：以最低的价格购买必要的物品和服务

这并不意味着自动接受较低的价格，价格应该被定义为要得到物品所花费的时间、工作量和美元之和，货币之外的费用依赖于服务、原材料的质量、需要的数量以及交货的条款等。

知识窗 2–7：改进组织的竞争地位

以较低的最后定价购买合适的原料可以提升公司的竞争地位。这不仅控制了支出，而且保证了原材料随时可用。通过采购还可以发展同供应商的关系，保证原材料源源不断地流动，即使竞争对手的供给受到了负面的影响也不为所动。

知识窗 2–8：与组织的其他部门相协调

采购工作应该与组织的其他部门相协调。采购不是孤立的。它几乎影响公司运作的各个方面。因而，采购部门与公司的其他部门进行有效的交流是极其重要的，通过互相合作解决共同的问题。

知识窗 2–9：以尽可能低的管理费用实现采购的目标

与其他部门或其他活动一样，采购运作中也产生费用，例如供给费用、电话费、旅行费和计算费等。然而这些作业费用要得到有效的控制。

任务3　熟悉采购过程

知识窗：虽然各种采购各有其特殊性，但是都遵循通用的基本采购过程。这个过程可以描述为识别需求、鉴别供应商、确定和签署订单、监视和管理交货过程以及对采购活动和供应商的评价等，下面详细讨论这些步骤。

采购流程图介绍

子任务1　认识识别需求

知识窗：识别需求可以有很多种方法。一个部门可能购买一个新的生产设备或新的计算机。这种购买需求可能是物料需求计划系统提出的设备订购要求。订单也可能是通过 EDI 系统签订的，并经过了供需系统的评价。这些方法都在一定程度上启动了采购过程。一旦认识到有这种需求，采购的其他步骤就紧随其后。

子任务2　理解鉴别供应商

知识窗：鉴别供应商可以简单到就像核实电子订单的电邮地址一样，但也可以很复杂，例如，邀请大宗设备的预投标建议，召开一个投标会，或者评价许多详细的标书。在一定程度上，复杂性依赖于采购的类型（新的购买、简单的重新购买或者部分重新购买），也依赖于购买的产品和服务。一旦潜在的供应商被确定，就可以选择一家或几家来提供货物。

子任务 3 掌握确定和签署订单

知识窗：一旦确定了供应商，就可以起草订货单并签署合同，或者采取其他步骤向着实际提交货物或服务迈进。这一阶段的工作要求是确定订货单是否填写正确，是否满足合同条款，货物是否符合标准，供应商的工作是否令人满意等。

子任务 4 熟悉监视和管理交货过程

知识窗：从根本上说，采购活动就是要保证以正确的价格和正确的数量得到正确的货物。如果不是，就要采取某些措施以弥补缺陷。

子任务 5 掌握评价采购活动和供应商

知识窗：这是一个两阶段的过程。一个具体的采购活动可能很好或者很糟。大部分采购组织都通过与供应商的多次交易和采购活动总结和积累经验。当一次交易完成后，采购者应该与供应商协商以避免以后出现同样的问题。当多次交易不能满足要求时，采购者应该寻求新的供应商。

任务 4 理解采购活动与其他部门的关系

知识窗：采购活动应该与组织的其他功能部门紧密配合，因为其他功能部门也需要采购。从购买一种新的计算机到认识很小的高技术元器件都需要专业的采购知识。强健的采购功能是组织的其他部门与那些想向组织出售产品的销售商之间的一道关卡。

采购过程是信息驱动的，图 3-2 和图 3-3 显示了流向采购活动的各种信息。如果没有这些信息，采购部门就不能完成它的任务。甚至会失去商业活动中必不可少的供应商。

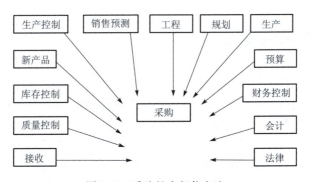

图 3-2 采购的内部信息流

使用这些信息后，采购活动把新的信息送回有关部门，以便他们进一步调整采购活动，图 3-4 展示了这样的信息流动。

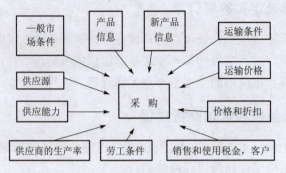

图3-3 采购的外部信息流

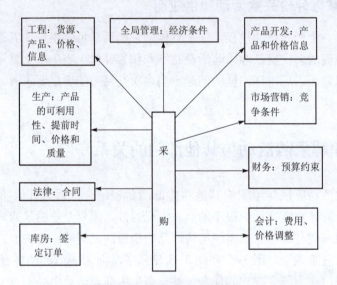

图3-4 来自采购的信息流

任务5 掌握采购流程

知识窗： 传统的采购流程是一个手工的、基于纸张的系统。然而，随着信息技术的出现，个人电脑、地区网络、互联网的采用，许多公司正朝着一个更加自动化的、电子化的采购系统发展。一个恰当的采购系统就是要确保信息从使用者到采购专员，最后到供应商的有效传递。采购系统还必须确保采购的物资迅速送到使用者手中，同时发票也从供应商传到采购商的会计部门。最后，系统还要有内部控制机制，以防止系统滥用。例如，采购订单应该预先编码并一式多份，买家无权直接支付货款。编码的订单容易被追踪，可以防止丢失和统计遗漏。采购订单的副本还应该提供给会计部门，以便实现内部控制，并通知会计部门进行付款。

子任务1 熟悉手工采购系统

知识窗1： 图3-5显示了一个简单的传统手工采购系统。虽然一些手工采购系统可能看上去与图 3-5 不太一样，但图 3-5 还是抓住了采购系统中的主要因素。手工采购系统速度慢，并且因为在采购各环节的重复输入极易导致错误。例如，类似的物料需求信息，如产品描述，会造成采购订单的重复生成。

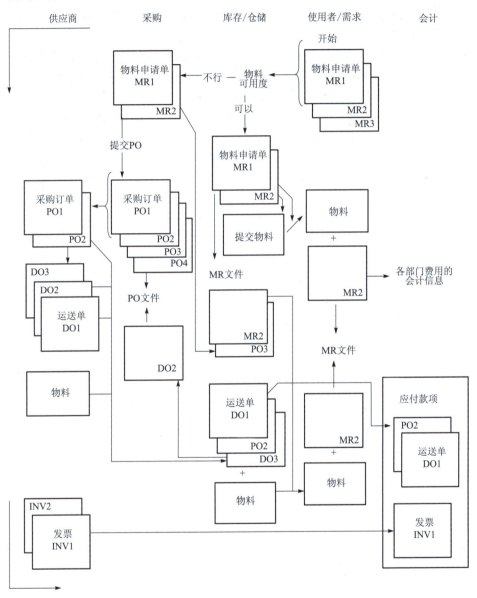

图 3-5 一个简单的传统手工采购系统

知识窗 2-1：物料申请单

采购流程从物料使用者提交物料申请单（MR）的副本开始。有些公司使用采购申请单代替物料申请单。物料申请单上明确注明产品、数量、预期送达日期。单子的副本数取决于组织内部的管理控制设计。一般来说，出单人要保留一份副本，仓库收到原件外加一份副本。仓库的副本随货物一起送到订货方。这份副本也提供了一些重要信息，特别是会计部门向某个使用者收费的信息。

　　大多数申请都通过普通物料申请单传递，少部分针对循环发生的物料和标准件的单子则使用循环请购单来处理。不同于物料申请单，循环请购单除了产品描述以外，还有其他有关信息，如订货到交货的周期、批量等。当需要再供货时，使用者只需填写数量和要求到货日期，然后提交给仓库即可。当再供货的信息被记录下来，循环请购单就会返回到使用者手中，等待将来再次使用。

　　物料需求计划（MRP）中的计划订单发布或物料清单（BOM），也可以用于物料申请单的发布或直接向供应商订货。这种方法适合于那些长期使用相同部件制造标准产品的企业。

　　如果所需的物料是仓库中现有可供的，物料就会直接发给使用者而无须经过采购部门。另一种方式就是将物料申请单指派给适当的买家，由其对此项物料负责。如果该物料有更好的替代品，采购部门需要推荐给使用者，并和使用者一起检验替代品是否可行。不经使用者认可，采购人员不能变更物料和零部件的使用说明。挑选恰当的供应商是采购人员的权利和责任，使用者常常推荐一系列供应商名单。图3-6介绍了一个物料申请单的示例。

ABC 公司			□RX#: 885967
某州某市　　邮政编码		采购申请单	

需求者：＿＿＿＿＿＿＿＿＿＿＿＿＿＿＿＿　部门：＿＿＿＿＿＿＿＿＿＿＿＿＿＿

电话：＿＿＿＿＿＿　账号：＿＿＿＿＿＿＿＿　日期：＿＿＿＿＿＿＿＿＿＿

建议卖家：＿＿＿＿＿＿＿＿＿＿＿＿＿＿＿＿＿＿＿＿＿＿＿＿

地址：＿＿＿＿＿＿＿＿＿＿＿＿＿　电话：＿＿＿＿＿＿＿＿＿＿＿＿

编号	描　　述	价格	数量

特殊说明：＿＿＿＿＿＿＿＿＿＿＿＿＿＿＿＿＿＿＿＿＿＿＿＿＿＿＿＿＿＿

＿＿＿＿＿＿＿＿＿＿＿＿＿＿＿＿＿＿＿＿＿＿＿＿＿＿＿＿＿＿＿＿＿＿＿＿

权威认可：＿＿＿＿＿＿＿＿＿＿＿＿＿＿＿＿＿＿＿　日期：＿＿＿＿＿＿＿

图3-6　一个物料申请单的示例

知识窗 2-2： 询价单和提案请求

如果仓库中没有所需物料，这份物料申请单就递交到采购部门。如果现有供应商不能提供该物料，买方就要找到一组合格的供应商，并发出询价（RFQ）。提案请求（RFP）的提交，并不需要非常复杂和高技术，特别是当这个部件的规格未知时。提案请求可以让供应商提出新物料和新技术，从而使公司发掘出供货公司的专门技术。

在供应链管理中一个不断发展的趋势是开发供应商。当缺乏合格的供应商时，企业可以通过提供技术帮助和财务支持，帮助现有的和新的供应商提高其加工能力、产品质量、运送和成本绩效。通过这种方法，可以使企业更加关注自身的核心竞争力，而将非核心的业务外包给供应商。

知识窗 2-3： 采购订单

面对一家合适的供应商，或者是记录在案的合格供应商，买家会向这家供应商发出采购订单（PO）。一般情况下，采购订单的原件和至少一份副本都会发给供应商。采购订单的一个重要特征就是采购的条款和条件都事先在单子的后面印好。采购订单是买方的出价，一旦被供应商接受，它就成为一份具有法律约束力的合同。因此，公司会要求供应商认可并返回一份签字的采购订单表示接受这份合同。图 3-7 是一份采购订单的示例。

ABC 公司 某州某市　邮政编码	采购订单	PO#：885729 日期：_____
卖家： **收货地：**		要求运送日期：_____ 支付条款：_____ FOB 条款：_____ 价格协议号：_____ 　所有的包装、发票、运单和相关单据都要有订单号。邮寄发票的原件和副本，附在需要付款的采购订单第二联后面。

编号	描述	单价	数量	总价
			订单总价	

买家：_____　电话：_____　传真：_____

买家签字：_____　物料申请单编号：_____

条款和条件见背面

图 3-7　一份采购订单的示例

供应商有可能按照自己的条款和条件供货，特别当其是唯一的制造商或者拥有这项产品的专利的时候。这时就要用到供应商的销售合同。这份销售合同就是供应商的报价，一旦被买家接受就成为具有法律约束力的合同。

一旦订单被确认，采购人员要确保采购物料的准时运送，要对订单进行跟进和加速。跟进就是为防止运送延迟而采取积极措施，加速就是对迟到的运输采取措施。

子任务 2　掌握电子采购系统

知识窗1：电子采购系统的兴起

开始于20世纪70年代的电子数据交换（EDI）促进了采购流程。但由于其私有性要求有大量的前期投资。20世纪90年代互联网技术的出现刺激基于互联网的电子采购系统的迅速发展。电子商务的支持者认为基于互联网的系统很快就会取代手工系统，就像我们看到的许多提供电子商务的公司在90年代末得以迅速发展一样。从那以后，这类公司经历了大的动荡，直到现在一直挣扎着寻找足以支撑的市场。在21世纪初期，大批公司的股价直线下降，甚至有许多公司不复存在了。批评家们认为电子商务公司的发展过度膨胀了。如今，随着用户认识到其服务的好处，许多管理很好的电子商务公司开始兴旺起来。

知识窗2：电子采购系统的运作

图3-8描述了一个真实的基于互联网的B2B电子采购系统，它为拉斯维加斯的度假胜地而设计，解决游客的采购问题，采购商品从低价的办公用品到食物、饮料到高价的工程技术类产品，范围十分广泛。

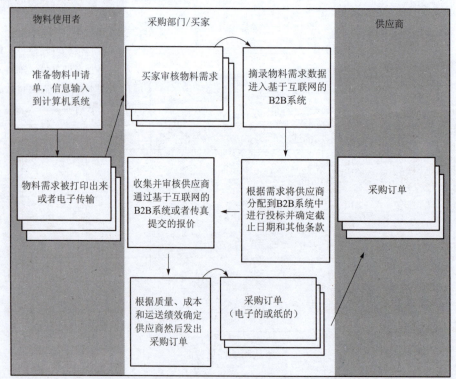

图3-8　一个真实的基于互联网的B2B电子采购系统

物料的使用者通过输入物料申请单和其他相关信息启动电子采购流程，如将数量、到货日期等要求输入物料申请单模板。接下来，物料申请单被打印出来并提交给采购部门的人员（也可能直接发送电子文件）。采购人员审核采购产品的准确性和接受程度。根据对需求的满意确认，买家将物料申请单日期转发到基于互联网的电子采购系统，并通知合格的供应商进行投标。需求上特别明确产品描述、截止日期、投标状况。供应商只要连到互联网上的电子商务系统就可以瞬间得到相关信息，同时买家还可以从服务提供商那里收到传真形式的投标。采购部门针对每一类的物料都维持一份人选的供应商名单。这份名单可以与其他买家编辑和共享。因此，买家可以在几秒钟内向许许多多的供应商提交询价单。

投标结束后，买家审阅从互联网和传真发来的所有报价，并根据质量、价格、运送等条款来挑选供应商。接下来，如果这家供应商连接到电子采购系统，电子的采购订单就会提交给选中的供应商。否则，这个采购订单就需要打印并寄给供应商。

知识窗3：电子采购系统的优点

传统的手工采购系统就是发出物料申请单和采购单，是一项乏味的劳动密集型工作。虽然EDI解决了部分问题，但其私有性要求较高的启动成本，对于缺乏预算的小公司是很难使用的。电子采购系统改变了对基础设施的要求，使几乎所有的公司都可以承受。电子采购系统的优点如图3-9所示。

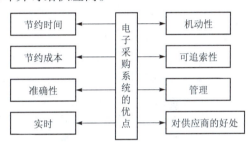

图3-9 电子采购系统的优点

（1）节约时间。电子采购在以下几种情况效率更高：挑选和保持一批有潜力的供应商名单、处理报价和采购订单、重复订货。单个的买家可以针对不同类的商品和服务建立所喜欢的供应商名单。例如，一个小工具的供应商小组可能包括15个供应商，买家从这15家里采购小工具。这份名单可以供公司内所有部门进行共享和编辑。供应商的实时绩效数据可以在线及时更新。对询价单进行收集、整理、分析和比较都是需要投入大量人力且耗时的工作。一家典型的公司每天都要对几百家公司的报价进行整理。电子采购系统削减了这些没有增值意义的收集和整理行为。因为询价单的信息直接来自使用者的最初录入，因此也避免了数据的重复录入。

系统可以设计成在规定的时间段内如每天或每周对订单内容自动报价。对于那些必须小批量订货的商品，以及知道规格需要频繁订货的商品，这项功能的价值是无法衡量的。

（2）节约成本。省去了物料申请的手工报价处理，买家可以完成更多的购买。其他成本的节约包括：因为扩大了供应商而降低了采购产品和服务的价格；订货频繁而降低的库存成本；减少了采购人员、管理人员和更快的订单实现。

（3）准确性。系统消除了分别来自物料使用者和购买者的重复录入。系统加强了购买者和供应者之间沟通的准确性，更多的商品和服务的信息都可以在网上查询。

（4）实时。系统能使买家的招标和供应商的反馈在一周7天每天24小时的情况下进行。一旦物料申请单流程启动，买家可以在网上即时发布招标信息，而不需要像以往那样一家一家地去通知供应商。

（5）机动性。买家可以提交、处理、检查发标的状况，同时与供应商的联系不受买家地理位置和时间的限制，这就是电子采购系统高度的灵活性。

（6）可追索性。发生过的所有流程都可以以电子表格的形式保存或传输。跟踪一份电子招标和交易要比纸张的更容易和更快。买家和供应商都可以在线要求额外信息、发表评论或者表明他们是否对投标感兴趣。

（7）管理。这个系统可以设计成具有重要的供应商信息，包括供应商是否是少数派或归本地所有，这样才能使买家支撑这项业务。由此产生的概要统计和供应商业绩报告可以帮助管理者审核供应商并制定未来的计划。

素养之窗

（8）对供应商的好处。由于较低的进入壁垒和交易费用，可以接触更多的买家，针对市场情况不断调整，因此电子采购系统对绝大多数供应商都有吸引力。

子任务 3　熟悉小额采购订单

知识窗 1：处理一份订单所包含的管理成本也是相当可观的。曾经有人估算过，用手工方式处理一份订单的成本是 175 美元。当我们考虑到高级采购人员的工资和他们的间接费用时，这个数字有可能更高。有时处理一份订单的成本要比订单本身的金额都高，这种情况并非罕见。根据公司的规模有时会做一个相关的设定，如 500~1 000 美元的订单可能就不予考虑。

在一个手工系统里，要尽可能地减少小额采购，以确保买家不会被不必要的采购而压垮，危及企业的竞争力。由于电子采购系统的高效率，买家就不容易因为小额订单而超负荷。为控制不必要的管理成本并缩短采购周期，采购经理有多种方法来处理小额采购。一般而言，可供选择的方法是用来采购办公室用品和其他间接物料，下面介绍这些方法。

知识窗 2-1：采购信用卡或合作采购卡

采购信用卡或合作采购卡预先给定一个信用额度，根据公司的大小一般不超过 1 000 美元，发给采购单位的授权人。美国运通银行和国际信用卡公司发行的卡就是用于此目的。该卡允许物料使用人直接从供应商处采购商品，而无须办理采购手续。但是一般来说买家只能从授权供应商名单中采购物料，因为它们的价格已经是商定好的。

获得授权之后，信用卡也可以用来支付食宿、交通费用，无须使用者事先准备。月末，一份消费清单就会直接寄给采购人员或财务部门。

知识窗 2-2：空白支票采购订单

空白支票采购订单是一份特殊的订单，一般在订单下边附带一张空白的签字支票。支票明确印有超过多少金额就无效的声明，一般是 500~1 000 美元。当供应商发货后，就可以在支票上填写金额并兑换成现金。如果事先知道确切的采购金额，买家一般在交给供应商支票以前就在支票上填好金额。

知识窗 2-3：一揽子采购订单或无限制采购订单

一揽子采购订单包含各种物品，是针对在固定的时间段内如季度或年，重复采购物品而设计的。无限制采购订单和它的区别就是额外的物品和到期时间都是可以再协商的。每种物品的价格和数量以及其他事项都在订单中有所约定。通过一揽子订单发布或生产计划，可以对某项物品发布特定的数量要求。一揽子采购订单和无限制采购订单对于维护、修理和运营以及办公用品的采购都适用。在一段时间内，一般是一个月，供应商会给买家公司发一份订货清单要求付款。

知识窗 2-4：无库存采购或系统合约

无库存采购或系统合约是一揽子采购订单的扩展。它要求供应商保留最少量的库存以保证在买家订货时能立即供货。这对买家来说就是无库存，因为维护库存的负担落在供应商一方。有些公司要求供应商将库存放在买家的仓库中以降低提前期。

知识窗 2-5：小额现金

小额现金是存在办事员或中层经理手中的一小笔现金。物料使用者一般采购需要的物料，然后将收据交到小额现金管理者那里，货款从小额现金中支付。这种方式的好处就是每笔交易都有据可查。

知识窗 2-6：物料和部件的标准化和简单化

正确的情况是，采购应该和设计、工程和运营人员一起工作，努力将物料、部件标准化并从中受益。例如，一家汽车生产厂家可以设计不同款型的汽车但使用同样的启动装置，由此提高它的使用程度，降低多重的存储空间，同时可以从大批量订货中享受折扣。这种做法还可以降低针对那些很少使用的部件的小额采购。

简单化就是在产品设计过程中，减少产品和加工中的零部件、供应物和标准件的数量。例如，一家发动机生产厂家可以设计所有型号的发动机都使用同样一种型号的支架和螺丝管。因此，简单化可以进一步减少小额采购的数量，同时减少对存储空间的需求，争取更多的采购折扣。

知识窗 2-7：积累小额订单生成大订单

大量的小额订单可以积累或混合成一个大额订单，特别是当物料的需求不是很紧迫的情况下。如果下订单的费用超过了库存的维护费用，可以简单地将采购订单的数量增加。大额订单可以降低采购价格以及单位商品的运输成本。

知识窗 2-8：针对特定的物料应用固定间隔期

控制小额订单的另一个有效的方法就是将物料分类，然后设定每组固定的采购间隔期。根据使用要求，这个间隔周期可以是按周的，也可以是按月的。使用者将所需物料分类后，每次订购这一类物料中适当的品种和数量，而不是每次只订一种物料。这种做法提高了资金使用率，降低了小额订单的数量。

任务6   熟悉采购决策

草船借箭

知识窗：外包这个词流行的解释是：从供应商处采购物料和配件而不是自己生产，还指放弃原来自己生产而从外部采购这种选择。在最近几年，企业倾向于外包与建立供应链关系相结合，而传统上企业倾向于自己生产，并向前和向后整合。向前整合是指获得客户方资源，向后整合是指获得供应方资源。例如，获得一家配送商或者物流提供商则是向前整合；一个最终产品生产厂家收购提供零部件的供应商，就是向后整合。

是自己生产还是采购物料和零配件，是一项可以影响企业竞争地位的战略决策。很显然多数企业选择购买维护、检修、运营服务（MRO）和办公用品而不是自己制造。如同一家海鲜餐馆也是从市场上采购海鲜。然而，对于复杂的工程部件是生产还是采购的决策就很复杂，并影响着企业的竞争地位。

传统上，成本是影响采购决策的主要因素。而如今企业则从战略的角度来考虑采购决策对企业竞争优势的影响。例如，本田不会外购发动机，因为它认为发动机对于汽车公司的运营和声誉都非常重要，但是它会将刹车器外包给一家质量有保障、价格低、擅长生产的公司。一般而言，企业外包非核心产品的部件，而自己专注于核心内容。最后，是生产还是采购的决策并非是一项绝对的非此即彼的选择。公司可以选择自己生产部分部件或服务，其余从供应商处购买。

子任务 1　熟悉购买或外包的原因

知识窗 1：企业决定从供应商处购买或外包物料、部件或服务有许多原因，如图 3-10 所示。

图 3-10　购买或外包的原因

知识窗 2-1：成本优势

对许多企业而言，成本因素是决定购买或外包的主要因素，特别是购买或外包的部件对于企业的运营和竞争优势并不重要。供应商因为拥有标准化的或一般的供应物料而具有规模化的竞争优势，它们将相同的物品卖给不同的用户。在许多外包的案例中，企业需求的产品数量非常少，不足以支持它们去投资设备自己生产。一些外国的供应商还因为劳动力成本和物料成本低而享有价格优势。

知识窗 2-2：产能不足

一家企业的生产能力有限，使它不可能再自己生产零部件。这种情况发生在需求增长超过预期，或者扩张战略无法满足需求时。企业短期内从外部采购零部件，留出产能继续关注主要运营。企业甚至可以在一些非常严格的条款下外包一些核心部件来满足需求。如果管理得当，外包是短期内扩张生产能力的有效方法。

知识窗 2-3：缺乏专门技术

有些企业或许缺乏必要的技术和专家进行生产。在一些非核心业务上保持长期的技术和经济的能力会影响企业在核心竞争力上的投入。或许供应商拥有产品或加工的专利，或许买家不能达到环境和安全标准的要求，所以排除了自己生产的选择。

知识窗 2-4：质量

采购的部件可能在质量上更优，因为供应商有更好的技术、方法、熟练的工人和规模经济的优势。供应商可以对研发投入更多的资金。供应商的高质量可以帮助采购企业居于产品和加工技术的领先位置，特别是在革新迅速的高科技领域。

子任务 2　熟悉企业自己生产的原因

知识窗 1：企业在工厂里自行生产物料、部件、设备和提供服务也有许多原因，如图 3-11 所示。

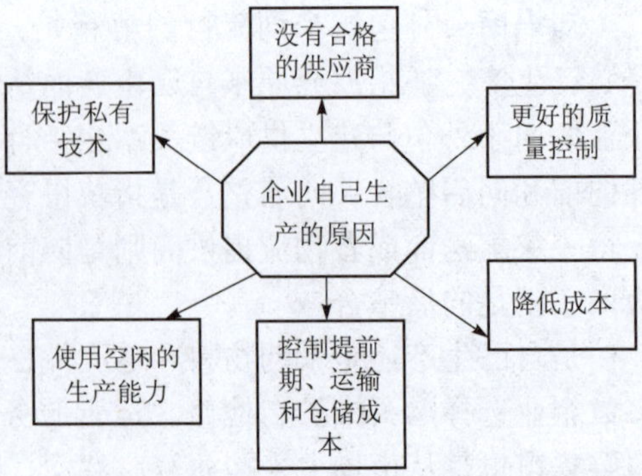

图 3-11　企业自己生产的原因

知识窗 2-1：保护私有技术

选择自己生产的一个主要原因就是保护私有技术。为了保持竞争优势，企业开发的某种设备、产品和方法需要保护。即使是一项专利，企业可以让供应商生产某项产品但不公开技术。不公开技术的好处是让对手出乎意外，并在竞争对手之前推出新产品，可以使企业获得超额利润。例如，英特尔或者 AMD 公司，不愿意让供应商生产他们的中央处理器。

知识窗 2-2：没有合格的供应商

如果市场上没有所需的零部件，或者供应商没有生产此类产品的技术和能力，则在短期内买家只能自己生产。作为一项长期战略，企业可以采用供应商开发战略，与新的或已经存在的供应商一起生产部件。

知识窗 2-3：更好的质量控制

如果条件允许，自己生产可以让企业直接控制设计、生产流程、人力和其他投入以确保高质量的部件生产。企业自己生产部件会非常有经验和有效率，而供应商可能难以满足精确的规格要求。但是，如果供应商能应用更好的技术和方法生产更高质量的部件，那么买家就要彻底研究是否外包以确保一个更高的质量水平。

知识窗 2-4：使用空闲的生产能力

对于企业剩余的生产能力，最好的短期解决方案就是生产部分零部件。这种战略对于生产季节性产品的企业是有价值的。这样可以避免解雇熟练工人，在生意来临的时候可以很快满足需求。

知识窗 2-5：控制提前期、运输和仓储成本

自己生产可以更好地控制提前期和物流成本，因为各个阶段的设计、生产和运送都在管理控制之内。虽然原材料必须要运输，但成品可以在靠近使用地生产，这样可以减少仓储维护成本。

知识窗 2-6：降低成本

如果技术、产能、管理和劳动技能都允许的话，那么面对长期的大量零部件的需求，自己生产还是更经济的。虽然由于资金的投入，自己生产会面临较高的固定成本，但可变成本却比较低，因为其中剔除了供应商的利润。

子任务 3 掌握生产与采购的盈亏平衡分析

知识窗：目前的外包趋势是购买设备、物料和服务，除非自己生产可以提供很多效益，如保护私有技术、获得出众的品质、保证足够的供给。然而，外包有其自身的缺陷，如缺少控制和供应商的经营风险。虽然成本极少成为战略采购决策的唯一因素，但盈亏平衡分析仍然是计算外包决策成本效益的便利工具，特别是成本成为重要指标的时候。

这个分析有几项假设：① 所有相关的成本都可以归类到固定成本或者可变成本；② 固定成本在分析范围内保持不变；③ 可变成本存在线性关系；④ 选择自己生产的固定成本比较高，因为设备的资金投入；⑤ 选择采购的可变成本比较高，因为包含供应商利润。

任务 7 掌握选择供应商考虑的因素

知识窗：决定选择哪一家供应商提供办公用品或非重要物料，好像是一件很简单的事情。然而，如果是在能够影响企业竞争优势的，向企业提供重要物料的一组能胜任的供应商中进行选择，就是一个复杂的决定；需要基于多重指标，包括成本和运送绩效，还要考虑供

应商对企业产品和加工技术的贡献程度。企业在选择供应商时要考虑的因素如图 3－12 所示。

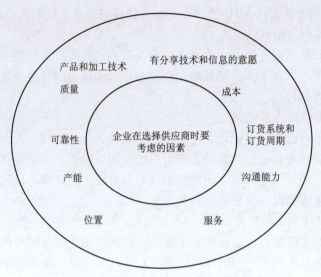

图 3-12   企业在选择供应商时要考虑的因素

子任务 1   熟悉产品和加工技术

知识窗：供应商应该有及时更新的产品，以及提供产品的加工技术。

子任务 2   熟悉有分享技术和信息的意愿

知识窗：目前的趋势是企业更喜欢外包，发掘供应商的能力，关注自身的核心竞争力，因此企业找到愿意分享技术和信息的供应商就非常重要。供应商通过早期参与介入企业的新产品设计和开发，确保企业有效益地进行设计选型、开发备选解决方案、选择最好的零部件和技术、帮助进行设计评估。通过提高供应商在设计过程中的参与程度，企业就可以腾出精力更多地关注核心竞争力。

子任务 3   熟悉质量因素

知识窗：采购物品的质量水平是选择供应商的一项主要指标。产品质量必须好而且稳定，因为它会直接影响成品的质量。

子任务 4   熟悉成本因素

知识窗：采购物品的单价并不是选择供应商的唯一标准，而整体拥有成本才是主要因素。整体拥有成本包括物料的单价、付款条件、现金折扣、订货成本、维护成本、物流成本、维修成本和其他难以评估的某类性质的成本。总成本分析揭示了除单价以外的其他成本如何影响采购决策。

子任务 5   熟悉可靠性因素

知识窗：除了指可靠的产品质量以外，可靠性还包括供应商的其他特性。例如，供应商的财务状况是否稳定，如果不稳定就不会有能力投资研发和开展业务；供应商的交货周期是否可靠，如果不可靠买家的生产就有可能因缺货而停产。

子任务 6 熟悉订货系统和订货周期

知识窗：一家供应商的订货系统是否容易使用？一般的订货周期是多长？向一家供应商订货应该简单、迅速和有效，从订货到送货的响应时间要短，这样才能保持频繁的小批量订货从而减少库存的持有成本。

子任务 7 熟悉产能因素

知识窗：企业还应当考察供应商执行订单满足需求的生产能力以及在需要的情况下完成大批量订单的能力。

子任务 8 熟悉沟通能力

知识窗：供应商还应该具备能够促进合作伙伴之间沟通的能力。

子任务 9 熟悉位置因素

知识窗：地理位置也是选择供应商的一项重要因素，因为它影响着运送时间、运输和其他物流成本。一些企业要求供应商必须在距它们的工厂一定范围之内设厂。

子任务 10 熟悉服务因素

知识窗：供应商必须通过良好的服务来为产品提供支持。例如，当采购商需要信息和保修服务时，供应商必须在规定的时间内响应。

当企业选择供应商时，还有大量的因素需要考虑，一些是战略性的，一些是战术性的。通过招标形式为战略物资供应发掘最便宜的供应商需要很长时间。选择胜任的战略供应商的能力直接影响着企业的成功。战略供应商是值得信任的合作伙伴，并成为企业设计和生产整体的一部分。

任务 8 熟悉使用多少供应商

知识窗：针对每个采购物品应该使用多少家供应商是一个复杂的问题。虽然许多参考书都推荐向一家供应商采购核心物料和供应品，简化买家—供应商关系，但实际上单一采购是一项非常有风险的主张。虽然施乐和克莱斯勒在 20 世纪 80 年代大规模削减供应商，但文件上没有记载它们将重要物料的采购都交给一家公司。现在外包的趋势是保留几家供应商，而不是一家。理论上，只要是能够促使公司与最好的供应商建立紧密的合作伙伴关系，企业就应该使用一家或较少的几家供应商。但实际上完全依赖一家供应商会有很多风险，当这家供应商经营不善时，买家会受较大影响。下面是采购一项物料时，使用一家供应商与使用多家供应商的比较。

子任务 1　熟悉使用一家供应商的原因

知识窗 1：使用一家供应商的原因如图3-13所示。

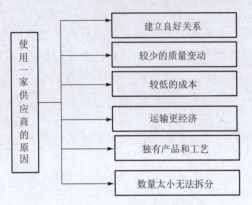

图 3-13　使用一家供应商的原因

知识窗 2-1：建立良好关系

向唯一供应商采购可以使企业和供应商建立良好的、相互信任的、互惠互利的关系，特别是当企业可以从供应商的技术和生产能力中受益时。有时候企业针对某项物料减少供应商，向一家供应商采购时，便于建立战略联盟关系。

知识窗 2-2：较少的质量变动

一家供应商使用相同的技术和工艺进行生产，从它那里采购的产品会比从几家供应商采购产品的质量变化性更小。

知识窗 2-3：较低的成本

向一家供应商集中大批量购买产品，一般都会压低采购单价。单一采购还避免了固定成本的重复投入，特别是当采购的部件需要特殊工具和昂贵的装置时。

知识窗 2-4：运输更经济

因为单一采购会集中批量，企业可以从满载运输中受益，它比零担运输具备更低的单位运输成本。当凑足整车进行运输时，企业就可以选择是铁路运输还是公路运输。对于沉重物品的长途运输铁路更加经济。

知识窗 2-5：独有产品和工艺

如果产品和工艺归私人所有，或者供应商有专利，那么企业唯一的选择就是从这家供应商采购。

知识窗 2-6：数量太小无法拆分

如果采购的数量或金额太小，不值得将订单拆分给不同的供应商。此时单一采购也是获取非重要物资和服务的一个不错的方法。

子任务 2　熟悉使用多家供应商的原因

知识窗 1：使用多家供应商的原因如图3-14所示。

知识窗 2-1：需要产量

当需求超过了一家供应商的生产能力时，企业就只能选择多家供应商。

知识窗 2-2：分散供应中断的风险

选择多家供应商可以分散供应中断的风险，这些风险来自罢工、质量问题、政治不稳定或者供应商的其他问题。

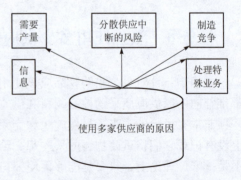

图 3-14　使用多家供应商的原因

知识窗 2-3：制造竞争

使用多家供应商可以鼓励供应商之间在价格和质量方面的竞争。即使现代供应商管理理论不提倡为制造竞争而使用多家供应商，但将一些不重要的、不影响企业核心竞争优势的部件外包，仍然是大家乐于接受的方式。使用单一采购建立供应商联盟不太合算。

知识窗 2-4：信息

多家供应商一般会有更多信息，如市场状况、新产品开发和新工艺技术。如果产品的生命周期比较短，那这些信息就更加重要。

知识窗 2-5：处理特殊业务

一些公司，特别是政府合同执行人，出于自愿或是法律规定，将一定比例的采购给那些当地的、小的、妇女或少数民族所拥有的企业。

采购某种物资所使用的供应商数量，从传统上的多家发展为几家甚至唯一的一家可靠的供应商。以往买家和供应商之间是短期的、对立的、基于价格的最终导致互不信任的关系。如今在整合的供应链中，买家和供应商之间的关系则演化为信任、合作、互惠互利的长期关系。公司如今减少供应商的数量，留下最好的供应商，同时进一步开发供应商，这样的供应商在产品质量、运送、服务、价格和信息方面做到了持续改进。

任务 9　掌握选择供应商的步骤

知识窗：供应链管理部门可以根据图 3-15 所示的流程，对伙伴供应商进行评选，选择具备所需能力的供应商。具体步骤可以描述如下。

子任务 1　熟悉分析市场竞争环境

知识窗：建立基于信任、合作、开放性交流的伙伴供应商长期合作关系，必须首先分析市场竞争环境。市场分析的目的，在于找到针对哪些产品开发供应商合作关系才有效，必须知道现在的产品需求是什么，以确认客户的需求，确认是否建立供应商合作关系，则根据需求的变化确认供应商合作关系变化的必要性。同时分析现有供应商的现状，分析、总结企业存在的问题。

子任务 2　熟悉建立供应商选择目标

知识窗：企业必须确定供应商评价流程，明确实施的环节、信息流程，以及各个环节的负责人，而且必须建立实质性、实际的目标。降低成本是主要目标之一，供应商评价、选择不仅仅是一个简单的评价、选择过程，同时也是企业内部和企业与企业之间的一次业务流程重组过程，一个优化的业务

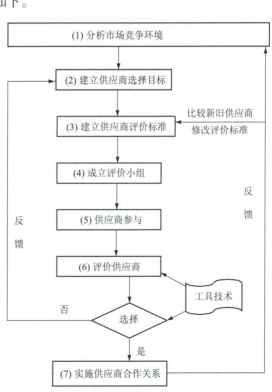

图 3-15　伙伴供应商的评选过程

流程本身就可以带来一系列利益。

子任务3　掌握建立供应商评价标准

知识窗：供应商综合评价的指标体系，是企业对供应商进行综合评价的依据和标准，是反映企业自身和环境所构成的复杂系统不同属性的指标，按隶属关系、层次结构组成的有序集合。根据系统全面性、简明性、科学性、稳定性、可比性、灵活性、可操作性的原则，建立集成化供应链管理环境下供应商综合评价指标体系。不同行业、企业和产品需求，不同环境下的供应商评价标准应该是不一样的。但是，供应商评价标准涉及供应商的业绩、设备管理、人力资源开发、质量控制、成本控制、技术开发、风险管理和客户满意度等可能影响供应商合作关系的内容。

子任务4　熟悉成立评价小组

知识窗：企业必须建立一个控制和实施伙伴供应商评价的小组。成员主要来自采购、质量、生产、工程等与供应商密切合作的部门。每位成员必须具有团队合作精神，具有一定的专业技能。组建的评价小组必须能够同时获得制造商和供应商企业最高领导层的支持。

子任务5　理解供应商参与

知识窗：一旦企业决定实施供应商评价，评价小组必须与初步选定的供应商取得联系，以确认他们是否愿意与企业建立合作关系，是否有获得更高业绩水平的愿望。企业应尽早让供应商参与到评价程序的设计过程中来。然而，由于企业的力量和资源是有限的，企业只能与少数的、关键的供应商保持紧密的合作关系，所以参与评价的供应商应尽可能少。

子任务6　熟悉评价供应商

知识窗：评价供应商的一项主要工作，是调查、收集有关供应商的生产运营等方面的信息。在收集供应商信息的基础上，就可以利用一定的工具和技术方法对供应商进行评价。然后，根据一定的技术方法进行供应商选择决策，从而跟合格的供应商建立伙伴供应商关系。如果没有合格的供应商可选，则需调整供应商选择目标。

子任务7　掌握实施供应商合作关系

知识窗：由于市场需求的不断变化，在实施供应商合作关系的过程中，可以根据实际需要及时修改供应商评价标准，或重新开始供应商评价选择。在重新选择供应商的时候，应给予供应商充足的时间来适应这种变化。

任务10　熟悉采购模式

知识窗：在这几年中，企业中的采购部门作为采购物资的责任者，从一个办事员式的、辅助的角色转变为参与企业整体战略发展的角色。在实际的购买过程中，采购参与了产品的设计、生产决策以及企业运营的其他方面。如何组织采购才能最好地服务于企业，取决于公司性质、行业特点和许多其他因素，如市场状况和需求物资的类型。采购体系可以被视为两个极端即集中采购与分散采购的组合。很少有公司会采用绝对的集中采购或分散采购，每一种极端做法的好坏都需要进一步的验证。近来的趋势是对主要物资采用集中采购，这样采购企业可以从经济规模和其他方面受益。

集中采购就是一家企业采购部门的人员都在一处办公，制定各种采购决策，包括采购数量、价格策略、磋商、签约、供应商选择和评价。分散采购就是单个的、当地的采购部门，例如工厂一级的采购部门，分别制定各自的采购决策。下面列举了集中采购和分散采购的优缺点。

子任务 1　熟悉集中采购的优点

知识窗 1：集中采购的优点如图 3-16 所示。

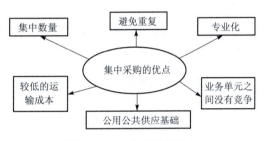

图 3-16　集中采购的优点

知识窗 2-1：集中数量

集中采购的一个显而易见的好处就是得到数量折扣、较低的运输成本和其他一些有利的采购条款。这通常被称为采购量杠杆。集中采购能够给采购部门更多的议价能力，供应商则因为大批的购买量而更愿意协商、提供更好的条款并分享技术。

知识窗 2-2：避免重复

因为采购人员在一个地方集中办公，公司级买家可以在调研之后提交一个汇总所有业务单元相同物料需求的大订单，减少许多重复的工作。这也可以减少买家的数量，降低劳动力成本。

知识窗 2-3：专业化

集中化之后的买家可以专注于某组商品而不是所有的商品和服务。这样买家可以投入更多的时间和精力去研究他们所负责的物料，成为更专业化的买家。

知识窗 2-4：较低的运输成本

集中采购可以享受大批量整车运输的优惠，小批量的运输也可以安排直接从供应商那里送到使用地。

知识窗 2-5：业务单元之间没有竞争

在分散采购情况下，当不同部门采购相同物料且这种物料很少时，会出现内部竞争的情况。集中采购避免了这个问题。

知识窗 2-6：公用公共供应基础

使用公共供应基础，使管理和协商都变得更加容易。

子任务 2　熟悉分散采购的优点

知识窗 1：更加了解需求

在基层单元里的买家显然要比总部中心采购人员更了解自己的需要是什么。

知识窗 2：当地采购

如果公司渴望支持当地业务，那么显然当地的买家会更了解当地的供应商。使用当地供应商还会带来更快和更加频繁的运输并由此产生更密切的供应商关系。

知识窗 3：较少的官僚主义

分散采购带来更快的响应、较少的官僚主义以及购买者和使用者之间紧密的联系。与运营部门和其他部门的合作与沟通也更加有效。

知识窗 4：虽然集中采购会带来更低的采购成本和更强的谈判能力，但这种模式对于那些业务互不相干的大企业而言，可能过于严格而无法实行。因为这些原因，一种混合采购组织，即在公司层面是分散采购而在业务单元层面是集中采购，可能会更有保障。这种混合的采购模式允许企业挖掘集中和分散采购各自的优势。例如西门子公司，它能在公司层面采用分散采购，在七大业务部门采用集中采购。

任务 11　理解国际采购/全球外包

子任务 1　了解概述

知识窗：国际协定旨在减少贸易壁垒并促进自由贸易，为企业扩展供应商基础，参与全球外包提供更多的机会。在 2000 年，国际商品贸易和商业服务贸易分别达到 61 860 亿美元和 14 350 亿美元。在同一年，美国是世界上最大的商品贸易（出口 7 811 亿美元，进口 12 600 亿美元）和商业服务（出口 2 745 亿美元，进口 1 989 亿美元）进出口国。在全球外包提供了改进质量、降低成本和缩短运送时间的机会的同时，同样提出了采购人才短缺的挑战。从事全球外包需要额外的技术和知识，处理国际供应商、物流、沟通、政治以及其他在国内采购不可能遇到的问题。

全球外包应用许多方法，并不仅局限在设立一家国际采购办公室，或是仅依靠现有采购人员在总部处理日常事务。现在还有进口经纪人或销售代理，来处理这些事务，它们执行交易以获得佣金。进口经纪人不给货物贴标签，商品直接从卖家转给买家。国际采购商也可以从进口批发商处购买外国货物，进口批发商会先买来商品，加上自己的标签，然后再卖给买家。从商贸公司购买也是一种选择，其提供的商品范围非常广。

各种国际贸易组织都致力于在成员国之间降低关税和非关税壁垒。关税是一份东道国政府出具的清单或时间表，注明向进口或出口的货物以及购买人征收税金。非关税是指进口配额、许可证、禁运以及其他的针对进口和出口的法律和法规。

子任务 2　理解全球外包的原因

知识窗 1：

公司将其供应商基础扩展到国外供应商有许多原因。其中包括更低的价格、更好的质量、海外供应商拥有某项产品的专利、可以更快地运送到国外分支机构、更好的服务、更好的工艺或产品技术。

许多公司从国外供应商采购的一个主要原因是更低的原材料价格。就像前面讲到的，当采购的标准物料和供给不影响企业的核心竞争地位时，价格就是一项重要因素。许多原因导致了从海外供应商采购的物料价格更低，如廉价的劳动力和物料成本、吸引人的汇率、更有效的流程和海外市场供应商的国际倾销。**知识窗 2**：

另外，由于海外企业采用了更新更好的产品和工艺技术，因此可以提供更高质量的产品。而且，因为海外供应商地处遥远的海外市场，它们比国内供应商更能提供有效的运输和物流服务。海外供应商甚至会在东道国储备库存并设立办公室，以便和东道国国内的同类企业竞争，提供更好的服务。

公司在设有分支机构的国家进行当地采购以支持当地经济，或者参与反购贸易，和当地供应商交换产品以获取原材料。虽然海外采购能给买家带来许多好处，但同时也会面临许多问题。

子任务 3　理解全球外包的潜在挑战

知识窗：在过去的几十年中，全球外包因为多种原因发展迅猛，如沟通和运输技术的改进、国际贸易壁垒的减少和运输产业管制的放松。然而，如何高效运作向全球外包提出了挑战。例如，如何挑选海外供应商、处理关税、贸易壁垒、清关手续、汇率变化、政治问题、劳动力和法律问题，都意味着复杂性和高成本。

与处理国内供应商不同，在发掘、挑选、评估国外供应商时，许多费用都是无法避免的。如果海外供应商地理位置遥远，那么清关、运输和其他物流问题会导致无法接受的运送时间，特别是对于那些易腐烂产品。

全球采购商要处理比国内采购商更加复杂的装运条款。国际商业委员会制定了一套统一的规则，在装运成本、风险以及买家、卖家和托运人的职责方面简化国际商品交易。这套规则称为《国际贸易术语解释通则》，共包含 4 组 13 个术语的解释。

子任务 4　理解反购贸易

知识窗：全球外包也许会涉及反购贸易，即国内企业的商品或服务与国外公司的商品或服务进行交换，其中可以混合部分的货币以保持等价。这种形式的协议有时会在那些缺乏硬通货的国家采用，或者作为获取技术的一种方法。由于反购贸易是货物换货物，因此比货币交易的形式更复杂。美国反购贸易协会（ACA）的成立就是为了将买家和卖家联系在一起，辅助交易进行。协会为各种形式的反购贸易提供了明确的定义。

多种形式的反购贸易包括实物交易、补偿性交易和反向购买等多种形式。实物交易就是没有货币交换的完全等价的货物（或服务）交换。卖家可以消费这些商品或服务，也可以再度出售它们。补偿性交易是与军事产品出口相关的，以工业产品和服务作为交易的协议。它一般用于太空和国防领域，可以分为直接补偿和间接补偿。直接补偿通常包括合作生产，或者设立合资企业，以及相关产品和服务的交换。非直接补偿包括与太空和国防无关的产品和服务的交换。反向购买是一项协议，即最初的出口商或者自己买或者找到一个买家从最初的进口商处采购规定数额的不相关的产品或者服务（反向购买会采用两份采购协议，一份是最初的出口商出口产品或服务的协议，另一份则作为交换，由出口方或由他找到一个购买人从进口商那里购买一项指定的、与最初协议无关的产品或服务）。许多发展中国家要求用技术转让作为反购贸易或补偿性交易的一部分。

任务 12　掌握及时采购

子任务 1　掌握及时采购的特点

知识窗 1：有关质量、运输、供应商和数量的几个特征定义了成功的及时采购程序

（JIT）。见表3-3，没有JIT采购，JIT制造就会失败。JIT采购在保持最低库存水平的同时保证了生产原料随时可用。JIT的理论目标之一是"零库存"，这在实践中是很难达到的，切不要寄予厚望。如果真的做到了零库存，就无货可卖，也无从工作了。

表3-3　JIT采购的特点

质量	（1）采购者强调最小产品规范； （2）采购者帮助原材料供应商满足质量要求； （3）销售者和购买者的质量保证部门协同工作； （4）使用过程控制图表，而不是抽样检验
运输	采购经理尽可能多地调度和控制运输过程
供应商	（1）尽量利用最近的供应商； （2）试图把远处的供应商组织起来； （3）反复与同一供应商做生意； （4）持续对供应商进行监视和评价； （5）对材料的招标要尽量少； （6）鼓励供应商与他自己的供应商也实现JIT采购
数量	（1）经常地、稳定地提交相同数量的小额货物，供应商应减少产品的包装； （2）签署长期的采购合同； （3）避免货物短缺和过剩

知识窗2： 虽然材料的库存应达到最小化，但是采购的主要工作还是要保证材料随时可利用。一次交货不及时就可能使采购经理睡不着觉，这比小量的库存和费用的增加更为严重。产品的高可利用率和低搬运费用需要稳固的伙伴关系来保证。时间和距离也会对可利用性和库存量产生影响，这些因素使得JIT采购在国际上很难实行。

子任务2　熟悉JIT采购的好处

知识窗1： 满足表3-4条件的公司可以为供应商和他们自己带来利益。这些利益包括增加生产率和管理效率、降低原材料的成本、提高原材料的质量以及得到更好的原材料设计等。

知识窗2-1： JIT采购者的利益

采购者具有持续的、合理的生产调度，并能够给予少数几个供应商长期的合同和大量的订单时，JIT采购可以运转得很好。这也要求选择能够满足购买者要求的、能负责任的供应商。潜在的生产性利益包括降低原材料的成本、减少重复的工作、减少延迟、减少考察的费用、面对少数供应商、更精确的通信、更准确的会计等。较低的库存费用、较低的运输费用、更少的废料和更少的缺陷导致了更低的提交成本。较高的质量也意味着更快地检测和纠正错误、更少的检验和质量更好的制成品。最后，材料设计更好意味着对工程的修正具有更快的响应，使设计更具新颖性。

知识窗 2-2：JIT 供应商的利益

供应商也会从 JIT 采购中得益。更好的培训和更可预见的调度可减少劳动力的周转时间。同时，生产量需求和生产调度变得更和谐，周转时间也减少了。管理效率的改进来源于更好的交流，以及更稳定、更可预见的制成品输出。原料价格可能下降，这是因为减少了制成品的库存，以及中间产品的库存。由于他们的供应商也采用了 JIT 方式工作，所以购买的商品库存也降低了。质量效益来源于小批量的生产和更好的质量保证过程。材料设计方面的好处得益于较少的工程设计问题。

子任务 3　了解 JIT 采购的风险

知识窗：JIT 采购也会带来某些风险。例如，供应商可能无法满足合同中的条款。由于 JIT 采购通常涉及长期的合同，所以制造商可能很难找到新的供应商。合同条款可能包含质量、交货承诺，甚至价格因素。提交失败会导致工厂关门，质量问题会引起制造商生产出不合规格的产品，而寻找另外的供应商意味着付出更高的价格。由于 JIT 和其他质量控制计划依赖于合作者的能力，所以买方公司可以停止检验输入原材料，而不符合标准的原材料导致生产出不符合标准的制成品。

如果由于罢工使得工厂、承运人或供应商停工了，那将会怎样呢？在美国俄亥俄州两个刹车厂的罢工使得几乎所有的通用汽车工厂关闭了，大约 175 000 工人无工可做。1997 年 UPS 的罢工中断了许多 JIT 合作伙伴。而其他承运人则趁着罢工的萧条时期悄然崛起，并且给予现有的客户以优先权。而那些大量买进 UPS 包装运输的客户很难得到服务。

风险不可能从系统中完全排除。采购经理的任务就是打造一个稳固的关系，与公司的供应商共同减少可能出现的风险。

子任务 4　熟悉 JIT 采购的合同

知识窗：JIT 采购通常要签订合同。合同可以有多种形式，但是两种在 JIT 环境中使用较好的合同是数量合同和系统合同。数量合同要说明随着时间变化的采购需求量。这一条款保证供应商在合同期限内将收到规定的订货数量。采购经理增加购买的数量，并随之获得价格的折扣和管理费用的减少。系统合同也叫作一揽子订单，或叫作无存货采购订单，这种合同规定了交货的数量和交货的时间，合同期内不变的价格是这种合同的优点，同时采购经理实现了无库存生产。系统合同的基本目标见表 3-4。

表 3-4　JIT 采购系统合同的基本目标

JIT 采购系统合同的基本目标	库存水平低
	较少的供应商
	较低的管理成本
	采购经理只需处理少量资金，减少了工作量
	可以给予供应商大额订单
	直接向用户及时地提交原材料
	采购条款标准化

任务 13　熟悉传统采购模式与现代供应链采购模式的比较

知识窗：传统采购模式与现代供应链采购模式的比较见表 3-5。

表 3-5　传统采购模式与现代供应链采购模式的比较

特点	传统采购模式	供应链采购模式
重点	和供应商进行商业交易，特点是比较重视交易过程的供应商的价格比较，通过供应商的多头竞争，从中选择价格最低的作为合作者	采购与供应的重点在于协调各种计划的执行。实现了面向过程的作业管理模式的转变，简化了采购工作流程
管理	采购管理	外部资源管理
考虑因素	价格、质量、交货期，以考虑价格为第一	价格不是主要的因素，质量是最重要的标准，这种质量不单指产品的质量，还包括工作质量、交货质量、技术质量等多方面内容
质量控制	质量、交货期等都是通过事后把关的办法进行控制，如到货验收等。质量控制的难度大。通过各种有关标准如国际标准、国家标准等，进行检查验收	提供信息反馈和教育培训支持，在供应商之间促进质量改善和质量保证。不需要对采购产品进行较多的检验手续，一般向合格供应商颁发产品免检合格证书即可
谈判重点	价格。多次多头进行报价、询价、还价等来回地谈判，手续和谈判复杂，采购和交易成本高	建立了战略合作伙伴关系，签订供应合同的手续大大简化，不再需要双方的询盘和报盘的反复协商，交易成本也因此大为降低
供应商	竞争多于合作，是非合作性竞争。多头采购，供应商的数目相对较多	战略性合作关系，提倡一种双赢机制。采用较少的供应商，甚至单源供应；较近的供应商，长期从同一供应商处进货
信息沟通	非信息对称博弈过程。采购一方尽量保留私有信息，而供应商也在和其他的供应商竞争中隐瞒自己的信息。相互的工作是不透明的。信息扭曲和失真	供应商能准确地和实时地共享制造部门的信息，提高了供应商应变能力，减少信息失真。同时在订货过程中不断进行信息反馈，修正订货计划，使订货与需求保持同步
供需关系	简单的买卖关系，临时的或短时期的合作关系，而且竞争多于合作。无法做长期性预测与计划工作，运作中的不确定性大	全局性、战略性的、长期的、互惠互利的合作关系。降低由于不可预测的需求变化带来的风险，比如运输过程的风险、信用的风险、产品质量的风险等
响应	响应用户需求能力迟钝。在市场需求发生变化的情况下，采购一方也不能改变供应一方已有的订货合同。重新订货需要增加谈判，供需之间对终端用户需求的响应不能同步，缺乏应付需求变化的能力	即时化订单驱动模式，使供应链系统得以即时响应用户的需求。在同步化供应链计划的协调下，制造计划、采购计划、供应计划能够并行进行，缩短了用户响应时间，实现了供应链的同步化运作，增强了柔性和对需求快速响应的能力

续表

特点	传统采购模式	供应链采购模式
采购目的	补充库存，即为库存而采购。采购部门不了解生产的进度和产品需求的变化，采购过程缺乏主动性，采购部门制定的采购计划很难适应制造需求的变化	以订单驱动方式进行，制造订单的产生是在用户需求订单的驱动下产生的，然后，制造订单驱动采购订单，采购订单再驱动供应商。采购物资直接进入制造部门，减少采购部门的工作压力和不增加价值的活动过程
对供应商的选择标准	供应商是通过价格竞争而选择的，供应商与用户的关系是短期的合作关系，当发现供应商不合适时，可以通过市场竞标的方式重新选择供应商	供应商和用户是长期的合作关系，供应商的合作能力将影响企业的长期经济利益，因此对供应商的要求就比较高。在选择供应商时，需要对供应商进行综合的评估
采购批量	一定时期内的批量定购，交货批量都比较大	小量多次可靠地送货。即时化生产需要减少生产批量，因此采购采用长期合同小批量办法

任务实训

从"四大名著"看供应链管理的思想

以小组的形式提交小论文，撰写要求如下：

1. 分组进行，每组 4~5 人（必须要有异性同学），抽签决定做具体不重复 4 个项目的小论文（方式：抽签决定。老师事先做好分别标记 1~9 的小纸签 4 份，学生代表抽签，如抽到重复数字的签，则作废，将重复数字的签放回到等待抽的一堆签当中去，再抽一次，直到 4 个不同数值的签；数字 1~9 对应教材的"项目"）。

2. 自行决定选择哪部"四大名著"与教材的某一段落，但必须这两者之间要有紧密的逻辑联系。

3. 小论文包括标题（4 号字，宋体）、四部分的正文与附件。

4. 正文第一部分"1. 供应链管理的知识"，内容必须是教材里面的，字数控制在 100 字以下。

5. 正文第二部分"2.《××××》第 ×× 回故事情境"，内容必须是"四大名著"里面的，字数控制在 200 字以下。

6. 正文第三部分"3. 我们的理解"，内容必须是至少 4 个点/段，点/段之间的文章字数大体匀称；控制在 900~1 200 字符数。

7. 正文第四部分"4. 给我们的启示"，内容字数控制在 80 字以内，必须是至少五个提纲式、浓缩的短句，短句间的字数大体匀称。

8. 附件中至少包含如下信息：专业、年级与班级，组别（如第 5 组），以及组长姓名、组员姓名、完成的时间、指导老师姓名。

9. 大标题必须醒目，四个小标题与正文的字体要区分，四个小标题之间的字体大小要一致。

    10. 所有提交材料的文本内容必须要在一张 A4 纸上打印（可以通过调整字体、页边距、页眉页脚、文档网格、段落设置等来进行），正文字体为 5 号宋体。

    11. 所撰写 4 个项目的小论文的时间间隔，要求至少 10 天。

思考题

1. 简述采购过程。
2. 电子采购系统的优点有哪些？
3. 简述小额采购订单的方法。
4. 购买或外包的原因和自己生产的原因分别是什么？
5. 选择供应商考虑什么因素？
6. 使用一家和多家供应商的原因分别是什么？
7. 简述选择供应商的步骤。
8. 集中采购和分散采购的优点分别是什么？
9. 全球外包的原因是什么？
10. JIT 采购的好处和风险分别是什么？
11. 请对传统采购模式与现代供应链采购模式进行比较。

学习评价

考核项目	计分标准	得分	备注
考勤情况 （10 分）	缺课一次，扣 1 分；累计缺课达到总课时的 1/3，取消考试资格		
作业完成情况 （10 分）	原则上全班前 3 名，为满分 10 分，4~6 名，为 9 分，以此类推；如果某个分数相同的同学较多，则该分数为一个得分数值，后续，则再后推。举例：全班 100 分 1 人，99 分 2 人，98 分 10 人，则 100 分与 99 分的同学为 10 分，98 分的同学为 9 分……		
学习积极 参与度情况 （40 分）	授课老师根据所提问题的难易程度，事先发布学习积极参与度完成的"悬赏分值"，第一个站立正确回答完毕的学生，得到"悬赏分值"，学生站立回答，不需要得到老师的许可；回答错误，不扣分。 　　原则上全班前 3 名，为满分 40 分，4~6 名，为 39 分，以此类推；如果某个分数相同的同学较多，则该分数为一个得分数值，后续，则再后推		

考核项目	计分标准	得分	备注
小论文完成情况 （40分）	以小组的形式完成；组长根据组员的工作程度，给予分配权重系数，小组的总权重系数为人数之和。举例：小论文完成得分为80分，张三的权重系数为0.9，李四的权重系数为0.8，王二的权重系数为1.1，钱五的权重系数为1.0，赵六的权重系数为1.2，那么小论文完成得分分配到小组组员的分数为：张三80分×0.9＝72分，李四80分×0.8＝64分，王二80分×1.1＝88分，钱五80分×1.0＝80分，赵六80分×1.2＝96分。 　　原则上全班前3名，为满分40分，4～6名，为39分，以此类推；如果某个分数相同的同学较多，则该分数为一个得分数值，后续，则再后推		4篇小论文的分数分别计入对应项目
其他加扣分情况	有一次正能量的事情，加1分；有一次负能量的事情，扣1分；加扣分可以互抵		
总成绩		教师签字	

举例说明：马三同学本项目学习评价：考勤10分，作业完成情况9分，学习积极参与度情况36分，小论文完成情况35分，其他加扣分情况加3分，该同学本项目学习评价：10分+9分+36分+35分+3分＝93分。

项目四

库存管理

❖ 学习目标

【知识目标】理解库存与库存管理的基本原理，了解供应链管理环境下的库存问题。

【技能目标】熟悉供应链管理环境下的库存管理策略。

【素养目标】养成学生统筹规划的全局观念和共赢理念，培养学生遵规守纪和一丝不苟的工作作风。

❖ 思维导图

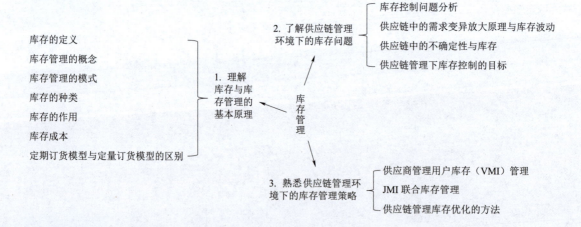

❖ 导入范文

从《三国演义》看供应链管理的思想

1. 供应链管理的知识

在教材"库存控制问题分析"中，有如下表述：

在供应链中，各个供应链节点企业之间的需求预测、库存状态、生产计划等都是供应链管理的重要数据，这些数据分布在不同的供应链节点企业之间，要实现快速有效的响应客户需求，必须实时传递这些数据。为此需要改善供应链信息系统模型，通过系统集成的方法，使供应链中的库存数据能够实时、快速地传递。

2.《三国演义》第三十章故事情境

沮授曰："我军虽众，而勇猛不及彼军；彼军虽精，而粮草不如我军。彼军无粮，利在急战；我军有粮，宜且缓守。若能旷以日月，则彼军不战自败矣。"荀攸曰："韩猛匹夫之勇耳。若遣一人引轻骑数千，从半路击之，断其粮草，绍军自乱。"操曰："谁人可往？"攸曰："即遣徐晃可也。"操遂差徐晃将带史涣并所部兵先出，后使张辽、许褚引兵救应。当夜韩猛押粮车数千辆，解赴绍寨。正走之间，山谷内徐晃、史涣引军截住去路。韩猛飞马来战，徐晃接住厮杀。史涣便杀散人夫，放火焚烧粮车。

3. 我们的理解

（1）企业之间的不确定性可以说是供应链衔接的不确定性，这种不确定性体现在曹操曾在交战之时想过放弃，写信给许都的荀彧。而荀彧却提醒了曹操："在战争双方都疲惫不堪时，谁后退谁被动，谁放弃谁灭亡。战机就在这时出现。"最后帮助曹操寻回信心，继续坚持。荀彧消除了这种不确定性，加强了组织的控制性和企业与部门之间的合作，提高了战争胜利的可靠性。

（2）曹操听取了火烧粮草的对策取得胜利，说明在生产经营过程中，库存是必不可少的，它对于保障生产质量、确保服务质量、贯穿以客户为中心的管理理念具有重要作用。企业在对库存管理实践中，还必须确保对安全库存的有计划的周转更新，在具体操作时还可以采用作为安全库存的储备，保证安全库存品的不断更新和安全库存量的稳定，要实现快速有效地响应顾客需求，必须实时传递这些数据。

（3）曹操于黎阳与袁绍相持，本欲还兵再作打算，荀攸献计："今兵少不敌，分其势乃可。公到延津，若将渡兵向其后者，绍必西应之，然后轻兵袭白马，掩其不备，颜良可擒也。"曹操依计行事，从这里可以看出曹操和荀攸，进行了有效的合作与协调，所以他们大破袁军，斩杀颜良，他们之间也建立了一种有效的信任机制。他们之间没有信任风险的存在，所以他们之间有效的监督机制和激励机制是供应链节点企业之间合作稳固的主要原因。

（4）曹操军与袁绍军对峙于官渡，曹军兵疲粮缺，袁军的兵力远胜于曹军。曹操采纳了荀攸的良策，巧施火攻，焚烧袁军粮草。了解和跟踪不确定性状态因素的前提下，利用跟踪到的信息，制定相应的库存控制策略。库存控制策略的过程是一个动态的过程，而且在库存控制策略中应该反映不确定性动态变化的特性，建立有效的库存控制方法，并且能够体现供应链管理的思想。

4. 给我们的启示

（1）要善于听取他人建议，采取合理政策。

（2）建立共同合作目标，建立库存管理模式，互惠互利，达到效益最大化。

（3）要提高信息准确率，建立合作激励和信任机制，提高工作效率。

（4）人才的妥善任用应该可说是"一计敌万人"。

（5）要将信息有机结合，做出正确的价值判断，有计划地完成工作。

21 级现代物流管理 3 班

组长：黄丽萍

组员：傅佳怡、郭艳萍、谌艳婷、徐齐辉、曾纪国
完成时间：2023 年 4 月 18 日
指导老师：杨国荣

从《三国演义》看供应链管理的思想

1. 供应链管理的知识

在教材"VMI 供应链管理环境下的库存管理策略"中，有如下表述：

长期以来，流通中的库存是各自为政。流通环节中的每一个部门都是各自管理自己的库存，零售商、批发商、供应商都有各自的库存，各个供应链环节都有自己的库存控制策略。由于各自的库存控制策略不同，因此不可避免地产生了需求的扭曲现象，即所谓的需求放大现象，无法使供应商快速地响应用户的需求。

2.《三国演义》第七十五回故事情境

关羽当时远征樊城，荆州空虚。曹操采纳司马懿之计，一面调五万精兵去救援樊城，一面联结东吴，叫孙权暗袭荆州。那时，东吴守将是大将吕蒙，关羽为防吕蒙，留下重兵防范，吕蒙难攻。这时，陆逊献计说："关羽自恃英勇无敌，所怕的就是你。如果将军托疾辞职，关羽一定中计。"吕蒙依计而行，关羽果然中计，便把荆州重兵调来攻打樊城。结果吕蒙率吴军攻破荆州，关羽被迫败走麦城，被吴军设计俘虏并杀害。

3. 我们的理解

（1）当关羽在荆州内部与东吴联盟的时候，他没有考虑到曹操的反应和对东吴的威胁，最终导致了荆州的丧失。这表明在个人行动时，必须顾及整体利益而不是只考虑自己的利益。不能过于相信他人：在荆州失陷的背后，有部分原因是其他一些将领的背叛或者投降。这说明在处理事务时，不能过分依赖或相信某些人，必须保持警惕。不要轻易追逐功名：关羽是一个勇猛有力、善于作战的将领，但他在荆州失陷之前过分追求推进自己的功名，不断扩张势力范围。

（2）关羽在攻打荆州的时候，高估了自己的实力和敌人的弱点，结果导致了最后的失败。这告诉我们，一个人即使再有才华和本事，也不能掉以轻心。无论我们在做什么事情时，都不能自以为是，要时刻保持警惕和谨慎。一个人不能只顾自己的利益，而忽视了团队的利益。关羽在攻打荆州时，只顾自己的荣耀和地位，而忽视了与刘备的约定和团队的合作，这导致了他失去了刘备的信任和支持，最终导致了他的失败。

（3）在此次失败中诸葛亮也有一定的责任，诸葛亮当时认为大规模北伐时机尚不成熟，因此，缺乏对战略全局分析研判，对战局发展形势严重估计不足，只派云长一旅之师，轻兵冒进，孤军深入。又过高估计了糜芳、傅士仁的能力和忠心，庞统战死后，诸葛亮率张飞、赵云分路并进，会合刘备拿下成都。以后，刘备、诸葛亮就再也没有增兵荆州，也未给关羽派一个得力助手。在供应链整体绩效中，要考虑多方面的节点绩效，而诸葛亮考虑欠佳，把部分节点忽略了，导致荆州之失。

（4）荆州空虚时，曹操联结东吴暗袭荆州，该策略的关键实施，体现了 VMI 的合作性原则。实施该策略时，相互信任与信息透明是非常重要的，双方都有较好的合作精神，所以才能相互保持较好的合作。而后陆逊献计，将关羽捕获，曹操与陆逊通过协商形成共同的远

景目标，观念上达成了一致的目标，两人对客观实际的情况作出了全面正确的分析与判断，体现了供应链是一个整体的概念，打破了各自为政的管理模式。

4. 给我们的启示

（1）建立供应链协调管理机制。

（2）一个人不能只顾自己的利益，而忽视了团队的利益。

（3）善于听其他人意见，正确地估量自己和对手的力量。

（4）双方都要有较好的合作精神，才能保持较好的合作。

（5）打破各自为政的管理模式，全面系统地分析统筹事物的发展。

22 级采购与供应管理 1 班

组长：叶茜

组员：江丽敏、刘石莲、吴艳萍

完成时间：2023 年 12 月 6 日

指导老师：杨国荣

任务 1　理解库存与库存管理的基本原理

子任务 1　熟悉库存的定义

库存管理——出库管理

知识窗：库存，是指一个企业持有的实物产品。它可以是原材料、零部件、半成品、产成品、办公用品、维修保养用品及生产耗用品等。对企业而言，库存管理意味着双重含义：首先必须控制库存所占用的资金以及相关的保有成本；其次还必须保证库存的合理水平与结构，确保生产和销售部门的要求能够及时、充分地得到满足。而这两个目标往往又是相互矛盾的。

子任务 2　理解库存管理的概念

知识窗：库存管理是以控制库存为目的的方法、手段、技术以及操作过程的集合，它是对企业的库存（包括原材料、零部件、半成品以及产品等）进行计划、组织、协调和控制的工作。其内容主要是根据市场需求情况与企业的经营目标，决定企业的库存量、订货时间以及订货量等。库存管理的目标有两个：一是降低库存成本；二是提高客户服务水平。库存控制就是要在两者之间寻求平衡，以达到两者之间的最佳结合。库存管理的首要目标是要保证生产、销售的及时供应，该目标得以满足以后，再追求上述两个目标的最优解。

子任务 3　认识库存管理的模式

知识窗：库存管理有许多不同的技术模型，它们可以被分为"推式"或"拉式"两大类。

（1）"推式"模型，是指在客户下达订单之前生产出产品，制造商将产品通过销售渠道推给各个销售中介乃至最终消费者。经济订货批量（EOQ）模型、物料需求计划（MRP）、制造资源计划（MRP Ⅱ）及分销需求计划（DRP）都属于推式模型。

（2）"拉式"模型，是指接到客户订单再进行生产，因此产品是由实际订单通过销售渠道拉下来的。近年来随着卖方市场向买方市场的转变，企业注重更好地满足客户需要，在生产与经营中更多采用市场导向，其库存管理有转向使用拉式模型的趋势，以减少渠道中的库存量，避免不需要的库存品的积压。

子任务 4　理解库存的种类

知识窗 1：单周期库存和多周期库存

根据对物料需求订货的可重复次数，可将库存分为单周期库存和多周期库存。单周期库存又称为一次性订货问题，即某物品在一定时间内只订货一次，消耗完也不再补充订货。多周期库存又称为重复性订货问题，即对某物品的需求是重复的、连续的，其库存量需要不断地补充，如加油站的油品库存、超级市场卖出的商品等。企业管理中既有多周期库存问题，又有单周期库存问题，两者都需要进行认真研究。

知识窗 2：独立需求和相关需求库存

（1）独立需求，是指对某种物品的需求只受企业外部的市场影响而不受其他种类物品的影响，表现出对这种产品需求的独立性。独立需求是来自对企业系统输出的需求，如企业生产的产成品、提供的其他企业继续加工的半成品等。由于需求率受外部环境的影响，因此，需求量是不确定的，通常用预测的方法来估算。

（2）相关需求，又称非独立需求，是指对某种物品的需求直接依赖于其他种类的物品，如自行车车轮和自行车的关系。一辆自行车有 2 个车轮，如果市场需要 1 000 辆自行车，则自行车制造厂必须生产 2 000 个车轮，再加上其他零部件才能装配出 1 000 辆自行车。市场对自行车的需求是独立需求，而对自行车车轮的需求则是相关需求。由此可见，相关需求发生在企业内部物料转化过程各环节之间，只要知道独立需求与相关需求的对应关系，就可以通过一定的方法精确地计算出相关需求的库存量。

知识窗 3：确定性库存和不确定性库存

如果需求率和订货提前期被视为确定的，发生在这种情况下的库存称为确定性库存。在现实生活中，需求率和提前期都是受市场需求影响的随机变量，如果将需求率和提前期中的任何一个看作随机变量，发生在这种情况下的库存就是不确定性库存。

知识窗 4：周转性库存

周转性库存是指为补充生产或销售过程中已消耗完或销售完的物资而设定的库存，以便满足一定条件下的物资需求，保证生产的连续进行。它的水平通常是由企业在某个相对固定的周期内的生产量或者销售量来决定的。

知识窗 5：在途库存

在途库存指处于运输过程中的库存。即在航空、铁路、公路、水路等运输线上的物资、装配线上的在制品等。

知识窗 6：安全库存

安全库存指为应对未来物资供应不确定性引起的意外中断或需求突然放大引起的库存不足等，起缓冲作用而保持的库存。

知识窗 7：季节性库存

某些物资的供应或产品的销售具有明显的季节性，为了保证生产和销售的正常进行，需要一定数量的季节性库存。

子任务 5 熟悉库存的作用

知识窗 1：由于库存在企业成本中占有相当大的比重，其水平的稍微下降就能带来利润的大幅上升，所以企业缩减库存的意愿都是十分强烈的。但是要想做到这一点却非易事，有时甚至会面对来自企业内外的巨大压力。那么库存对于企业而言具有重大贡献。库存的作用主要有以下几点。

知识窗 2-1：获得规模经济的好处

随着产量的提高，生产中的固定成本可以得到更好的分摊，因而产品的平均生产成本可以得到降低，为取得这种规模经济效益，企业倾向于采用大批量生产方式，从而创造了大量库存。此外，企业为获得批量购买和大批运输的折扣，也会导致库存的堆积。

知识窗 2-2：平衡供需

由于竞争的压力，企业要想保持市场占有率，就必须保证充足的产品供应，创造产品的时间效用和地点效用，即在市场需要的时间和地点及时提供产品，这就要求产品必须在需求发生之前就提前被生产出来并运送到市场上。而市场需求又是瞬息万变的，一旦库存不足，就会造成销售的损失和客户的流失，使企业遭受损失。因此，许多企业为以防万一，都会在预测基础上追加一个安全库存量，这进一步导致了库存的增加。

知识窗 2-3：防止需求和订货的不确定性

市场供求情况瞬息万变，保持合理的库存就可以应付急时之需，使企业得以适应市场的变动。

知识窗 3：此外，由于某些原料或产品的季节性（如食品厂用来制造果汁的水果和用于供应圣诞市场的礼品等），也会导致必要的库存积累。更有一些企业出于投机的动机，进行"囤积居奇"式的库存储备。

子任务 6 熟悉库存成本

知识窗 1：库存对大多数企业而言，一般都是占用投资最大的单项资产项目。库存成本由两部分构成：持有成本和订购成本。这两者之间成反比关系。如果一个企业持有的库存量高，它就不需要经常订购，而如果它选择频繁订购，其库存持有量就不需要太大。库存成本管理就是要寻找持有成本和订购成本之间的平衡。

知识窗 2-1：持有成本

持有成本是指与实际拥有和储存产品有关的成本项目，它由 4 部分构成。

（1）资金占用成本。指企业由于拥有库存而失去了资金的可流动性所带来的成本，它实际上是一种机会成本。即如果将用于库存的资本投资于其他项目可以赚得的最大收入。在实际计算中可以用银行利率作为核算标准。

（2）库存服务成本。主要包括由于保有库存而需负担的管理费用、财产税和为该库存支出的保管开支。

（3）存储空间成本。指为储存库存所需支出的仓储成本，包含自有仓库的土地使用费、建设费、公共仓库的租金及管理费等。

（4）库存风险成本。包括库存过时、损坏、失窃等造成的成本以及库存的重新安置成本，即货物在仓库之间移动以满足需求的成本。

知识窗 2-2：订购成本

订购成本包括订货成本和创建成本。

（1）订货成本。核对库存、准备及填制订单、选择供货商、订立合同、货物验收、支付货款、复查库存水平等的成本（注意：这里不包括货物的购买价格）。许多公司采用综合订单方式来降低订货成本，即在每年的开始下达一个包括全年的综合订单，根据每期的需要分期交付。

（2）创建成本。生产线或销售场地布局变更所造成的成本。

知识窗 2-3：缺货成本与安全库存

缺货成本是由于缺货而带来的成本。一般而言，当缺货情况发生时客户通常有 4 种可能的选择。

（1）选择等待。客户会耐心等待，直到货物按正常补货周期得以恢复供应为止。这种选择除对企业信誉有所影响以外，一般不会造成成本的上升或经营开支的浪费。

（2）选择更改订货的时间。客户坚持需要该产品并愿意为此等待一定时间。但此时企业需想方设法缩短补货周期，如订单加急作业、采用快速运输方式等。上述活动会带来经营成本的上升。

（3）选择替代产品。客户不愿等待并愿意接受替代产品。此时缺货产品的促销费用由于销售机会的丧失，失去了一次补偿的机会。

（4）选择其他供应商。客户不愿选择替代品或没有合适的替代品，因而转向其他供应商。企业失去了一个客户，以往用于客户开发的开支由于失去了未来的销售机会，不能得到有效的补偿。如果给每种选择加上一定的发生概率，并给出每种选择对缺货企业的成本，则对缺货成本可以做如表 4-1 所列的计算。

表 4-1　缺货的成本

选择	成本/单位	发生的可能性		实际成本/单位
等待正常补货	0	×	5%	= 0
订期货	5	×	15%	= 0.75
选择替代产品	10	×	70%	= 7
选择其他供应商	100	×	10%	= 10
缺货的总成本				17.75

通过上述分析和计算，我们会发现缺货的负面影响远远超过了它在账面上直接反映出的数值，同时由于缺货对企业信誉和客户满意度造成的无形影响，上述计算的结果可能只是反映了冰山的一角。所以企业普遍对缺货现象比较重视，并尽可能采取措施避免缺货的发生。其中最简易也最常见的方法就是通过建立安全库存来应付不时之需。

安全库存是在正常库存量之外额外准备的库存，对它的管理方法与周转性库存有所区别。一般企业会根据需求与补货期的变动规律以及企业希望达到的客户满意水平确定一个安全库存量，这个安全库存量是在正常周转性库存之外的一个量，就像一个蓄水池，一旦池中的水得到消耗，就必须及时加以补充以使池中的水位随时保持一个既定水平。所以一旦安全库存消耗掉，必须在新货到达时优先予以补充。

　　企业在库存管理实践中还必须确保对安全库存的有计划的周转更新，在具体操作时可以采用诸如先用去作为安全库存的储备，再从新货中调拨出相当量的货物补充到安全库存的方法。这样，不仅保证了安全库存品的不断更新，也保证了安全库存量的稳定。

子任务7　熟悉定期订货模型与定量订货模型的区别

知识窗：定期订货模型与定量订货模型的区别见表4-2。

表4-2　定期订货模型与定量订货模型的区别

特　征	定期订货模型	定量订货模型
订货量	变化的	固定的（每次订货量相同）
下达订单时间	在盘点期到来时	在库存降到再订购点时
库存记录维护	只在盘点期记录	每次出库或入库都要记录
库存规模	比定量订货规模大	比定期订货规模小
适合的物品类型	货源来自中心仓库的情况（可进行联合订购）	需严格控制的高价物品或重要的物资（如关键的零部件）或短缺成本较高的物品
成　本	订购成本较低，便于获得价格折扣	库存成本较低

任务2　了解供应链管理环境下的库存问题

永凯APS供应链优化
降低库存管理成本

子任务1　熟悉库存控制问题分析

知识窗1：库存控制问题如图4-1所示。

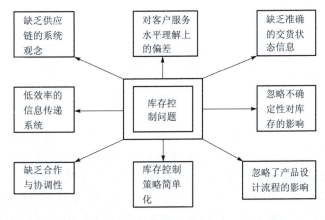

图4-1　库存控制问题

知识窗 2-1：缺乏供应链的系统观念

虽然供应链的整体绩效取决于各个供应链节点的绩效，但是各个部门都是各自独立的单元，都有各自独立的目标与使命。有些目标和供应链的整体目标是不相干的，甚至有可能是冲突的。因此，这种各自为政的行为必然导致供应链整体效率的低下。比如，美国加利福尼亚的计算机制造商采用每笔订货费作为绩效评价的指标，该企业集中精力放在降低订货成本上。这种政策对于一个单一企业无可厚非，但是它没有考虑对供应链体系中其他制造商和分销商的影响，结果一些制造商不得不维持较高的库存量。

大多数供应链系统都没有建立针对全局供应链的绩效评价指标，这是供应链中普遍存在的问题。有些企业采用库存周转率作为供应链库存管理的绩效评价指标，但是没有考虑对客户的反应时间与服务水平。实际上，客户满意度应该始终是供应链绩效评价的一项重要指标。

知识窗 2-2：对客户服务水平理解上的偏差

素养之窗

供应链管理的绩效好坏应该由客户来评价，或者用对客户的反应能力来评价。但是，由于对客户服务水平理解上的差异，导致客户服务水平上的差异。许多企业采用订货满足率来评估客户服务水平，这是一种比较好的客户服务考核指标。但是订货满足率本身并不能保证运营问题，如一家计算机工作站的制造商要满足一份包含多产品的订单需求，产品来自各个不同的供应商，客户要求一次性交货，制造商要将各个供应商的产品都到齐后才一次性装运给客户。这时，应用总的订货满足率来评价制造商的客户服务水平是恰当的，但是，这种评价指标并不能帮助制造商发现是哪家供应商的交货迟了或早了。传统的订货满足率评价指标，也不能评价订货的延迟水平。两家都具有 90% 的订货满足率的供应链，在如何迅速补给余下的 10% 订货要求方面差别是很大的。除了订货满足率之外，其他的服务指标不容忽视，如总订货周转时间、平均再订货率、平均延迟时间、提前或延迟交货时间等。

知识窗 2-3：缺乏准确的交货状态信息

当顾客下订单时，他们总是希望知道什么时候能交货。在等待交货过程中，也可能会对订单交货状态进行修改，特别是当交货被延迟以后。一次性交货非常重要，但是必须看到，许多企业并没有及时而准确地将推迟的订单引起交货延迟的信息提供给客户，这当然会导致客户的不满和再订货率的下降。

知识窗 2-4：低效率的信息传递系统

在供应链中，各个供应链节点企业之间的需求预测、库存状态、生产计划等都是供应链管理的重要数据，这些数据分布在不同的供应链节点企业之间，要实现快速有效地响应客户需求，必须实时传递这些数据。为此，需要改善供应链信息系统模型，通过系统集成的方法，使供应链中的库存数据能够实时、快速地传递。但是，目前许多企业的信息系统并没有实现集成，当供应商需要了解客户需求信息时，常常获得的是延迟的信息和不准确的信息。由于信息延迟而引起的需求预测的误差和对库存量精确度的影响，都会给短期生产计划的实施带来困难。例如，企业为了制定一个生产计划，需要获得关于需求预测、当前库存状态、供应商的运输能力、生产能力等信息，这些信息需要从不同的供应链节点企业数据库中获得，数据调用的工作量很大。数据整理完后制定主生产计划，然后运用相关管理系统软件制定物料需求计划，这样一个过程一般需要很长时间。时间越长，预测误差越大，制造商对最新订货信息的有效反应能力也就越差，生产出过时的产品和造成过高的库存也就不足为奇了。

知识窗 2-5：忽略不确定性对库存的影响

供应链运营过程中存在诸多的不确定因素，如订货的前置时间、货物的运输状况、原材料的质量、生产过程的时间、运输时间、需求的变化等。为减少不确定性对供应链的影响，首先应了解不确定性的来源和影响程度。很多企业并没有认真研究和确定不确定性的来源和影响，错误估计供应链中物料的流动时间，造成有的物品库存增加，而有的物品库存不足的现象。

知识窗 2-6：缺乏合作与协调性

供应链是一个整体，需要协调各节点企业的活动，才能获得最满意的运营效果。协调的目的是使满足一定服务质量要求的信息可以无缝地、流畅地在供应链中传递，从而使供应链能够实时响应客户的需求，形成更为合理的供需关系，适应复杂多变的市场环境。供应链的各节点企业为了应付不确定性，都设有一定的安全库存作为应急措施。问题是在供应链体系中，组织的协调涉及更多的利益群体，相互之间缺乏信任和信息透明度。为了应付市场的波动，企业不得不维持一个较高的安全库存，付出更高的代价。

组织之间存在的障碍有可能使库存控制变得更加困难，因为各自都有不同的目标、绩效评价尺度，谁也不愿意去帮助其他部门共享资源。在分布式的组织体系中，组织之间的障碍对库存集中控制的阻力更大。

要进行有效的合作与协调，组织之间需要建立一种有效的合作激励机制和信任机制。信任风险的存在更加深了问题的严重性，相互之间缺乏有效的监督机制和激励机制是供应链节点企业之间合作不稳固的主要原因。

知识窗 2-7：库存控制策略简单化

无论是生产企业还是物流企业，库存控制的目的都是保证供应链运行的连续性和应付不确定性需求。在了解和跟踪不确定性状态因素的前提下，利用跟踪到的信息，制定相应的库存控制策略。库存控制策略制定的过程是一个动态的过程，而且在库存控制策略中应该反映不确定性动态变化的特性。

许多企业对所有的物资采用统一的库存控制策略，物资的分类没有反映供应与需求的不确定性。在传统的库存控制策略中，多数是面向单一企业的，采用的信息基本上来自企业内部，库存控制策略没有体现供应链管理的思想。因此，如何建立有效的库存控制方法，并能体现供应链管理思想，是供应链库存管理的重要内容。

知识窗 2-8：忽略了产品设计流程的影响

现代产品设计与先进制造技术的出现，使产品的生产效率大幅度提高，而且具有较高的成本效益，常常忽视供应链库存的复杂性。结果产生了所有节省下来的成本都被供应链上的分销与库存成本抵消了的现象。同样，在引进新产品时，如果不进行供应链的规划，也会产生诸如运输时间过长、库存成本高等现象而无法获得利润。如美国一家计算机外设制造商，它为世界各国分销商生产打印机。打印机具有一些销售所在国特色的配件，如电源、说明书等。美国工厂按需求预测生产，但是随着时间的推移，当打印机到达各地区分销中心时，需求已经发生了变化。因为打印机是为特定国家而生产的，分销商没有办法来应付需求的变化。也就是说，这样的供应链缺乏柔性，结果造成产品积压，产生了高库存。后来，重新设计了供应链结构，主要改变了打印机的装配过程，工厂只生产打印机的通用组件，分销中心根据所在国家的需求特点加入相应的特色组件，从而大大降低了库存，也增强了供应链的柔性。这就是"为产品设计供应链管理流程"的思想，也充分体现了时间延迟策略的思想。

子任务 2　理解供应链中的需求变异放大原理与库存波动

知识窗 1：

"需求变异加速放大原理"是美国斯坦福大学的李教授（Hau L. Lee）对需求信息扭曲在供应链中传递的一种形象描述。其基本思想是：当供应链的各节点企业只根据来自其相邻的下级企业的需求信息进行生产或供应决策时，需求信息的不真实性会沿着供应链逆流而上，产生逐级放大的现象，达到最源头的供应商时，其获得的需求信息和实际消费市场中的顾客需求信息发生了很大的偏差，需求变异系数比分销商和零售商的需求变异系数大得多。由于这种需求放大效应的影响，上游供应商往往维持比下游供应商更高的库存水平。这种现象反映出供应链上需求的不同步现象，它说明供应链库存管理中的一个普遍现象："看到的是非实际的。"图 4-2 显示了供应链需求放大原理和需求变异加速放大过程。

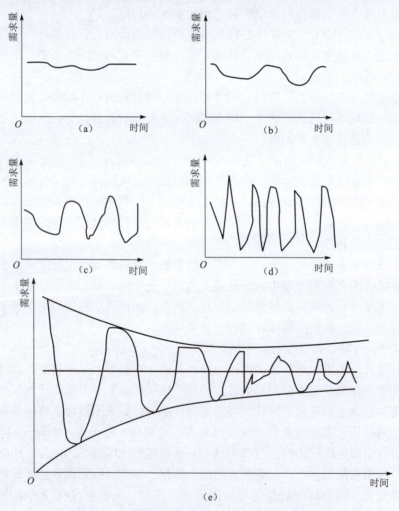

图 4-2　供应链需求放大原理和需求变异加速放大过程
（a）顾客消费量；（b）零售订货量；（c）批发商订货量；（d）供应商计划量；
（e）供应商←制造商←批发商←消费者

知识窗 2：

需求放大效应最先由宝洁公司（P&G）发现。宝洁公司在一次考察该公司最畅销的产品——一次性尿布的订货规律时，发现零售商销售的波动性并不大，但当他们考察分销中心向宝洁公司的订货时，吃惊地发现波动性明显增大了，有趣的是，他们进一步考察宝洁公司向其供应商，如 3M 公司的订货时，他们发现其订货的变化更大。除了宝洁公司，其他公司如惠普公司在考察其打印机的销售状况时也曾发现这个现象。

需求放大效应是需求信息扭曲的结果，图 4-3 显示了一个销售商实际销售量与订货量的差异，实际的销售量与订货量不同步。在供应链中，每一个供应链的节点企业的信息都有一个信息的扭曲，这样逐级而上，即产生信息扭曲的放大。

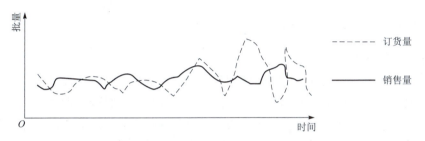

图 4-3　实际销售量与订货量的差异

早在 1961 年，弗雷斯特（Forrester）就通过一系列的实际案例揭示了这种工业组织的动态学特性和时间变化行为。在库存管理的研究中，斯特曼（Sterman）在 1989 年通过一个"啤酒分销游戏"验证了这种现象。在实验中，有 4 个参与者，形成一个供应链，各自独立进行库存决策而不和其他的成员进行协商，决策仅依赖其邻毗的成员的订货信息作为唯一的信息来源。斯特曼把这种现象解释为供应链成员的系统性非理性行为的结果，或"反馈误解"。

知识窗 3：

1994—1997 年，美国斯坦福大学的李教授（Hau L. Lee）对需求放大现象进行了深入的研究，把其产生的原因归纳为 4 个方面：需求预测修正、订货决策、价格波动、短缺博弈。

（1）需求预测修正。是指当供应链的成员采用其直接的下游订货数据作为市场需求信号时，即产生需求放大。举一个简单的例子，当你作为库存管理人员，需要决定向供应商订货时，你可以采用一些简单的需求预测方法，如指数平滑法。在指数平滑法中，未来的需求被连续修正，这样，送到供应商的需求订单反映的是经过修正的未来库存补给量，安全库存也是这样。

（2）订货决策。指两种现象，一种是周期性订货决策，另一种是订单推动。周期性订货是指当公司向供应商订货时，不是来一个需求下一个订单，而是考虑库存的原因，采用周期性分批订货，比如一周、一月订一次。分批订货在企业中普遍存在，MRP 系统是分批订货，DRP 也是如此。用 MRP 批量订货出现的需求放大现象，称为"MRP 紧张"。

（3）价格波动。反映了一种商业行为："预先购买"，价格波动是由于一些促销手段造成的，如价格折扣、数量折扣、赠票等。这种商业促销行为使许多推销人员预先采购的订货量大于实际的需求量。因为如果库存成本小于由于价格折扣所获得的利益，销售人员当然愿意预先多买，这样订货没有真实反映需求的变化，从而产生需求放大现象。

（4）短缺博弈。是指这样一种现象：当需求大于供应量时，理性的决策是按照用户的订货量比例分配现有的库存供应量，比如，总的供应量只有订货量的50%，合理的配给办法是所有的用户获得其订货的50%。此时，用户就为了获得更大份额的配给量，故意地夸大其订货需求，当需求降温时，订货又突然消失。这种由于个体参与的组织的完全理性经济决策导致的需求信息的扭曲最终导致需求放大。

这里解释需求放大现象的本质特征，目的就是想说明供应链管理中库存波动的渊源和库存管理的新特点。采用传统的库存管理模式不可能解决诸如需求放大现象这样一些新的库存问题。因此探讨新的适应供应链管理的库存管理新模式对供应链管理思想能否很好实施起着关键作用。

子任务3　理解供应链中的不确定性与库存

知识窗1：供应链中的不确定性

从需求放大现象中可以看到，供应链的库存与供应链的不确定性有很密切的关系。从供应链整体的角度看，供应链上的库存无非有两种：一种是生产制造过程中的库存，一种是物流过程中的库存。库存存在的客观原因是为了应付各种各样的不确定性，保持供应链系统的正常性和稳定性，但是库存另一方面也同时产生和掩盖了管理中的问题。

供应链上的不确定性表现形式有两种：一种是衔接不确定性。企业之间（或部门之间）不确定性，可以说是供应链的衔接不确定性，这种衔接的不确定性主要表现在合作性上，为了消除衔接不确定性，需要增加企业之间或部门之间的合作。另一种是运作不确定性。系统运行不稳定是组织内部缺乏有效的控制机制所致，控制失效是组织管理不稳定和不确定性的根源。为了消除运行中的不确定性，需要增加组织的控制，提高系统的可靠性。

供应链的不确定性的来源主要有三个方面：供应商不确定性、生产者不确定性、顾客不确定性。不同的原因造成的不确定性表现形式各不相同。

（1）供应商不确定性。表现在提前期的不确定性、订货量的不确定性等。供应不确定的原因是多方面的：供应商的生产系统发生故障延迟生产、供应商的供应商的延迟、意外的交通事故导致的运输延迟等。

（2）生产者不确定性。主要由于制造商本身的生产系统的可靠性、机器的故障、计划执行的偏差等，造成生产者生产过程中在制品的库存的原因也表现在其对需求的处理方式上。生产计划是一种根据当前的生产系统的状态和未来情况做出的对生产过程的模拟，用计划的形式表达模拟的结果，用计划来驱动生产的管理方法。

但是生产过程的复杂性使生产计划并不能精确地反映企业的实际生产条件和预测生产环境的改变，不可避免地造成计划与实际执行的偏差。生产控制的有效措施能够对生产的偏差给以一定的修补，但是生产控制必须建立在对生产信息的实时采集与处理上，使信息及时、准确、快速地转化为生产控制的有效信息。

（3）顾客不确定性。原因主要有需求预测的偏差、购买力的波动、从众心理和个性特征等。通常的需求预测的方法都有一定的模式或假设条件，假设需求按照一定的规律运行或表现一定的规律特征，但是任何需求预测方法都存在这样或那样的缺陷而无法确切地预测需求的波动和顾客心理性反应，在供应链中，不同的节点企业相互之间的需求预测的偏差进一步加剧了供应链的放大效应及信息的扭曲。

本质上讲，供应链上的不确定性，不管其来源出自哪方面，根本上讲是三个方面原因造成的：① 需求预测水平造成的不确定性。预测水平与预测时间的长度有关，预测时间长，预测精度则差，另外还有预测的方法对预测的影响。② 决策信息的可获得性、透明性、可靠性、信息的准确性对预测同样造成影响，下游企业与顾客接触的机会多，可获得的有用信息多；远离顾客需求，信息可获性和准确性差，因而预测的可靠性差。③ 决策过程的影响，特别是决策人心理的影响。需求计划的取舍与修订，对信息的要求与共享，无不反映个人的心理偏好。

知识窗 2：供应链的不确定性与库存的关系

现在来分析供应链运行中的两种不确定性对供应链库存的影响：衔接不确定性与运作不确定性对库存的影响。

（1）衔接不确定性对库存的影响。传统的供应链的衔接不确定性普遍存在，集中表现在企业之间的独立信息体系（信息孤岛）现象。为了竞争，企业总是为了各自的利益而进行资源的自我封闭（包括物质资源和信息资源），企业之间的合作仅仅是贸易上的短时性合作，人为地增加了企业之间的信息壁垒和沟通的障碍，企业不得不为应付不测而建立库存，库存的存在实际就是信息的堵塞与封闭的结果。虽然企业各个部门和企业之间都有信息的交流与沟通，但这远远不够。企业的信息交流更多的是在企业内部而非企业之间进行交流。信息共享程度差是传统的供应链不确定性增加的一个主要原因。

传统的供应链中信息是逐级传递的，即上游供应链企业依据下游供应链企业的需求信息做生产或供应的决策。在集成的供应链系统中，每个供应链企业都能够共享顾客的需求信息，信息不再是线性的传递过程而是网络的传递过程和多信息源的反馈过程。建立合作伙伴关系的新型的企业合作模式，以及跨组织的信息系统为供应链的各个合作企业提供了共同的需求信息，有利于推动企业之间的信息交流与沟通。企业有了确定的需求信息，在制订生产计划时，就可以减少为了吸收需求波动而设立的库存，使生产计划更加精确、可行。对于下游企业而言，合作性伙伴关系的供应链或供应链联盟可为企业提供综合的、稳定的供应信息，无论上游企业能否按期交货，下游企业都能预先得到相关信息而采取相应的措施，这样企业就无须过多设立库存。

（2）运作不确定性对库存的影响。供应链企业之间的衔接不确定性通过建立战略伙伴关系的供应链联盟或供应链协作体而得以消减，同样，这种合作关系可以消除运作不确定性对库存的影响。当企业之间的合作关系得以改善时，企业的内部生产管理也大大得以改善。因为当企业之间的衔接不确定性因素减少时，企业的生产控制系统就能摆脱这种不确定性因素的影响，使生产系统的控制达到实时、准确，也只有在供应链的条件下，企业才能获得对生产系统有效控制的有利条件，消除生产过程中不必要的库存现象。

在传统的企业生产决策过程中，供应商或分销商的信息是生产决策的外生变量，因而其无法预见到外在需求或供应的变化信息，至少是延迟的信息；同时，库存管理的策略也是考虑独立的库存点而不是采用共享的信息，因而库存成了维系生产正常运行的必要条件。当生产系统形成网络时，不确定性就像瘟疫一样在生产网络中传播，几乎所有的生产者都希望拥有库存来应付生产系统内外的不测变化，因为无法预测不确定性的大小和影响程度，人们只好按照保守的方法设立库存来对付不确定性。

在不确定性较大的情形下，为了维护一定的用户服务水平，企业也常常维持一定的库存，以提高服务水平。在不确定性存在的情况下，高服务水平必然带来高库存水平。

通过分析不确定性对库存的影响可以知道：为了减少企业的库存水平，需要增加企业之间的信息交流与共享，减少不确定性因素对库存的影响，增加库存决策信息的透明性和可靠性、实时性。所有这些，需要企业之间的协调。

供应链管理模式下的库存管理的最高理想是实现供应链企业的无缝连接，消除供应链企业之间的高库存现象。

子任务4　掌握供应链管理下库存控制的目标

知识窗1： 供应链管理下的库存控制，是在动态中达到最优化的目标，在满足顾客服务要求的前提下，力求尽可能地降低库存，以提高供应链的整体效益。具体而言，库存控制的目标如图4-4所示。

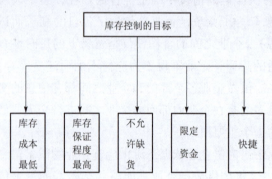

图4-4　供应链管理下库存控制的目标

知识窗2-1： 库存成本最低

这是企业需要通过降低库存成本以降低成本、增加赢利和增强竞争能力所选择的目标。

知识窗2-2： 库存保证程度最高

企业有很多的销售机会，相比之下压低库存意义不大，这就特别强调库存对其他经营生产活动的保证，而不强调库存本身的效益。企业通过增加生产以扩大经营时，往往选择这种控制目标。

知识窗2-3： 不允许缺货

企业由于技术、工艺条件决定不允许停产，则必须以不缺货为控制目标，才能起到不停产的保证作用。企业某些重大合同必须以供货为保证，否则会受到巨额赔偿的惩罚，企业可制定不允许缺货的控制目标。

知识窗2-4： 限定资金

企业必须在限定资金预算前提下实现供应，这就需要以此为前提进行库存的一系列控制。

知识窗2-5： 快捷

库存控制不依本身经济性来确定目标，而依靠大的竞争环境系统要求确定目标，这常常出现以最快速度实现进出货为目标来控制库存。

知识窗3： 为了实现最佳库存控制目标，需要协调和整合各个部门的活动，使每个部门不是以有效实现本部门的功能为目标，要以实现企业的整体效益为目标。高的顾客满足度和低的库存投资似乎是一对相冲突的目标，过去曾经认为这对目标不可能同时实现。现在，通过供应链管理下创新的物流管理技术，同时伴随改进企业内部管理，企业已完全能够实现这一目标。

任务 3　熟悉供应链管理环境下的库存管理策略

供应商管理用户
库存的涵义

子任务 1　熟悉供应商管理用户库存（VMI）管理

知识窗 1：概述

长期以来，流通中的库存是各自为政的。流通环节中的每一个部门都是各自管理自己的库存，零售商、批发商、供应商都有各自的库存，各个供应链环节都有自己的库存控制策略。由于各自的库存控制策略不同，因此不可避免地产生需求的扭曲现象，即所谓的需求放大现象，无法使供应商快速地响应用户的需求。在供应链管理环境下，供应链的各个环节的活动都应该是同步进行的，而传统的库存控制方法无法满足这一要求。近年来，在国外，出现了一种新的供应链库存管理方法——供应商管理用户库存（VMI），这种库存管理策略打破了传统的各自为政的库存管理模式，体现了供应链的集成化管理思想，适应市场变化的要求，是一种新的有代表性库存管理思想。

知识窗 2：VMI 的基本思想

传统的库存是由库存拥有者管理的。因为无法确切知道用户需求与供应的匹配状态，所以需要库存，库存设置与管理是由同一组织完成的。这种库存管理模式并不总是最优的。例如，一个供应商用库存来应付不可预测的或某一用户（这里的用户不是指最终用户，而是分销商或批发商）不稳定的需求，用户也设立库存来应付不稳定的内部需求或供应链的不确定性。虽然供应链中每一个组织独立地寻求保护其各自在供应链的利益不受意外干扰是可以理解的，但不可取，因为这样做的结果影响了供应链的优化运行。供应链的各个不同组织根据各自的需要独立运作，导致重复建立库存，因而无法达到供应链全局的最低成本，整个供应链系统的库存会随着供应链长度的增加而发生需求扭曲。

VMI 系统就能够突破传统的条块分割的库存管理模式，以系统的、集成的管理思想进行库存管理，使供应链系统能够获得同步化的运作。

VMI 是一种很好的供应链库存管理策略。VMI 的主要思想是供应商在用户允许下设立库存，确定库存水平和补给策略，拥有库存控制权。

精心设计与开发的 VMI 系统，不仅可以降低供应链的库存水平，降低成本。而且，用户还可获得高水平的服务，改善现金流，与供应商共享需求变化的透明性和获得更高的用户信誉度。

知识窗 3：VMI 的定义

国外有学者认为："VMI 是一种在用户和供应商之间的合作性策略，以对双方来说都是最低的成本优化产品的可获性，在一个相互同意的目标框架下由供应商管理库存，这样的目标框架被经常性监督和修正，以产生一种连续改进的环境。"

关于 VMI 也有其他的不同定义，但归纳起来，该策略的关键措施主要体现在如下几个原则中。

（1）合作性原则。在实施该策略时，相互信任与信息透明是很重要的，供应商和用户（零售商）都要有较好的合作精神，才能够相互保持较好的合作。

（2）双赢互惠原则。VMI 不是关于成本如何分配或谁来支付的问题，而是关于减少成本的问题。通过该策略使双方的成本都减少。

（3）目标一致性原则。双方都明白各自的责任，观念上达成一致的目标。如库存放在哪里、什么时候支付、是否要管理费、要花费多少等问题都要回答，并且体现在框架协议中。

（4）连续改进原则。使供需双方能共享利益和消除浪费。

知识窗4：VMI 的实施方法

实施 VMI 策略，首先要改变订单的处理方式，建立基于标准的托付订单处理模式。首先，供应商和批发商一起确定供应商的订单业务处理过程所需要的信息和库存控制参数，然后建立一种订单的处理标准模式，如 EDI 标准报文，最后把订货、交货和票据处理业务功能集成在供应商一边。

库存状态透明性（对供应商）是实施供应商管理用户库存的关键。供应商能够随时跟踪和检查到销售商的库存状态，从而快速地响应市场的需求变化，对企业的生产（供应）状态做出相应的调整，为此需要建立一种能够使供应商和用户（分销、批发商）的库存信息系统透明连接的方法。

供应商管理库存的策略可以分如下几个步骤实施：

（1）建立顾客情报信息系统。要有效地管理销售库存，供应商必须能够获得顾客的有关信息。通过建立顾客的信息库，供应商能够掌握需求变化的有关情况，把由批发商（分销商）进行的需求预测与分析功能集成到供应商的系统中来。

（2）建立销售网络管理系统。供应商要很好地管理库存，必须建立起完善的销售网络管理系统，保证自己的产品需求信息和物流畅通。为此，必须：① 保证自己产品条码的可读性和唯一性；② 解决产品分类、编码的标准化问题；③ 解决商品存储运输过程中的识别问题。

目前已有许多企业开始采用 MRP II 或 ERP 企业资源计划系统，这些软件系统都集成了销售管理的功能。通过对这些功能的扩展，可以建立完善的销售网络管理系统。

（3）建立供应商与分销商（批发商）的合作框架协议。供应商和销售商（批发商）一起通过协商，确定处理订单的业务流程以及控制库存的有关参数（如再订货点、最低库存水平等）、库存信息的传递方式（如 EDI 或 Internet）等。

（4）组织机构的变革。这一点也很重要，因为 VMI 策略改变了供应商的组织模式。过去一般由会计经理处理与用户有关的事情，引入 VMI 策略后，在订货部门产生了一个新的职能，负责：用户库存的控制、库存补给和服务水平。

一般来说，在以下三种情况下适合实施 VMI 策略：① 零售商或批发商没有 IT 系统或基础设施来有效管理他们的库存；② 制造商实力雄厚并且比零售商市场信息量大；③ 有较高的直接存储交货水平，因而制造商能够有效规划运输。

子任务2　熟悉 JMI 联合库存管理

知识窗1：近年来，在供应链节点企业之间的合作关系中，更加强调双方的互利合作关系，联合库存管理就体现了战略供应商联盟的新型企业合作关系。在联合库存管理中，更多地体现了供应链节点企业之间的协作关系，从而提高了供应链库存管理能力。

知识窗 2-1：联合库存管理的定义

联合库存管理（JMI）是一种基于协调中心的库存管理方法，是为了解决供应链体系中的"牛鞭"效应，提高供应链的同步化程度而提出的。

联合库存强调供应链节点企业同时参与，共同制定库存计划，使供应链管理过程中的每个库存管理者都能从相互之间的协调性来考虑问题，保证供应链相邻的两个节点之间的库存管理者对需求的预测水平保持一致，从而消除需求变异放大现象。任何相邻节点需求的确定都是供需双方协调的结果，库存管理不再是各自为政的独立运营过程，而是供需连接的纽带和协调中心。联合库存管理模型如图 4-5 所示。

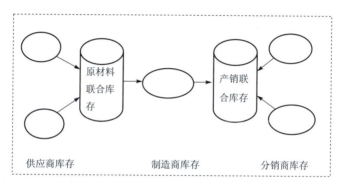

图 4-5　联合库存管理模型

知识窗 2-2：联合库存管理的优点

与传统的库存管理模式相比，JMI 具有如下 5 个方面的优点。

（1）为实现供应链的同步化提供了条件和保证。

（2）减少了供应链中的需求扭曲现象，降低了诸多不确定性因素的影响，提高了供应链的稳定性。

（3）库存作为供需双方的信息交流和协调的纽带，可以暴露供应链管理中的缺陷，为改进供应链管理水平提供了依据。

（4）为实现零库存管理、JIT 采购以及精细供应链管理创造了条件。

（5）进一步体现了供应链管理的资源共享和风险分担的原则。

为了发挥联合库存管理的作用，供需双方应从合作互利的精神出发，建立供需协调管理的机制，明确各自的目标和责任，建立合作沟通的渠道，为供应链联合库存管理策略提供有效的机制。

知识窗 2-3：联合库存管理的实施方法

联合库存管理作为一种合作创新的管理模式，更多地体现在供需协调管理的机制上。因此，建立供应商与分销商的协调管理机制，将成为有效实施联合库存管理策略的前提。

在图 4-6 所示的协调管理机制中，可以进一步分析联合库存管理的实施方法。具体的实施方法如下：

（1）建立共同合作目标。要建立联合库存管理模式，首先供需双方必须本着互惠互利的原则，建立共同的合作目标。在充分考虑市场目标的共同之处和冲突点的基础上，通过协商形成共同的远景目标。

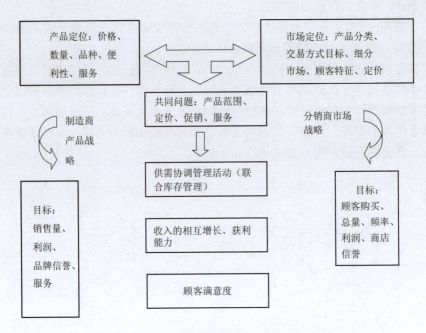

图 4-6　供应商与分销商的协调管理机制

（2）建立联合库存的协调控制方法。联合库存管理中心担负着协调供需双方利益的角色，起着协调控制器的作用。因此，需要明确规定库存优化的方法，如何在多个供应商之间调节与分配库存、库存的最大量和最低库存水平的确定、安全库存量的确定和需求预测等。

（3）建立一种信息沟通的渠道。为了提高整个供应链需求信息的一致性和稳定性，减少由于多重预测导致的需求信息扭曲，应增加供应链各方对需求信息获得的及时性和透明性。为保证需求信息在供应链中的畅通和准确性，要将条码技术、扫描技术、POS 系统和EDI 集成起来，并且要充分利用 Internet 的优势，在供需双方之间建立一个畅通的信息沟通桥梁和联系纽带。

（4）建立利益分配机制和激励、监督机制。要有效运行联合库存管理策略，必须对参与协调库存管理的各个企业有效地进行监督和激励，防止机会主义行为，增加协作性和协调性，并建立一种公平的利益分配制度。

子任务 3　掌握供应链管理库存优化的方法

知识窗 1：在库存管理过程中，企业通常利用库存作为缓冲区，以满足连续需求和调整紧急需求，应用库存维持连续的生产，并且提高顾客服务水平。供应链节点企业需要库存，整个供应链体系同样需要库存，但是，两者进行优化的目标和前提是不同的。

知识窗 2-1：企业库存优化的方法

在企业生产经营过程中，库存是必不可少的，它对于保障生产质量、确保服务质量、贯彻以客户为中心的管理理念都具有重要的作用，但是，库存量的增加又会加重企业的负担，影响资金周转。正是由于库存具有的两面性，在生产实践中，应该确定科学、合理的库存量。企业库存优化的方法可以归纳为如下三方面：

（1）职能部门之间的信息共享。构造现代化的管理信息系统，实现职能部门之间的信息共享。通过 Internet/Intranet 作为技术支撑，能及时获得并处理来自供应商、销售商和客户的信息，及时获得企业生产经营状况信息，协调生产，加速业务流程重组能力，减少企业的安全库存量，从而提高企业快速有效反应客户需求的能力。

（2）建立合作伙伴关系。JMI、VMI 和 CPFR 库存管理策略的实施，都是建立在企业之间互惠互利基础上的。JMI、VMI 和 CPFR 都是面向供应链体系的库存管理技术，借助于信息共享和资源共享，来实现成本共担和风险共担。有效地实施客户关系管理，并积极成为供应链成员，在合作过程中，将企业的竞争优势转换成供应链的竞争优势。

（3）充分利用社会资源。企业库存优化面对的是企业内部资源的冲突，企业借助于企业外部资源的优化配置，来实现供应链体系资源的优化。特别是将企业内部价值链转换成供应链，构筑社会资源优化配置的基础。

知识窗 2-2：供应链管理库存优化方法

在供应链管理体系中，单一企业库存优化策略的实施，不一定能够带来整个供应链体系库存的优化。只有站在整个供应链系统的高度，才能实现整个供应链库存的优化。

（1）供应链成员之间的信息共享。供应链成员之间的信息共享，对于信息代替库存，优化库存结构都具有重要作用。信息在供应链节点企业之间的快速流动，不仅弥补了物流流动滞后的时差，而且成为寻找供应链约束点的途径，以及优化库存资源配置的决策依据。

（2）实现供应链同步化。库存是由于生产经营过程中各个环节衔接上的停滞造成的。对供应商的供应商、客户的客户等方面的信息流和物流实现供应链同步化管理，有利于供应链以尽可能低的库存成本提供最佳的服务水平。供应链同步化管理则将超越企业边界，建立端到端的供应链。

建立在供应商与制造商之间的转运中心和制造商与销售商之间的配送中心作为中心仓库，集中管理整个供应链的库存，不仅可以降低原来供应链中分散在各个企业中单独仓库的库存成本，以便利用库存的集成管理，最终降低整个供应链的库存成本，而且中心库存增强了供应链的同步化能力。

（3）创新运输集成模式。在供应链管理中，信息传递和物流流动是很难同步进行的，时滞的产生和影响，推动了运输的发展。运输便成为加快物流流动、缩短物流周期和降低库存的关键。由于客户需求的多样化，需求批量小，以及供应商、制造商、销售商之间地理位置的远近不同，如果每个企业都按客户需求组织运输，显然会使运输成本大大上升。因此必须统一组织运输，实现运输集成化。混装运输和第三方物流是运输集成化的两种模式。制造商可以鼓励分销商实行混装订货，这样用一部车就满载了同一制造商的多种产品，而每一种产品相当于实施了小批量订货或频繁再供货策略，运货次数并没增加，但却保证了运输的高效率。第三方物流不局限于为一条供应链服务，它可以同时服务于多条供应链，实现满载运输的经济化要求。英国的 Tesco、Sainsbury 与 NFC 长期合作进行物流配送，以及 DHL、UPS 都是采用第三方物流策略，都是运输集成模式的典范。

因此，信息共享是企业和供应链优化库存的重要途径，离开了信息的支持，企业和供应链难以实现物畅其流。

任务实训

从"四大名著"看供应链管理的思想

以小组的形式提交小论文，撰写要求如下：

1. 分组进行，每组4~5人（必须要有异性同学），抽签决定做具体不重复4个项目的小论文（方式：抽签决定。老师事先做好分别标记1~9的小纸签4份，学生代表抽签，如抽到重复数字的签，则作废，将重复数字的签放回到等待抽的一堆签当中去，再抽一次，直到4个不同数值的签；数字1~9对应教材的"项目"）。

2. 自行决定选择哪部"四大名著"与教材的某一段落，但必须这两者之间要有紧密的逻辑联系。

3. 小论文包括标题（4号字，宋体）、四部分的正文与附件。

4. 正文第一部分"1. 供应链管理的知识"，内容必须是教材里面的，字数控制在100字以下。

5. 正文第二部分"2.《××××》第××回故事情境"，内容必须是"四大名著"里面的，字数控制在200字以下。

6. 正文第三部分"3. 我们的理解"，内容必须是至少4个点/段，点/段之间的文章字数大体匀称；控制在900~1 200字符数。

7. 正文第四部分"4. 给我们的启示"，内容字数控制在80字以内，必须是至少五个提纲式、浓缩的短句，短句间的字数大体匀称。

8. 附件中至少包含如下信息：专业、年级与班级，组别（如第5组），以及组长姓名、组员姓名、完成的时间、指导老师姓名。

9. 大标题必须醒目，四个小标题与正文的字体要区分，四个小标题之间的字体大小要一致。

10. 所有提交材料的文本内容必须要在一张A4纸上打印（可以通过调整字体、页边距、页眉页脚、文档网格、段落设置等来进行），正文字体为5号宋体。

11. 所撰写4个项目的小论文的时间间隔，要求至少10天。

思考题

1. 库存成本的构成有哪些方面？
2. 供应链管理环境下的库存问题表现在什么方面？
3. 供应链中的不确定性有哪些表现形式？
4. 简述供应链的不确定性与库存的关系。
5. 供应链管理下库存控制的目标是什么？
6. 简述VMI的原则。

7. 分析联合库存管理的实施方法。

8. 简述供应链管理库存的优化方法。

学习评价

考核项目	计分标准	得分	备注
考勤情况 （10分）	缺课一次，扣1分；累计缺课达到总课时的1/3，取消考试资格		
作业完成情况 （10分）	原则上全班前3名，为满分10分，4~6名，为9分，以此类推；如果某个分数相同的同学较多，则该分数为一个得分数值，后续，则再后推。举例：全班100分1人，99分2人，98分10人，则100分与99分的同学为10分，98分的同学为9分……		
学习积极参与度情况 （40分）	授课老师根据所提问题的难易程度，事先发布学习积极参与度完成的"悬赏分值"，第一个站立正确回答完毕的学生，得到"悬赏分值"，学生站立回答，不需要得到老师的许可；回答错误，不扣分。 原则上全班前3名，为满分40分，4~6名，为39分，以此类推；如果某个分数相同的同学较多，则该分数为一个得分数值，后续，则再后推		
小论文完成情况 （40分）	以小组的形式完成；组长根据组员的工作程度，给予分配权重系数，小组的总权重系数为人数之和。举例：小论文完成得分为80分，张三的权重系数为0.9，李四的权重系数为0.8，王二的权重系数为1.1，钱五的权重系数为1.0，赵六的权重系数为1.2，那么小论文完成得分分配到小组组员的分数为：张三80分×0.9＝72分，李四80分×0.8＝64分，王二80分×1.1＝88分，钱五80分×1.0＝80分，赵六80分×1.2＝96分。 原则上全班前3名，为满分40分，4~6名，为39分，以此类推；如果某个分数相同的同学较多，则该分数为一个得分数值，后续，则再后推		4篇小论文的分数分别计入对应项目
其他加扣分情况	有一次正能量的事情，加1分；有一次负能量的事情，扣1分；加扣分可以互抵		
总成绩	教师签字		
举例说明：马三同学本项目学习评价：考勤10分，作业完成情况9分，学习积极参与度情况36分，小论文完成情况35分，其他加扣分情况加3分，该同学本项目学习评价：10分+9分+36分+35分+3分=93分。			

项目五

供应链的构建

❖ 学习目标

【知识目标】认识供应链结构模型,理解供应链体系的设计策略与方法。

【技能目标】熟悉供应链设计原则。

【素养目标】培养学生严谨细致的工作态度信息素养,树立学生踏实肯干和吃苦耐劳的敬业精神。

❖ 思维导图

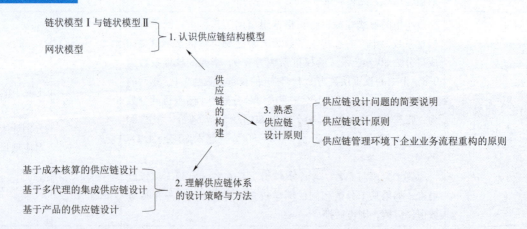

❖ 导入范文

从《红楼梦》看供应链管理的思想

1. 供应链管理的知识

在教材"基于成本核算的供应链设计策略"中,有如下表述:

基于成本就是根据供应链中的总成本优化原则,来选择供应链中的节点企业。总成本中考虑物料、劳动力、运输、设备和其他变动成本等因素，同时考虑经验曲线对劳动力成本的影响、相关国家的汇率和通货膨胀率等影响因素。

2. 《红楼梦》五十五回故事情境

王夫人问凤姐："你今儿怎么样？"凤姐儿道："太太只管请回去，我须得先理出一个头绪来，才回去得呢。"王夫人听说，便先同邢夫人等回去，不在话下。这里凤姐儿来至三间一所抱厦内坐了，因想：头一件是人口混杂，遗失东西；第二件，事无专责，临期推委；第三件，需用过费，滥支冒领；第四件，任无大小，苦乐不均；第五件，家人豪纵，有脸者不服钤束，无脸者不能上进。

3. 我们的理解

（1）从财力上说，黛玉父亲林如海死后家产应已并入贾家，所以财力上已不如宝钗；从质量上说，黛玉身体不好，思想上与宝玉一样追求爱情自由，这是和封建大环境相抵触的。

（2）在收入低于支出的情况下，缩减成本不枉是个好方法，而且因为制度的严肃性，的确需要一个泼辣的领导来严格执行。对于企业家来说，要注意的是良好的制度比依赖一个人才更可靠。

（3）贾母和王夫人看到了王熙凤的管理才能，但没有料到的是王熙凤的品性问题。难怪后人评说聪明反被聪明误。看似贾家的管理走上了正道，存在这样一个大硕鼠，只能说贾家命数已尽。

（4）王熙凤管家的核心思维是成本管理。成本管理是指企业生产经营过程中各项成本核算、成本分析、成本决策和成本控制等一系列科学管理行为的总称。目的是挖掘降低成本潜力，提高经济效益。

4. 给我们的启示

（1）拥有良好的成本优化管理才能和品行都重要。

（2）切不可贪欲太重，否则只会自食其果，必将遭报应。

（3）要认清自己的能力有多大，切莫好大喜功，最终葬送一切。

（4）使我们懂得了成本优化管理的重要性，规划人生目标。

（5）让我们知道了贪心不成反而会有可能搬起石头砸伤自己。

21 级现代物流管理 2 班

组长：李欧

组员：蔡星雨、陈功毅、余智文、余美美、朱志君

完成时间：2023 年 5 月 4 日

指导老师：杨国荣

从《西游记》看供应链管理的思想

1. 供应链管理的知识

在教材"供应链设计原则"中，有如下表述：

集优原则（互补性原则）：供应链的各个节点的选择应遵循强强联合的原则，实现资源外用的目的，每个企业只集中精力于各自核心的业务过程，就像一个独立的制造单元（独

立制造岛），这些所谓单元化企业具有自我组织、自我优化、面向目标、动态运行和充满活力的特点，能够实现供应链业务的快速重组。

2.《西游记》第二十二回故事情境

八戒大战流沙河　木叉奉法收悟净

流沙河中妖怪径抢唐僧，八戒执九齿钉耙与之河妖三次相斗，均不能取胜，悟空虽智计百出，却也江郎才尽。悟空去见观音，观音让木叉与悟空同去。木叉叫出妖怪悟净。悟净以颈下骷髅结成法船，渡唐僧过河，共取西经。

3. 我们的理解

（1）师徒四人相互依赖、互相支持、互相鼓励，不断克服各种困难，最终实现了自己的目标。供应链各个节点的选择也同样应遵循强强联合的原则，实现供应链业务的组成，各个节点发挥不同的优势，更高效率地完成任务。

（2）各自拥有不同的能力和品质，无私地为整个团队付出，而且他们在困难面前相互协作，最终实现共同的目标，并且在这个过程中建立了深厚的友谊。

（3）西天取经路上，他们师徒四人互相合作，互为补充，都是取经团队中不可缺少的一分子。他们的优缺点各不相同，只有他们四个发挥各自的优势，团结协作，互相扶持，才能够完成这项艰巨的任务，取得真经。在完成供应链的全过程中，采购、制造等工作都是由在各环节能力突出的人员分别完成。

（4）团队成员之间最好有互补性，可以是知识、经验、资源上的互补，也可以是性格、能力上的互补。这样，在工作中，大家可以分别掌握不同的领域，工作起来才能起到事半功倍的效果。

4. 给我们的启示

（1）人才是企业发展最重要的资源，是企业发展的核心竞争力。

（2）人与人之间只有相互协作，优势互补，才更有利于发展。

（3）相互协作是衡量团队精神的重要指标之一，优势互补更是企业管理的一条重要原则。

（4）选择与优势互补的伙伴合作往往是事半功倍的，团队的力量永远大于个人。

（5）企业让员工在自己擅长的领域发挥各自的优势可以提高工作效率。

21级现代物流管理2班

组长：陈子斌

组员：陈宇鹏、黄烩明、龚岳、戴秀琴、邵秋燕

完成时间：2023年3月22日

指导老师：杨国荣

任务1　认识供应链结构模型

子任务1　理解链状模型 I 与链状模型 II

知识窗1：链状模型图

（1）链状模型 I 如图5-1所示。

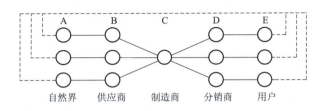

图 5-1　链状模型 I

（2）链状模型 Ⅱ，如图 5-2 所示。

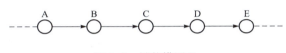

图 5-2　链状模型 Ⅱ

知识窗 2：供应链的方向

供应链上物流的方向一般都是从供应商流向制造商，再流向分销商。依照物流的方向来定义供应链的方向，以确定供应商、制造商和分销商之间的顺序关系。

模型 Ⅱ 中的箭头方向即表示供应链的物流方向，如图 5-3 所示。

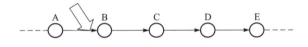

图 5-3　供应链的物流方向

知识窗 3：供应链的级

在图 5-2 所示的模型中，定义 C 为制造商时，可以相应地认为 B 为一级供应商，A 为二级供应商，而且还可递归地定义三级供应商、四级供应商……同样地，可以认为 D 为一级分销商，E 为二级分销商，并递归地定义三级分销商、四级分销商……一般地讲，一个企业应尽可能考虑多级供应商或分销商，这样有利于从整体上了解供应链的运行状态。

子任务 2　了解网状模型

知识窗 1：模型

模型 Ⅲ 如图 5-4 所示，反映了现实世界中产品的复杂供应关系。在理论上，网状模型可以涵盖世界上所有厂家，把所有厂家都看作是其上面的一个节点，并认为这些节点存在着联系。当然这些联系有强有弱，而且在不断地变化着。

知识窗 2：入点和出点

把这些物流进入的节点称为入点，把物流流出的节点称为出点。入点相当于矿山、油田、橡胶园等原始材料提供商，出点相当于用户。

对于有的厂家既为入点又为出点的情况，可以将代表这个厂家的节点

大学毕业一年后的样子——致每一个刚刚毕业走上社会的你

一分为二，变成两个节点：一个为入点，一个为出点，并用实线将其框起来。A1 为入点，A2 为出点，如图 5-5所示。

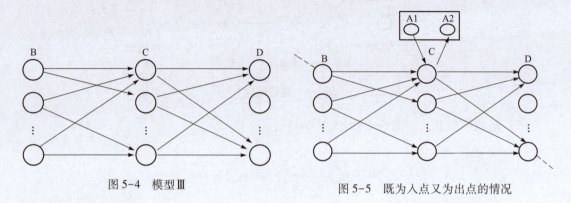

图 5-4　模型Ⅲ   图 5-5　既为入点又为出点的情况

知识窗3：子网

有些厂家规模非常大，内部结构也非常复杂，与其他厂家相联系的只是其中一个部门，而且在内部也存在着产品供应关系，用一个节点来表示这些复杂关系显然不行，这就需要将表示这个厂家的节点分解成很多相互联系的小节点，这些小节点构成一个网，称为子网，如图 5-6 所示。

知识窗4：虚拟企业

把供应链网上为了完成共同目标、通力合作并实现各自利益的这样一些厂家形象地看成是一个厂家，这就是虚拟企业，如图 5-7 所示。

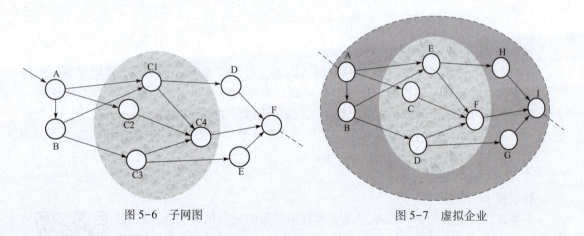

图 5-6　子网图   图 5-7　虚拟企业

任务2　理解供应链体系的设计策略与方法

知识窗：

一个有效的供应链应该具有良好的客户价值创造能力以及柔性、响应度、市场渗透力等。如何提高这些能力，并在成本和效益之间取得合理的平衡，需要对供应链进行设计。一个设计上有缺陷、先天不足的供应链系统，很难有好的绩效。

设计和运行一个有效的供应链对每一个制造企业都是至关重要的，因为它可以提高企业对用户的服务水平，达到成本和服务之间的有效平衡；使企业具有更高的柔性，以提高对客户需求的反应能力和速度，开拓进入新的市场，提高企业竞争力；降低库存，提高企业的工作效率。

但是因为供应链设计不当也可能导致浪费和失败，因此，正确设计供应链是实施供应链管理的基础。

子任务 1　理解基于成本核算的供应链设计

知识窗：供应链成本分析

基于成本就是根据供应链中的总成本优化原则，来选择供应链中的节点企业。总成本中考虑物料、劳动力、运输、设备和其他变动成本等因素，同时考虑经验曲线对劳动力成本的影响、相关国家的汇率和通货膨胀率等影响因素。

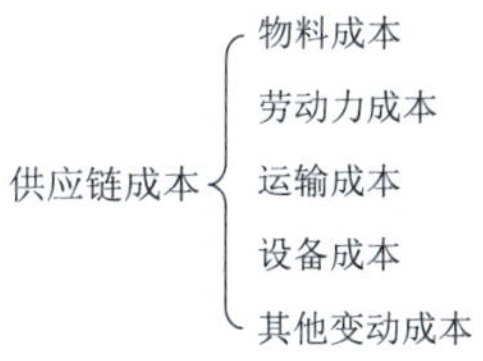

供应链成本 {物料成本，劳动力成本，运输成本，设备成本，其他变动成本}

图 5-8　供应链成本结构

供应链成本结构如图 5-8 所示。

知识窗 2：基于成本核算的供应链设计流程

基于成本核算的供应链设计流程如图 5-9 所示。

子任务 2　理解基于多代理的集成供应链设计

知识窗 1：集成的设计策略包括基于信息流、基于过程优化、基于商业规则、基于案例分析的综合设计策略，实现实物环境中人与人、人与组织、组织与组织的集成和计算机虚拟环境中的信息集成；同时，在实物环境与计算机虚拟环境之间实现人—机集成。

知识窗 2-1：基于多代理的集成供应链模式

随着信息技术的发展，供应链不再是由人、组织简单组成的实体，而是以信息处理为核心，以计算机网络为工具的人—信息—组织集成的超智能体。

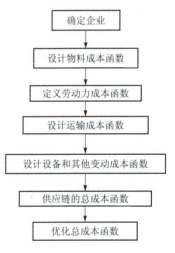

图 5-9　基于成本核算的供应链设计流程

基于多代理的集成供应链模式如图 5-10 所示，它是涵盖两个世界三维集成模式，即实体世界的人与人、组织与组织集成和软体世界信息集成（横向集成），以及实体与软体世界的人—机集成（纵向集成）。

知识窗 2-2：基于多代理的集成供应链动态建模基本思想

动态建模需要多种理论方法的支持，其基本流程为：理论支持→多维系统分析→业务流程重构→建模→精简/集成→协调/控制，如图 5-11 所示，在建模中并行工程思想贯穿于整个过程。

知识窗 2-3：基于多代理的集成供应链动态建模方法

用于基于多代理的集成供应链的建模方法主要有基于商业规则的建模方法、基于信息流的建模方法、基于过程优化的建模方法以及基于案例分析的建模方法。

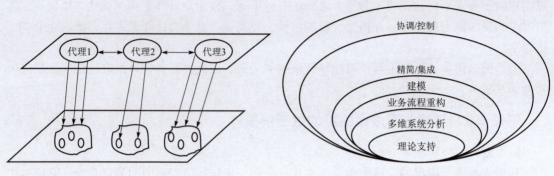

图 5-10　基于多代理的集成供应链模式　　　　　图 5-11　动态建模基本思想

过程优化思想在 BPR 建模中得到应用，并且 BPR 支持工具被列为 BPR 研究的一个重要内容。过程优化最关键的是过程诊断，即过程存在问题的识别，可采用基于神经网络的企业过程诊断法、基于物元理论系统诊断法以及变化矩阵法。集成供应链动态建模的过程如图 5-12 所示。

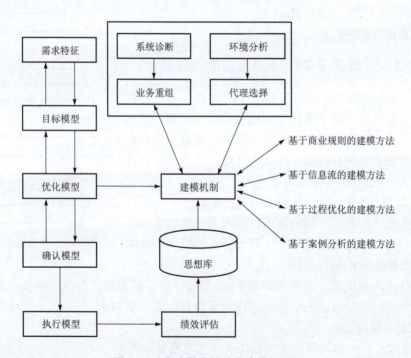

图 5-12　集成供应链动态建模的过程

子任务 3　熟悉基于产品的供应链设计

知识窗 1：

基于产品就是根据产品特点来设计供应链结构。不同的供应链系统具有不同特点。有的供应链系统成本控制能力较强，主要适合于一些相对稳定的产品结构；有的响应能力较强，比较适合于创新速度较快的产品。供应链的差异是由供应链内部的企业特点、企业关系、资源配置等因素所决定的，因此需要根据产品特点来选择供应链中的企业和协调这些企业的关系，只有与产品特点匹配的供应链结构才能具有较高的运行效率。

供应链的设计需要明白用户对企业产品的需求是什么？产品寿命周期、需求预测、产品多样性、提前期和服务的市场标准等都是影响供应链设计的重要问题。

所谓设计出与产品特性一致的供应链，也就是基于产品的供应链设计策略（PBSCD）。

知识窗 2-1：产品的类型与功能特征

产品的类型与功能特征见表 5-1。

表 5-1 产品的类型与功能特征

需求特征	功能性产品	革新性产品
产品寿命周期/年	>2	1~3
边际贡献率/%	5~20	20~60
产品多样性	低	高（目录中有上千种）
预测的平均边际错误率/%	10	40~100
平均缺货率/%	1~2	10~40
季末降价率/%	0	10~25
按订单生产的提前期	6 个月~1 年	1 天~2 周

知识窗 2-2：基于产品的供应链设计策略

根据供应链特点设计产品，供应链中产品的生产和流通成本与产品本身的特点密切相关，因此，在产品开发初期就考虑相关的供应链特点，可以使得产品能更好地与供应链匹配运行。

（1）供应链策略的选择。可利用表 5-2 的供应链设计与产品类型策略矩阵为企业选择理想的供应链策略。

表 5-2 供应链设计与产品类型策略矩阵

供应链策略	功能性产品	创新性产品
有效性供应链	匹配	不匹配
反应性供应链	不匹配	匹配

（2）有效性供应链。

若用有效性供应链来提供功能型产品，可采取如下措施：① 削减企业内部成本；② 不断加强企业与供应商、分销商之间的协作，从而有效降低整条链上的成本；③ 低销售价格，这是建立在有效控制成本的基础之上的。但一般不轻易采用，需要根据市场竞争情况而定。

（3）反应性供应链。

用市场反应性供应链来提供创新型产品时，应采用如下策略：① 通过不同产品拥有尽可能多的通用件来增强某些模块的可预测性，从而减少需求的不确定性；② 通过缩短提前期与增加供应链的柔性，企业就能按照订单生产，及时响应市场需求，在尽可能短的时间内提供顾客所需的个性化的产品；③ 当需求的不确定性已被尽可能地降低或避免后，可以用安全库存或充足的生产能力来规避其剩余的不确定性，这样当市场需求旺盛时，企业就能尽快地提供创新型产品，从而减少缺货损失。

"从零开始做产品"
之产品经验入门三步走

知识窗 2-3：基于产品生命周期各阶段的供应链设计策略

产品生命周期各阶段的供应链设计策略见表 5-3。

表 5-3　产品生命周期各阶段的供应链设计策略

产品生命周期	特点	供应链策略
引入期	（1）无法准确预测需求量； （2）大量的促销活动； （3）零售商可能在提供销售补贴的情况下才同意储备新产品； （4）订货频率不稳定且批量小； （5）产品未被市场认同而夭折的比例较高	（1）供应商参与新产品的设计开发； （2）在产品投放市场前制定完善的供应链支持计划； （3）原材料、零部件的小批量采购； （4）高频率、多品种、小批量的发货； （5）保证高度的产品可得性和物流灵活性； （6）避免缺货发生； （7）避免生产环节和供应链末端的大量储存； （8）安全追踪系统，及时消除安全隐患或追回问题产品； （9）供应链各环节信息共享
成长期	（1）市场需求稳定增长； （2）营销渠道简单明确； （3）竞争性产品开始进入市场	（1）批量生产，较大批量发货，较多存货，以降低供应链成本； （2）做出战略性的顾客服务承诺以进一步吸引顾客； （3）确定主要顾客并提供高水平服务； （4）通过供应链各方的协作增强竞争力； （5）服务与成本的比例合理化
成熟期	（1）竞争加剧； （2）销售增长放缓； （3）一旦缺货，将被竞争性产品所代替； （4）市场需求相对稳定，市场预测较为准确	（1）建立配送中心； （2）建立网络式销售通路； （3）利用第三方物流公司降低供应链成本并为顾客增加价值； （4）通过延期制造、消费点制造来改善服务； （5）减少成品库存
衰退期	（1）市场需求急剧下降； （2）价格下降	（1）对是否提供配送支持及支持力度进行评价； （2）对供应链进行调整以适应市场的变化，如供应商、分销商、零售商等数量的调整及关系的调整等

知识窗 2-4：基于产品的供应链设计步骤

基于产品的供应链设计步骤如图 5-13 所示。

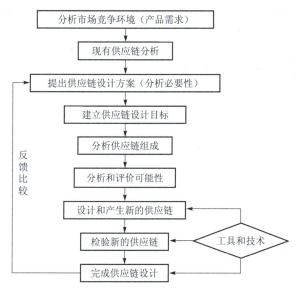

图 5-13 基于产品的供应链设计步骤

任务 3 熟悉供应链设计原则

素养之窗

子任务 1 了解供应链设计问题的简要说明

知识窗 1：供应链设计与物流系统设计

物流系统是供应链的物流通道，物流系统设计也称通道设计，是供应链系统设计中最主要的工作之一。但供应链设计却不等同于物流系统设计，（集成化）供应链设计是企业模型的设计，是扩展企业的模型。它既包括物流系统，还包括信息和组织以及价值流和相应的服务体系建设。

知识窗 2：供应链设计与环境因素的考虑

一个设计精良的供应链在实际运行中并不一定能实现预想的那样，甚至无法达到设想的要求，这是主观设想与实际效果的差距，原因并不一定是设计或构想的不完美，而是环境因素在起作用。因此，构建和设计一个供应链，一方面要考虑供应链的运行环境（地区、政治、文化、经济等因素），另一方面还应考虑未来环境的变化对实施的供应链的影响。因此，无论是信息系统的构建还是物流通道的设计，都应具有较高的柔性，以提高供应链对环境的适应能力。

知识窗 3：供应链设计与企业再造工程

从企业的角度来看，供应链的设计是一个企业的改造问题，供应链的设计或重构不是要推翻现有的企业模型，而是要从管理思想革新的角度，以创新的观念武装企业（比如动态联盟与虚拟企业，精细生产）。

知识窗4：供应链设计与先进制造模式的关系

供应链设计既是从管理新思维的角度去改造企业，也是先进制造模式的客观要求和推动的结果。如果没有全球制造、虚拟制造这些先进的制造模式的出现，集成化供应链的管理思想是很难得以实现的。

子任务2 掌握供应链设计原则

知识窗1：供应链设计原则如图5-14所示。

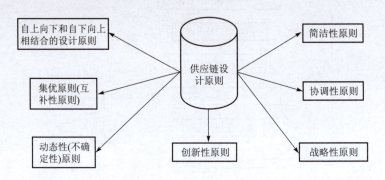

图5-14 供应链设计原则

知识窗2-1：自上向下和自下向上相结合的设计原则

在系统建模设计方法中，存在两种设计方法，即自上向下和自下向上的方法。自上向下的方法是从全局走向局部的方法，自下向上的方法是从局部走向全局的方法；自上而下是系统分解的过程，而自下而上则是一种集成的过程。在设计一个供应链系统时，往往是先有主管高层做出战略规划与决策，规划与决策的依据来自市场需求和企业发展规划，然后由下层部门实施决策，因此供应链的设计是自上向下和自下向上的综合。

知识窗2-2：简洁性原则

简洁性原则是供应链的一个重要原则，为了能使供应链具有灵活快速响应市场的能力，供应链的每个节点都应是精简的、具有活力的、能实现业务流程的快速组合。比如供应商的选择就应以少而精的原则，通过和少数的供应商建立战略伙伴关系，有利于减少采购成本，推动实施JIT采购法和准时生产。生产系统的设计更是应以精细思想为指导，努力实现从精细的制造模式到精细的供应链这一目标。

知识窗2-3：集优原则（互补性原则）

供应链的各个节点的选择应遵循强—强联合的原则，实现资源外用的目的，每个企业只集中精力于各自核心的业务过程，就像一个独立的制造单元（独立制造岛），这些所谓单元化企业具有自我组织、自我优化、面向目标、动态运行和充满活力的特点，能够实现供应链业务的快速重组。

阴阳平衡的规律

知识窗2-4：协调性原则

供应链业绩好坏取决于供应链合作伙伴关系是否和谐，因此建立战略伙伴关系的合作企业关系模型是实现供应链最佳效能的保证。和谐是描述系统是否形成了充分发挥系统成员和子系统的能动性、创造性及系统与环境的总体协调性，只有和谐而协调的系统才能发挥最佳的效能。

知识窗 2-5：动态性（不确定性）原则

不确定性在供应链中随处可见，并导致需求信息的扭曲。因此要预见各种不确定因素对供应链运作的影响，减少信息传递过程中的信息延迟和失真。增加透明性，减少不必要的中间环节，提高预测的精度和时效性对降低不确定性的影响都是极为重要的。

知识窗 2-6：创新性原则

创新性是系统设计的重要原则，没有创新性思维，就不可能有创新的管理模式，因此在供应链的设计过程中，创新性是很重要的一个原则。要产生一个创新的系统，就要敢于打破各种陈旧的思维，用新的角度、新的视野审视原有的管理模式和体系，进行大胆创新设计。

进行创新设计，要注意以下 4 点。

（1）创新必须在企业总体目标和战略的指导下进行，并与战略目标保持一致。

（2）要从市场需求的角度出发，综合运用企业的能力和优势。

（3）发挥企业各类人员的创造性，集思广益，并与其他企业共同协作。

（4）建立科学的评价体系及组织管理系统，进行技术经济分析和可行性论证。

知识窗 2-7：战略性原则

供应链建模时，应通过战略性的思考来减少不确定影响。从供应链的战略管理的角度考虑，供应链建模的战略性原则还体现在供应链发展的长远规划和预见性上，供应链的系统结构发展应和企业的战略规划保持一致，并在企业战略指导下进行。

子任务 3 掌握供应链管理环境下企业业务流程重构的原则

知识窗：

供应链管理环境下企业业务流程重构的原则如下：

（1）采用合适的工具和方法设计业务流程，以满足一定的战略业绩目标。

（2）应用连续改善的技术促进企业提高业绩水平。

（3）采用有效的变化管理方法以调整供应链企业的人力和文化，从而适应新的工作流程。

（4）正确应用信息技术。企业要根据实际情况发展信息技术，同时要根据信息技术与供应链管理集成的特点进行流程重构。

（5）最高领导层的参与以及领导的重视至关重要。

▶ 任务实训

从"四大名著"看供应链管理的思想

以小组的形式提交小论文，撰写要求如下：

1. 分组进行，每组 4~5 人（必须要有异性同学），抽签决定做具体不重复 4 个项目的小论文（方式：抽签决定。老师事先做好分别标记 1~9 的小纸签 4 份，学生代表抽签，如抽到重复数字的签，则作废，将重复数字的签放回到等待抽的一堆签当中去，再抽一次，直到4个不同数值的签；数字1~9对应教材的"项目"）。

2. 自行决定选择哪部"四大名著"与教材的某一段落，但必须这两者之间要有紧密的逻辑联系。

3. 小论文包括标题（4号字，宋体）、四部分的正文与附件。

4. 正文第一部分"1. 供应链管理的知识"，内容必须是教材里面的，字数控制在100字以下。

5. 正文第二部分"2.《××××》第××回故事情境"，内容必须是"四大名著"里面的，字数控制在200字以下。

6. 正文第三部分"3. 我们的理解"，内容必须是至少4个点/段，点/段之间的文章字数大体匀称；控制在900~1 200字符数。

7. 正文第四部分"4. 给我们的启示"，内容字数控制在80字以内，必须是至少五个提纲式、浓缩的短句，短句间的字数大体匀称。

8. 附件中至少包含如下信息：专业、年级与班级，组别（如第5组），以及组长姓名、组员姓名、完成的时间、指导老师姓名。

9. 大标题必须醒目，四个小标题与正文的字体要区分，四个小标题之间的字体大小要一致。

10. 所有提交材料的文本内容必须要在一张A4纸上打印（可以通过调整字体、页边距、页眉页脚、文档网格、段落设置等来进行），正文字体为5号宋体。

11. 所撰写4个项目的小论文的时间间隔，要求至少10天。

▶ 思考题

1. 什么是子网？
2. 请对功能性产品与革新性产品进行对比分析。
3. 用有效性供应链来提供功能型产品，可采取什么措施？
4. 简述基于产品生命周期各阶段的供应链设计策略。
5. 请对供应链设计问题进行简要说明。
6. 简述供应链设计原则。
7. 进行创新设计要注意什么？
8. 供应链管理环境下企业业务流程重构的原则有哪些？

▶ 学习评价

考核项目	计分标准	得分	备注
考勤情况（10分）	缺课一次，扣1分；累计缺课达到总课时的1/3，取消考试资格		

考核项目	计分标准	得分	备注
作业完成情况 （10分）	原则上全班前3名，为满分10分，4~6名，为9分，以此类推；如果某个分数相同的同学较多，则该分数为一个得分数值，后续，则再后推。举例：全班100分1人，99分2人，98分10人，则100分与99分的同学为10分，98分的同学为9分……		
学习积极 参与度情况 （40分）	授课老师根据所提问题的难易程度，事先发布学习积极参与度完成的"悬赏分值"，第一个站立正确回答完毕的学生，得到"悬赏分值"，学生站立回答，不需要得到老师的许可；回答错误，不扣分。 　　原则上全班前3名，为满分40分，4~6名，为39分，以此类推；如果某个分数相同的同学较多，则该分数为一个得分数值，后续，则再后推		
小论文完成情况 （40分）	以小组的形式完成；组长根据组员的工作程度，给予分配权重系数，小组的总权重系数为人数之和。举例：小论文完成得分为80分，张三的权重系数为0.9，李四的权重系数为0.8，王二的权重系数为1.1，钱五的权重系数为1.0，赵六的权重系数为1.2，那么小论文完成得分分配到小组组员的分数为：张三80分×0.9＝72分，李四80分×0.8＝64分，王二80分×1.1＝88分，钱五80分×1.0＝80分，赵六80分×1.2＝96分。 　　原则上全班前3名，为满分40分，4~6名，为39分，以此类推；如果某个分数相同的同学较多，则该分数为一个得分数值，后续，则再后推		4篇小论文的分数分别计入对应项目
其他加扣分情况	有一次正能量的事情，加1分；有一次负能量的事情，扣1分；加扣分可以互抵		
总成绩	教师签字		

举例说明：马三同学本项目学习评价：考勤10分，作业完成情况9分，学习积极参与度情况36分，小论文完成情况35分，其他加扣分情况加3分，该同学本项目学习评价：10分+9分+36分+35分+3分=93分。

项目六

供应链合作伙伴的选择

❖ 思维导图

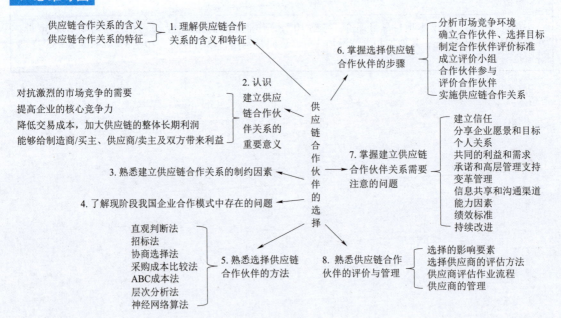

❖ 导入范文

从《水浒传》看供应链管理的思想

一、供应链管理的知识

在教材"确立合作伙伴、选择目标"中，有如下表述：

企业必须确定合作伙伴评价程序如何实施、信息流程如何运作，而且必须建立实质性、实际的目标。其中降低成本是主要目标之一，合作伙伴评价、选择不仅是一个简单的评价、选择过程，它本身也是企业自身和企业与企业之间的一次业务流程重构过程，实施得好，本身就可带来一系列的利益。

二、《水浒传》第十六回故事情境

杨志为保生辰纲顺利押送，一路急行，防范甚严，导致随行押送人员苦不堪言。在路经黄泥岗时路遇一批贩枣客人，后又有一人贩酒而来，贩枣客买一桶酒，在付钱时发生纠纷。杨志见属下口渴难耐就容许他们买下了剩下的酒，喝下后却发现蒙汗药发作都倒地了。原来这群贩枣客就是晁盖、吴用等人假扮的，贩酒客则是白胜所扮。这条智取生辰纲的计策是吴用提出的，原先两桶酒皆为好酒，他们先喝一桶引诱杨志等人。后来第二人偷喝时乘机在瓢中放了药，所以杨志等人喝时就中了蒙汗药倒地，尽失生辰纲。

三、我们的理解

（1）供应链管理者需要与供应商、分销商等合作伙伴保持紧密的协作关系，共同解决问题，实现供应链的优化和有效运作，听从指挥，圆满完成任务。

（2）在供应链管理中，企业应确保与合作伙伴之间的目标一致，以充分发挥集体的智慧和力量，实现供应链的高效运转。

（3）制定了完善的供应链合作战略。晁盖团队获取对方信息后，结合各种环境、人为因素，制定了相应的策略。

（4）在供应链管理中，企业需要与合作伙伴共享风险和利益，通过建立公正的合作机制和利益分配机制，激励各方共同努力，在享受获得的成果之时也要共担困难，从而克服困难，才能达成长久的供应链合作伙伴关系。

四、给我们的启示

（1）建立合作关系才能实现利益共享。

（2）建立稳定、强大的合作伙伴关系。

（3）敢于尝试，不惧挑战。

（4）加强沟通和协作，共同应对挑战。

（5）合理分配任务，合作共赢。

22 级采购与供应管理 1 班

组长：钟宝平

组员：赖松丰、罗翔鹏、梁祖俭、黄亮、吴雨露

完成时间：2023 年 11 月 5 日

指导老师：杨国荣

从《三国演义》看供应链管理的思想

1. 供应链管理的知识

在教材"建立供应链合作伙伴的重要意义"中，有如下表述：

近年来为什么许多成功企业都将与合作伙伴的附属关系转向建立战略合作关系、战略伙伴关系，对于供应链上的企业到底意味着什么？这便成了一个发人深思的问题。

2.《三国演义》第一回故事情境

于桃园中，备下乌牛白马祭礼等项，三人焚香再拜而说誓曰："念刘备、关羽、张飞，虽然异姓，既结为兄弟，则同心协力，救困扶危；上报国家，下安黎庶。不求同年同月同日生，只愿同年同月同日死。皇天后土，实鉴此心，背义忘恩，天人共戮！"誓毕，拜玄德为兄，关羽次之，张飞为弟。祭罢天地，复宰牛设酒，聚乡中勇士，得三百余人，就桃园中痛饮一醉。

3. 我们的理解

（1）刘备、关羽、张飞达成高度的信任机制，三个人勇往直前、打造自我、弥补不足、相互帮助、建立有效的人际关系，明白相互之间的信任是最为重要的，这样合作才能变得更久，目标才能最终实现。

（2）刘备、关羽、张飞之所以能够建立起如此深厚的友谊，是因为他们在生存环境恶劣、民不聊生的年代里，共同面对着战争与贫困，相互扶持、相互帮助，把彼此作为精神支撑。正是因为他们的合作使得他们的战斗力凝聚得空前强大，最终使他们战胜了不可战胜的敌人。

（3）桃园三结义中正是建立了合作伙伴关系，这是对抗激烈的市场竞争的需要。在企业竞争中，建立合作伙伴关系是非常重要的。

（4）桃园三结义吸收了众多的新鲜血液，给这个团队注入了新的活力和思维，众多的人才使创新思维更加发散，创新驱动了团队的发展，提高了团队的核心竞争力。

4. 给我们的启示

（1）体现了双方高度信任机制，实现系统双赢为目标，最终实现目标。

（2）在合作中，每个人的优点都能够发挥出来，最终达成共同目标。

（3）合作能形成强大的合力，可以共享信息、共担责任，共同面对风险。

（4）合作可以给双方带来利益，可以共同抵抗竞争的压力。

（5）合作可以提高团队的核心竞争力。

　　　　　　　　　　　　　　　　22 级采购与供应管理 1 班

　　　　　　　　　　　　　　　　组长：叶茜

　　　　　　　　　　　　　　　　组员：江丽敏、刘石莲、吴艳萍

　　　　　　　　　　　　　　　　完成时间：2023 年 10 月 23 日

　　　　　　　　　　　　　　　　指导老师：杨国荣

任务 1　理解供应链合作关系的含义和特征

子任务 1　理解供应链合作关系的含义

知识窗：

供应链合作关系是指供应商与制造商之间、制造商与销售商之间在一定时期内的共享信息、共担风险、共同获利的协议关系。

这种战略合作关系是在集成化供应链管理环境下形成的具有一致目标和共同利益的企业之间的关系。实施伙伴关系就意味着：新产品技术的共同开发、数据和信息的交换、研究和开发的共同投资。在供应链伙伴关系环境下，制造商选择供应商不再是只考虑价格，而是更注重选择在优质服务、技术革新、产品设计等方面提供合作的供应商。

子任务 2　熟悉供应链合作关系的特征

知识窗 1：供应链合作伙伴关系具有以下 5 个鲜明特征

（1）双方高度的信任机制。

（2）双方有效的信息共享，信息交换包括成本、进程与质量控制等信息更为自由的关系。

桃园三结义

（3）需方直接参与供方的产品研制等，共同寻求解决问题和分歧的途径，并判断是否需要寻找新的合作伙伴。

（4）长期稳定的供应合同。

（5）以实现系统双赢为目标。

知识窗 2：供应链合作关系与传统供应商关系的比较

供应链合作关系与传统供应商关系有着很大的区别见表 6-1。

表 6-1　供应链合作关系与传统供应商关系的比较

比较内容	供应链合作关系	传统供应商关系
相互交换的主体	物料、服务	物料
供应商选择标准	多标准并行考虑（交货的质量和可靠性等）	强调价格
稳定性	长期、稳定、紧密合作	变化频繁
合同性质	开放合同（长期）	单一
供应批量	大	小
供应商数量	少（少而精，可以长期紧密合作）	大量
供应商规模	大	小
供应商的定位	国内和国外	当地
信息交流	信息共享（电子化连接、共享各种信息）	信息专有

续表

比较内容	供应链合作关系	传统供应商关系
技术支持	提供	不提供
质量控制	质量保证（供应商对产品质量负全部责任）	输入检查控制
选择范围	广泛评估可增值的供应商	投标评估

任务2　认识建立供应链合作伙伴关系的重要意义

素养之窗

知识窗：

近年来，为什么许多成功企业都将与合作伙伴的附属关系转向建立战略合作关系？战略伙伴关系对于供应链上的企业到底意味着什么？这便成为一个发人深思的问题。

建立供应链合作伙伴关系的重要意义见表6-2。

表6-2　建立供应链合作伙伴关系的重要意义

建立供应链合作伙伴关系的重要意义	对抗激烈的市场竞争的需要
	提高企业的核心竞争力
	降低交易成本，加大供应链的整体长期利润
	能够给制造商/买主、供应商/卖主及双方带来利益

子任务1　认识对抗激烈的市场竞争的需要

知识窗1：随着市场全球化进程的快速推进和竞争压力的增加，供应商、零售商、中间商等开始纷纷建立战略伙伴关系以面对日趋激烈的市场竞争。通过战略合作伙伴关系的建立，供应链各方可以采用协作管理的方法来进行双优或多方最优博弈，以追求更多的利润。比如现在的民用飞机制造业中，机头、机身、电子与导航系统及机翼等在不同的国家生产，那么他们之间的协调及最后的装配都必须依靠有效的供应链管理来完成。

知识窗2：根据博弈论原理，供应商和制造商之间的交易如果仅限于一次，利益目标中的差异性占主导地位，每方都着眼于自己的一时性利益而行动。但是，交易持续进行，利益目标中的一致性占主导地位，双方都希望这种交易关系持续下去，因此每一次交易都是考虑了以后的交易后采取策略。从供应商的角度看，采取合作的态度（如在外部出现更大的获利机会时仍履行过去的承诺）虽然有悖于短期利益最大化的目标，但是符合长期利益最大化。从制造商的角度看，保证原材料的供应对于生产活动至关重要。如果为了短期利益对供应商采取不合作行动，就会失去此供应商或其他供应商的信赖，这有悖于长期利益的获得。因此，尽管双方都有利己主义的动机，但在长期的博弈中，双方都希望采取合作的态度相互协调，以达到帕累托最优的状态。

知识窗3：20世纪50年代初期，日本五大钢厂之一的川崎制铁和丰田汽车是同一供应链的成员。川崎制铁因钢材的国际价格高于国内价格，将丰田汽车所需要的钢材优先出口到国外。川崎制铁在交易中采取的是背叛（不合作）策略，使得自身的短期利润最大，此时的短期利润最大，而丰田汽车的收益为负。这一背叛行为导致的后果是丰田也采取不合作策略，到 1991 年为止丰田汽车与川崎制铁之间再也没有钢材交易，整整 35 年川崎制铁失去了国内最大的用户。由此可见，一次交易的背叛行为是可以增加企业的短期利润，但损害了长期利润。

子任务 2 熟悉提高企业的核心竞争力

《西游记》片段

知识窗 1： 传统"纵向一体化"的管理模式已经不能适应目前技术更新快、投资成本高、竞争全球化的制造环境，现代企业应更注重于高价值生产模式，更强调速度、专门知识、灵活性和革新。与传统的"纵向一体化"控制和完成所有业务的做法相比，实行业务外包的企业更强调集中企业资源于经过仔细挑选的少数具有竞争力的核心业务，也就是集中在那些使他们真正区别于竞争对手的技能和知识上，即核心竞争力上，以便获取最大的投资回报。而把其他一些重要的但不是核心的业务职能外包给世界范围内的"专家"企业，并与这些企业保持紧密合作的关系。这些企业就可以把自己企业的整个运作提高到世界级水平，获取最大的竞争优势。

知识窗 2： 一个不能有效吸纳新鲜血液的企业，它的资源整合的智慧是有限的，所以很多企业开始采用"借用外脑"的方式，比如与专业的顾问公司合作，来提高企业的智慧。所谓旁观者清，不断吸收外来的新智慧，可以更好地推动企业的创新。在这一意义上，智慧可谓业务外包可以利用的第一大资源。随着咨询科技的高速发展，大规模生产时代正逐步走向大规模订制时代，关键的资源也从资本走向信息、知识和创新能力，企业能否真正获利在于企业是否具有资源整合的智慧。

知识窗 3： 传统的企业，往往拥有全过程自我投资和建设的部门，从基建部门到制造车间，到装配、验收部门，再到包装车间都是自己的。这通常导致项目完工的时候，就是经营陷入困境的时候，产品延期交货，企业负债累累，一系列问题相继涌现。而业务外包可以获得多个联盟企业的协作，缩短产品周期，在最短的时间内推出最新的产品，而且还可以利用联盟企业的资金，省去一些巨额投资，降低了自身的风险，从而更轻松地获得竞争优势。把多家公司的优秀人才集中起来为我所有的概念正是业务外包的核心，其结果是使现代商业机构发生了根本的变化。企业内向配置的核心业务与外向配置的业务紧密相连，形成一个关系网络（即供应链）。企业运作与管理也由"控制导向"转为"关系导向"。

知识窗 4： 企业在集中资源于自身核心业务的同时，通过利用其他企业的资源来弥补自身的不足，从而变得更具竞争力。

子任务 3 理解降低交易成本，加大供应链的整体长期利润

知识窗 1： 一个供应链要想在激烈的商业竞争中生存下来，就必须不断地降低成本，提高利润，否则此供应链就将被市场所淘汰。而发展供应链合作伙伴关系能使整个供应链的交易成本显著降低，利润增加。可见，降低交易成本，加大供应链的整体长期利润是供应链发展战略合作伙伴关系的内在原因。

知识窗2：合作伙伴关系对普遍降低交易成本所做的贡献可以从交易过程和交易主体行为的考察中得到进一步证实。一方面，从交易的全过程看，供应链合作伙伴之间的交易能大大减少相关交易费用。由于供应链合作伙伴之间经常沟通与合作，可使搜索交易对象信息方面的费用大为降低，提供个性化的服务建立起来的相互信任和承诺，可以减少各种履约风险；即便在服务过程中产生冲突，也因为合同时效的长期性而通过协商加以解决，从而避免仲裁、法律诉讼等行为所产生的费用。另一方面，从交易主体行为来看，合作伙伴之间的互通性，提高了双方对不确定性环境的认知能力，减少因交易主体的"有限理性"而产生的交易费用。供应链合作伙伴之间的长期合作将会很大程度上抑制交易双方之间的机会主义行为，这使得交易双方机会主义交易费用有望控制在最低限度，如图6-1、图6-2所示。

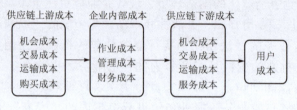

图6-1　供应链一般成员成本

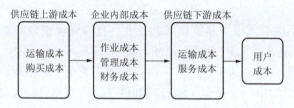

图6-2　供应链合作伙伴成本

子任务4　熟悉能够给制造商/买主、供应商/卖主及双方带来利益

知识窗：

供应链给制造商/买主、供应商/卖主及双方带来的利益见表6-3。

表6-3　供应链给制造商/买主、供应商/卖主及双方带来的利益

对　象	利　益
制造商/买主	降低成本（降低合同成本）
	实现数量折扣、稳定而有竞争力的价格
	提高产品质量和降低库存水平
	改善时间管理
	交货提前期的缩短和可靠性的提高
	提高面向工艺的企业规划
	更好的产品设计和对产品变化更快的反应速度
	强化数据信息的获取和管理控制

对　象	利　益
供应商/卖主	保证有稳定的市场需求
	对用户需求更好地了解/理解
	提高运作质量
	提高零部件生产质量
	降低生产成本
	提高对买主交货期改变的反应速度和柔性
	获得更高的（比非战略合作关系的供应商）利润
双方	改善相互之间的交流
	实现共同的期望和目标
	共担风险和共享利益
	共同参与产品和工艺开发，实现相互之间的工艺集成、技术和物理集成
	减少外在因素的影响及其造成的风险
	降低投机思想和投机概率
	增强矛盾冲突解决能力
	订单、生产、运输上实现规模效益以降低成本
	减少管理成本
	提高资产利用率

可以看出，供应链合作伙伴能够以较低的成本给用户提供同样的服务或产品，或者同样的成本能够提供更好的服务或产品，此供应链就能在激烈的竞争中取得优势。

任务3　熟悉建立供应链合作关系的制约因素

知识窗1： 良好的供应链合作关系首先必须得到最高管理层的支持和协商，并且企业之间要保持良好的沟通，建立相互信任的关系。在战略分析阶段需要了解相互的企业结构和文化，解决社会、文化和态度之间的障碍，并适当地改变企业的结构和文化，同时在企业之间建立统一、一致的运作模式或体制，解决业务流程和结构上存在的障碍。

知识窗2： 在供应商评价和选择阶段，总成本和利润的分配、文化兼容性、财务稳定性、合作伙伴的能力和定位（自然地理位置分布）、管理的兼容性等将影响合作关系的建立。必须增加与主要供应商和用户的联系，增进相互之间的了解（产品、工艺、组织、企业文化等），相互之间保持一定的一致性。

知识窗3： 到了供应链战略合作关系建立的实质阶段，需要进行期望和需求分析，相互之间需要紧密合作，加强信息共享，相互进行技术交流和提供设计支持。在实施阶段，相互之间的信任最为重要，良好愿望、柔性、解决矛盾冲突的技能、业绩评价（评估）、有效的技术方法和资源支持等都很重要。

任务4　了解现阶段我国企业合作模式中存在的问题

知识窗1： 我国的企业从计划经济向市场经济的转轨过程中，在相当长一段时期内，企业机制和管理思想都滞后于市场经济发展的要求，缺乏主动出击市场的动力和积极性。实际调查结果表明，企业外部资源利用低，企业与供应商的合作还没有形成战略伙伴等具有战略联盟的关系，传统的计划经济体制下以我为主的山头主义思想仍然在许多企业存在，在我国跨地区、跨国界的全球供应链为数不多。

知识窗2： 许多国有企业虽然很有一定的市场竞争能力，但是在与其他企业进行合作方式上，仍然习惯于按照计划经济模式办事，没有进行科学的协商决策和合作对策研究，缺乏市场竞争的科学意识。

知识窗3： 由于国有企业特殊的委托——代理模式，委托代理的激励成本远大于市场自由竞争的激励成本，代理问题中的败德行为相当严重。

知识窗4： 国有企业委托人的典型特征是委托人的双重身份、双重角色（既是委托人又是代理人），代理人问题比其他类常规代理人问题更复杂。

知识窗5： 企业合作关系中短期行为也普遍存在。由于委托代理人问题的特殊性，国有企业普遍存在短期行为。企业的协商过程带有很强的非经济因素和个人偏好行为。

知识窗6： 由于计划经济体制下的"棘轮效应"（Ratchet Effect）的存在，企业在合作竞争中的积极性和主动性不高；此外，我国目前市场资源的结构配置机制并不符合规范的帕累托配置模型，资源配置的效率低，交易成本较高，委托代理实现过程中由于信息非对称性导致国有资产流失等问题都让人十分棘手。

知识窗7： 基于Internet/Intranet的供应链模式是供应链企业合作方式与委托代理实现的未来发展方向，但是我国许多企业没有充分利用EDI/Internet等先进的信息通信手段，企业与企业之间信息传递工具落后。与此同时，在利用Internet/Intranet进行商务活动过程中，缺乏科学的合作对策与委托实现机制，法律体系不健全，信用体系不完善。

知识窗8： 由于这些问题的存在，使得供应链管理思想在我国企业中应用受到的阻力比我们想象的要大得多，而企业改革的深入又迫切需要改变现有的企业运行机制和管理模式。因此，完善供应链管理思想运作方法，解决我国企业在实施供应链管理过程中迫切需要解决的企业合作对策与委托代理实现机制问题是关系到供应链管理模式能否在我国得到很好实施的关键。

任务5　熟悉选择供应链合作伙伴的方法

知识窗： 选择合作伙伴，是对企业输入物资的适当品质、适当期限、适当数量与适当价格的总体进行选择的起点与归宿。选择合作伙伴的方法较多，一般要根据供应单位的多少、对供应单位的了解程度以及对物资需要的时间是否紧迫等要求来确定。目前国内外较常用的方法（表6-4）综述如下。

表6-4　选择合作伙伴的方法

选择合作伙伴的方法	直观判断法
	招标法
	协商选择法
	采购成本比较法
	ABC 成本法
	层次分析法
	神经网络算法

子任务 1　熟悉直观判断法

知识窗：直观判断法是根据征询和调查所得的资料并结合人的分析判断，对合作伙伴进行分析、评价的一种方法。这种方法主要是倾听和采纳有经验的采购人员意见，或者直接由采购人员凭经验做出判断。常用于选择企业非主要原材料的合作伙伴。

子任务 2　熟悉招标法

爆笑小品《招标》

知识窗：当订购数量大、合作伙伴竞争激烈时，可采用招标法来选择适当的合作伙伴。它是由企业提出招标条件，各招标合作伙伴进行竞标，然后由企业决标，与提出最有利条件的合作伙伴签订合同或协议。招标法可以是公开招标，也可以是指定竞级招标。公开招标对投标者的资格不予限制；指定竞标则由企业预先选择若干个可能的合作伙伴，再进行竞标和决标。招标方法竞争性强，企业能在更广泛的范围内选择适当的合作伙伴，以获得供应条件有利的、便宜而适用的物资。但招标法手续较繁杂，时间长，不能适应紧急订购的需要；订购机动性差，有时订购者对投标者了解不够，双方未能充分协商，造成货不对路或不能按时到货。

子任务 3　熟悉协商选择法

知识窗：在供货方较多、企业难以抉择时，也可以采用协商选择的方法，即由企业先选出供应条件较为有利的几个合作伙伴，同他们分别进行协商，再确定适当的合作伙伴。与招标法相比，协商选择法由于供需双方能充分协商，在物资质量、交货日期和售后服务等方面较有保证。但由于选择范围有限，不一定能得到价格最合理、供应条件最有利的供应来源。当采购时间紧迫、投标单位少、竞争程度小，订购物资规格和技术条件复杂时，协商选择法比招标法更为合适。

子任务 4　熟悉采购成本比较法

知识窗：对质量和交货期都能满足要求的合作伙伴，则需要通过计算采购成本来进行比较分析。采购成本一般包括售价、采购费用、运输费用等各项支出的总和。采购成本比较法是通过计算分析针对各个不同合作伙伴的采购成本，选择采购成本较低的合作伙伴的一种方法。

子任务 5　熟悉 ABC 成本法

知识窗：ABC 成本法是目前在物流界广泛使用的一种新的成本计算方法。供应链中的物流活动是价值增值与成本增加相结合的过程，完成一项活动或作业可以使产品或中间产品的价值有所增加，同时，产品的成本也增加，目的在于去除无效成本、再造整个供应链管理过程。该成本模型用于分析企业因采购活动而产生的直接和间接成本的大小，企业将选择成本值最小的合作伙伴。

子任务 6　熟悉层次分析法

知识窗：

该方法是 20 世纪 70 年代由著名运筹学家赛惕（T. L. Satty）提出的，后来韦伯（Weber）等将之用于合作伙伴的选择。它的基本原理是根据具有递阶结构的目标、子目标（准则）、约束条件、部门等来评价方案，采用两两比较的方法确定判断矩阵，然后把判断矩阵的最大特征相对应的特征向量的分量作为相应的系数，最后综合给出各方案的权重（优先程度）。由于该方法让评价者对照相对重要性函数表，给出因素两两比较的重要性等级，因而可靠性高、误差小，不足之处是遇到因素众多、规模较大的问题时，该方法容易出现问题，如判断矩阵难以满足一致性要求，往往难于进一步对其分组。它作为一种定性和定量相结合的工具，目前已在许多领域得到了广泛的应用。

另外，苔沫蔓（Timmerman）提出合作伙伴评价分类法；温德尔（Winder）和罗宾森（Robinson）、格理高利（Gregory）提出标重法等都可以用于合作伙伴的选择，但应用在供应链环境下，都存在一些问题，因为没有考虑具体的环境，所以不能有效地进行合作伙伴的评价和选择。

子任务 7　熟悉神经网络算法

知识窗：通过对给定样本模式的学习，获取评价专家的知识、经验、主观判断及对目标重要性的倾向，可再现评价专家的知识、经验和直觉思维，从而实现了定性和定量分析相结合，可较好地保证评价结果的客观性。

任务 6　掌握选择供应链合作伙伴的步骤

知识窗：选择供应链合作伙伴的步骤如图 6-3 所示。

子任务 1　熟悉分析市场竞争环境（需求、必要性）

知识窗：市场需求是企业一切活动的驱动源。建立基于信任、合作、开放性交流的供应链长期合作关系，必须首先分析市场竞争环境。目的在于找到针对哪些产品市场开发供应链合作关系才有效，必须知道现在的产品需求是什么，产品的类型和特征是什么，以确认用户的需求，确认是否有建立供应链合作关系的必要，如果已建立供应链合作关系，则根据需求的变化确认供应链合作关系变化的必要性，从而确认合作伙伴评价选择的必要性。同时分析

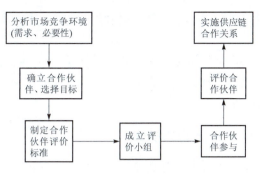

图 6-3　选择供应链合作伙伴的步骤

现有合作伙伴的现状，分析、总结企业存在的问题。

子任务 2　熟悉确立合作伙伴、选择目标

知识窗：企业必须确定合作伙伴评价程序如何实施、信息流程如何运作、负责人，而且必须建立实质性、实际的目标。其中降低成本是主要目标之一，合作伙伴评价、选择不仅是一个简单的评价、选择过程，它本身也是企业自身和企业与企业之间的一次业务流程重构过程，实施得好，它本身就可带来一系列的利益。

子任务 3　理解制定合作伙伴评价标准

知识窗：合作伙伴综合评价的指标体系是企业对合作伙伴进行综合评价的依据和标准，是反映企业本身和环境所构成的复杂系统不同属性的指标，按隶属关系、层次结构有序组成的集合。根据系统全面性、简明性、科学性、稳定可比性、灵活可操作性的原则，建立集成化供应链管理环境下合作伙伴的综合评价指标体系。不同行业、企业、产品需求、不同环境下的合作伙伴评价应是不一样的。但不外乎都涉及合作伙伴的业绩、设备管理、人力资源开发、质量控制、成本控制、技术开发、用户满意度、交货协议等可能影响供应链合作关系的方面。

子任务 4　认识成立评价小组

知识窗：企业必须建立一个小组以控制和实施合作伙伴评价。组员以来自采购、质量、生产、工程等与供应链合作关系密切的部门为主，组员必须有团队合作精神、具有一定的专业技能。评价小组必须同时得到制造商企业和合作伙伴企业最高领导层的支持。

子任务 5　认识合作伙伴参与

知识窗：一旦企业决定进行合作伙伴评价，评价小组必须与初步选定的合作伙伴取得联系，以确认他们是否愿意与企业建立供应链合作关系，是否有获得更高业绩水平的愿望。企业应尽可能早地让合作伙伴参与到评价的设计过程中来。然而因为企业的力量和资源是有限的，企业只能与少数的、关键的合作伙伴保持紧密合作，所以参与的合作伙伴不能太多。

子任务 6　掌握评价合作伙伴

知识窗：评价合作伙伴的一个主要工作是调查、收集有关合作伙伴的生产运作等全方面

的信息。在收集合作伙伴信息的基础上，就可以利用一定的工具和技术方法进行合作伙伴的评价了。

在评价的过程后，有一个决策点，根据一定的技术方法选择合作伙伴，如果选择成功，则可开始实施供应链合作关系，如果没有合适的合作伙伴可选，则返回到确立合作伙伴、选择目标步骤2，重新开始评价、选择。

子任务7　掌握实施供应链合作关系

知识窗：在实施供应链合作关系的过程中，市场需求将不断变化，可以根据实际情况的需要及时修改合作伙伴评价标准，或重新开始合作伙伴评价选择。在重新选择合作伙伴的时候，应给予旧合作伙伴以足够的时间适应变化。

任务7　掌握建立供应链合作伙伴关系需要注意的问题

知识窗：美国企业家联合会针对455名首席执行官进行的调查，揭示了战略联盟失败的8个方面原因：过于乐观、沟通不利、缺少利益共享、见效慢、缺少财务支持、对运营原则理解错误、文化交流有障碍、缺少联盟的经验。建立牢固的供应商合作伙伴关系需要双方大量的工作和彼此的承诺，建立真正的合作伙伴关系并不容易。建立供应链合作伙伴关系需要注意的问题见表6-5。

表6-5　建立供应链合作伙伴关系需要注意的问题

建立供应链合作伙伴关系需要注意的问题	建立信任
	分享企业愿景和目标
	个人关系
	共同的利益和需求
	承诺和高层管理支持
	变革管理
	信息共享和沟通渠道
	能力因素
	绩效标准
	持续改进

子任务1　理解建立信任

知识窗：信任对任何合作伙伴和联盟都是至关重要的。信任能够使组织之间互换有价值的信息，投入时间和资源去理解相互的业务，获得超过个体所能实现的结果。拥有信任，合作双方就更愿意在一起工作，找到解决问题的折中办法。从长期来讲，愿意达到互惠互利的结局；从短期来讲，愿意做任何帮助别人的事情。

子任务 2　认识分享企业愿景和目标

知识窗：所有的合作伙伴都应该明确各自的预期和目标，并将它们分解到合作当中。合作双方必须分享并接受对方的愿景和目标。许多联盟和合作伙伴关系的破裂是因为它们各自的目标没有很好地统一在一起或者过于乐观。双方的关注点必须越过现实的问题，而多从战略合作的角度去考虑。如果合作伙伴双方具备平等的决策权，那么合作成功的概率就会更高。

子任务 3　认识个人关系

知识窗：在买家—供应商合作伙伴关系中，人与人之间的关系非常重要，因为联络和执行都需要人去做。

子任务 4　理解共同的利益和需求

知识窗：当企业之间有一致的需求时，双方的合作导致双赢的结局。共同的需求不仅会产生有利于协作的环境，还为创新提供了机会。当合作双方分享利益时，他们的合作就会积极和长久。联盟就像婚姻，如果只有一方高兴，那么婚姻不会持续很长时间。

子任务 5　理解承诺和高层管理支持

知识窗：

首先，找到一个合适的合作伙伴需要大量的时间和艰苦的工作。找到以后，双方都需要投入时间、人员和精力去建设成功的合作伙伴关系。承诺必须从高层开始。当高层管理人员支持合作伙伴关系时，这种关系就可以成功。由企业高层所表现出来的合作和参与程度，就相当于为复杂问题的解决定了基调。

成功的合作会使双方不断发现一些业务发展的机会。为了联盟的成功，高级管理层需要在公司内部确立正确的态度。在合作的道路上双方会发生一些碰撞，高层对此应采取协作的方式来解决冲突，而不是指责对方。

子任务 6　熟悉变革管理

知识窗：变化带来压力，会导致关注点的转移。因此，企业必须避免由合作伙伴变化带来的偏离核心业务的影响，准备应对由新合作伙伴带来的变化。

子任务 7　掌握信息共享和沟通渠道

知识窗：为了使信息顺畅地流通，应该建立正式的和非正式的沟通渠道。如果具备高度的信任，信息系统就可以完全针对客户的需求，为彼此提供高效的服务。需要保密的财务数据、产品和工艺信息都需要保留。当信息沟通渠道打开后，许多冲突都可以解决。例如，向供应商提早沟通有关规格的变化和新产品的推出，对于建立成功的供应商关系有着积极的贡献。买家和供应商应该经常碰面，讨论有关计划的改变，评估结果，对合作中的某些问题提出批评性意见。在自由的信息交换中，可以通过不公开的协议来保护私有信息和敏感的数据，防止外泄。成功的信息共享重在质量和准确，而不在数量。

子任务 8　熟悉能力因素

知识窗： 长期具备通过跨平台团队来解决问题的组织，以及内部职员之间能成功协作的企业，在对外合作中也具备这种能力。我们都知道事情并不与想象的一样。因此，企业必须愿意承担责任，并有能力改正错误。主要的供应商必须具备正确的技术和能力，来满足成本、质量和运送方面的要求。另外，供应商还要对快速变化的客户需求有足够的适应性。在建立合作伙伴关系之前，企业必须对供应商的能力和核心竞争力进行全面的调查。企业所中意的供应商，需要有技术和专家来支持新产品和服务的开发，培育企业在市场中的竞争优势。

子任务 9　掌握绩效标准

知识窗：

"你无法改进你不能评估的事情"，这句谚语对于处理买家—供应商关系是非常适用的。有关质量、运送和机动性这些指标一般用来考察供应商的运作情况。在整个供应链过程中，供应商绩效信用来提高效率。因此，一个好的运营评估体系会提供可以理解的评测指标，容易衡量，并关注供应商共同的价值实现。

通过评估供应商的运营情况，企业希望发现供应商的异常情况或者发展的需要，减少与供应商合作的风险，将合作伙伴管理建立在数据分析的基础上，例如联邦快递为其供应商开发了一套基于互联网的"反向计分卡"，由供应商提供建设性的运营反馈意见，加强客户或供应商的关系。毕竟，最好的客户愿意和最好的供应商合作，最好的供应商通常都因为最好的成就而得到奖励。

子任务 10　掌握持续改进

知识窗： 对供应商的运营评估建立在相互认可的评估体系之上，这为持续改进提供了机会。日本人以准时制思想贯穿整个过程，通过一系列小的改进，达到消除整个系统的浪费。买家和供应商都必须持续地改进他们的能力，以满足客户在成本、质量、运送和技术方面的要求。合作伙伴不仅要改正错误，更应该事先准备，从而彻底消灭错误。

任务 8　熟悉供应链合作伙伴的评价与管理

子任务 1　认识选择的影响要素

知识窗： 选择的影响要素有质量因素、价格因素、交货提前期因素、交货准时性因素、品种柔性因素、设计能力因素、可靠性、地理位置、售后服务、快速响应能力等。

子任务 2　熟悉选择供应商的评估方法

知识窗 1： 评价表格法

选择供应商的评价表格法见表6-6。

表 6-6 选择供应商的评价表格法

评价指标	指标权重	评估数值		
		A 供应商	B 供应商	C 供应商
技术水平	8	7	8	5
产品质量	9	8	9	7
供应能力	7	10	7	8
价格	7	7	6	8
地理位置	2	3	6	9
可靠性	6	4	7	8
售后服务	3	4	6	7
综合得分		289	308	302

知识窗 2： 层次分析法

层次分析法步骤如下。

（1）对构成评价系统的目的、评价指标（准则）及方案等要素建立多级递阶结构模型。

（2）对同一级的要素以及上一级的要素为准则进行两两比较，根据评价尺度确定其相对重要度，据此建立判断矩阵。

（3）计算确定各要素相对重要度。

（4）计算综合重要度，对各方案要素进行排序、决策。

例：某制造商需采购某种原材料有三个供应商可供选择，即供应商甲、供应商乙、供应商丙。评价和选择供应商的准则是：产品质量（C1）、供应能力（C2）及可靠性（C3）。经初步分析认为：若选用供应商甲，其优点是产品质量好，但其供应能力小，且可靠性也较差。若选择供应商丙，情况正好相反，即供应能力强，可靠性较好，但质量差。选择供应商乙的优缺点介于上述两供应商之间。因此，对上述三个供应商不能立即作出评价与选择。适合用层次分析法进行分析与评价。

知识窗 3： 运作成本评价法

（1）案例背景。某企业生产的机器上有一种零件需要从供应链上的其他企业购进，年需求量为 10 000 件。有三个供应商可以提供该种零件，但他们的价格不同，三个供应商提供的零件的质量也有所不同。另外，这三个供应商的交货提前期、提前期的安全期及要求的采购批量均不相同。三个供应商的详细数据见表 6-7。

表 6-7 三个供应商的详细数据

供应商	价格/（元·件$^{-1}$）	合格品率/%	提前期/周	提前期的安全期/周	采购批量/件
A	9.50	88	6	2	2 500
B	10.00	97	8	3	5 000
C	10.50	99	1	1	200

如果零件出现缺陷，需要进一步处理才能使用，每个有缺陷的零件处理成本为 6 元，主要是用于返工的费用。

为了比较分析评价的结果，共分为三个级别评价供应成本和排名：第一级：仅按零件价格排序；第二级：按"价格+质量水平"排序；第三级：按"价格+质量水平+交货时间"排序。

（2）供应商供货绩效及排序分析。首先，按第一个级别排序，排名的结果见表 6-8。

表 6-8　按零件价格排序

供应商	价格/（元·件$^{-1}$）	排　　名
A	9.50	1
B	10.00	2
C	10.50	3

其次，按第二个级别排名。有缺陷零件的处理成本可根据不同供应商的零件质量水平来计算。排名的结果见表 6-9。

表 6-9　按"价格+质量水平"排序

供应商	缺陷率/%	缺陷件数/（件·年$^{-1}$）	缺陷处理成本/元	质量成本/（元·件$^{-1}$）	总成本/（元·件$^{-1}$）	排名
A	12	1 200	7 200	0.72	9.50+0.72=10.22	2
B	3	300	1 800	0.18	10.00+0.18=10.18	1
C	1	100	600	0.06	10.50+0.06=10.56	3

最后，综合考虑价格、质量和交货时间的因素，评价供应商的运作绩效。交货期长短的不同主要会导致库存成本的不同。同时也要考虑下列一些因素：交货提前期、提前期的安全期、允许的最小采购批量、考虑缺陷零件增加的安全量（补偿有缺陷零件的额外库存）。

$$安全库存：SS=K \cdot s \cdot \sqrt{LT+LTS}$$

式中，K——根据可得性（95%）确定的系数，取 $K=1.64$；

　　　　s——标准偏差，在这里取 $s=80$，即每周对零件数量的需求偏差为 80 件；

　　　　LT——交货提前期；

　　　　LTS——交货提前期的安全期。

下面以供应商 A 为例计算库存相关费用。给供应商 A 设定的安全库存为

$$SS=1.64 \times 80 \times \sqrt{6+2}=371（件）$$

供应商 A 要求的订货批量为 2 500 件，由订货批量引起的平均库存为 $2\,500 \div 2=1\,250$（件）。

用于预防有缺陷零件的额外库存是根据缺陷率和零件的总的库存计算的，即 $(371+1\,250) \times 12\%=194$（件）。

选择供应商 A 需保有库存物资的价值为 $(371+1\,250+194) \times 9.50=17\,242$（元）。

与零件库存有关的库存维持费用按库存价值的 25% 计算，计算结果见表 6-10。

表6-10 按与零件库存有关的库存维持费用计算结果排序

供应商	安全库存/件	订购批量引起的平均库存/件	零件缺陷导致的额外库存/件	总的库存/件	总的库存价值/元	库存持有成本/元	单位零件成本/（元·件$^{-1}$）
A	371	1 250	194	1 815	17 242	4 310	0.43
B	435	2 500	88	3 023	30 230	7 557	0.76
C	186	100	3	289	3 034	759	0.08

根据价格、质量成本、单位零件库存持有成本的综合评价结果见表6-11。

表6-11 根据价格、质量成本、单位零件库存持有成本的综合评价结果　　单位：元/件

供应商	价格	质量成本	库存持有成本	总成本	排序
A	9.50	0.72	0.43	10.65	2
B	10.00	0.18	0.76	10.94	3
C	10.50	0.06	0.08	10.64	1

（3）结论。通过对三家供应商的供货运作绩效的综合评价，在价格、质量、交货时间及订购批量方面，供应商C最有优势，最后选择供应商C为供应链上的合作伙伴关系。

子任务3 熟悉供应商评估作业流程

知识窗：供应商评估作业流程如图6-4所示。

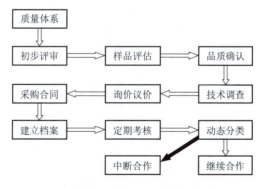

图6-4 供应商评估作业流程

子任务4 掌握供应商的管理

知识窗1：

双赢关系已经成为供应链企业合作的典范，因此，对供应商的管理就应集中在如何和供应商建立双赢关系以及维护和保持双赢关系上。

知识窗 2-1：信息交流与共享机制

（1）在供应商与制造商之间经常进行有关成本、作业计划、质量控制信息的交流与沟通，保持信息的一致性与准确性。

（2）实施并行工程。制造商在产品设计阶段让供应商参与进来，把用户的价值需求及时地转化为供应商的原材料和零部件的质量与功能要求。

（3）建立联合的任务小组解决共同关心的问题。

（4）供应商和制造商工厂互访。

（5）使用 EDI/Internet 技术进行快速的数据传输。

知识窗 2-2：供应商的激励机制

要保持长期的双赢关系，对供应商的激励是非常重要的，没有有效的激励机制，就不可能维持良好的供应关系。在激励机制的设计上，要体现公平、一致的原则。

知识窗 2-3：合理的供应商评价方法和手段

要进行供应商的激励，就必须对供应商的业绩进行评价，使供应商工作不断改进。没有合理的评价方法，就不可能对供应商的合作效果进行评价，这将大大挫伤供应商的合作积极性和合作的稳定性。对供应商的评价要抓住主要指标或问题，比如交货质量是否改善了，提前期是否缩短了，交货的准时率是否提高了等。通过评价，把结果反馈给供应商，和供应商一起共同探讨问题产生的根源，并采取相应的措施予以改进。

任务实训

从"四大名著"看供应链管理的思想

以小组的形式提交小论文，撰写要求如下：

1. 分组进行，每组 4~5 人（必须要有异性同学），抽签决定做具体不重复 4 个项目的小论文（方式：抽签决定。老师事先做好分别标记 1~9 的小纸签 4 份，学生代表抽签，如抽到重复数字的签，则作废，将重复数字的签放回到等待抽的一堆签当中去，再抽一次，直到 4 个不同数值的签；数字 1~9 对应教材的"项目"）。

2. 自行决定选择哪部"四大名著"与教材的某一段落，但必须这两者之间要有紧密的逻辑联系。

3. 小论文包括标题（4 号字，宋体）、四部分的正文与附件。

4. 正文第一部分"1. 供应链管理的知识"，内容必须是教材里面的，字数控制在 100 字以下。

5. 正文第二部分"2.《××××》第××回故事情境"，内容必须是"四大名著"里面的，字数控制在 200 字以下。

6. 正文第三部分"3. 我们的理解"，内容必须是至少 4 个点/段，点/段之间的文章字数大体匀称；控制在 900~1 200 字符数。

7. 正文第四部分"4. 给我们的启示"，内容字数控制在 80 字以内，必须是至少五个提纲式、浓缩的短句，短句间的字数大体匀称。

8. 附件中至少包含如下信息：专业、年级与班级，组别（如第 5 组），以及组长姓名、组员姓名、完成的时间、指导老师姓名。

9. 大标题必须醒目，四个小标题与正文的字体要区分，四个小标题之间的字体大小要一致。

10. 所有提交材料的文本内容必须要在一张 A4 纸上打印（可以通过调整字体、页边距、页眉页脚、文档网格、段落设置等来进行），正文字体为 5 号宋体。

11. 所撰写 4 个项目的小论文的时间间隔，要求至少 10 天。

思考题

1. 供应链合作关系的特征有哪些？
2. 建立供应链合作伙伴关系的重要意义是什么？
3. 供应链合作伙伴的发展为什么"可以降低交易成本，加大供应链的整体长期利润"？
4. 供应链合作伙伴成本能够给制造商/买主、供应商/卖主及双方带来什么利益？
5. 简述选择供应链合作伙伴的方法。
6. 选择供应链合作伙伴有哪些步骤？
7. 建立供应链合作伙伴关系需要注意什么问题？
8. 在供应链合作伙伴的评价与管理中，影响要素和选择供应商的评估方法分别是什么？
9. 供应商评估作业流程有哪些？

学习评价

考核项目	计分标准	得分	备注
考勤情况 （10 分）	缺课一次，扣 1 分；累计缺课达到总课时的 1/3，取消考试资格		
作业完成情况 （10 分）	原则上全班前 3 名，为满分 10 分，4~6 名，为 9 分，以此类推；如果某个分数相同的同学较多，则该分数为一个得分数值，后续，则再后推。举例：全班 100 分 1 人，99 分 2 人，98 分 10 人，则 100 分与 99 分的同学为 10 分，98 分的同学为 9 分……		
学习积极参与度情况 （40 分）	授课老师根据所提问题的难易程度，事先发布学习积极参与度完成的"悬赏分值"，第一个站立正确回答完毕的学生，得到"悬赏分值"，学生站立回答，不需要得到老师的许可；回答错误，不扣分。 　　原则上全班前 3 名，为满分 40 分，4~6 名，为 39 分，以此类推；如果某个分数相同的同学较多，则该分数为一个得分数值，后续，则再后推		

考核项目	计分标准	得分	备注
小论文完成情况 （40 分）	以小组的形式完成；组长根据组员的工作程度，给予分配权重系数，小组的总权重系数为人数之和。举例：小论文完成得分为 80 分，张三的权重系数为 0.9，李四的权重系数为 0.8，王二的权重系数为 1.1，钱五的权重系数为 1.0，赵六的权重系数为 1.2，那么小论文完成得分分配到小组组员的分数为：张三 80 分×0.9＝72 分，李四 80 分×0.8＝64 分，王二 80 分×1.1＝88 分，钱五 80 分×1.0＝80 分，赵六 80 分×1.2＝96 分。 　　原则上全班前 3 名，为满分 40 分，4~6 名，为 39 分，以此类推；如果某个分数相同的同学较多，则该分数为一个得分数值，后续，则再后推		4 篇小论文的分数分别计入对应项目
其他加扣分情况	有一次正能量的事情，加 1 分；有一次负能量的事情，扣 1 分；加扣分可以互抵		
总成绩	教师签字		
举例说明：马三同学本项目学习评价：考勤 10 分，作业完成情况 9 分，学习积极参与度情况 36 分，小论文完成情况 35 分，其他加扣分情况加 3 分，该同学本项目学习评价：10 分+9 分+36 分+35 分+3 分＝93 分。			

项目七

供应链业务流程重组

❖ 学习目标

【知识目标】认识业务流程重组产生的原因，理解业务流程重组的定义、核心内容和特点，了解供应链流程整合的障碍，认识供应链整合模型，理解供应链管理环境下的企业组织与业务流程的主要特征。

【技能目标】熟悉基于供应链管理模式的企业业务流程模型，掌握供应链管理业务流程重组。

【素养目标】培养学生迎难而上的意志品质和创新思维，树立共赢理念、清正廉洁、遵规守纪的职业道德，养成公平公正、团结协作的工作作风。

❖ 思维导图

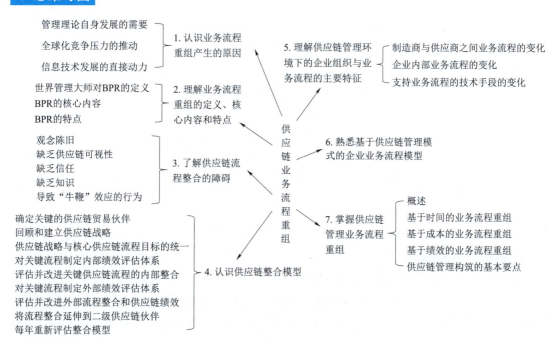

❖ 导入范文

从《三国演义》看供应链管理的思想

1. 供应链管理的知识

在教材"业务流程重组产生的原因"中，有如下表述：

业务流程重组产生和发展的动力，不仅来源于管理理论自身发展的需要，而且，全球化竞争压力和信息技术发展都推动着业务流程重组技术的发展。

2.《三国演义》第一百二十回故事情境

自此三国归于晋帝司马炎，为一统之基矣。此所谓"天下大势，合久必分，分久必合"者也。后来后汉皇帝刘禅亡于晋泰始七年，魏主曹奂亡于太安元年，吴主孙皓亡于太康四年，皆善终。后人有古风一篇，以叙其事曰：高祖提剑入咸阳，炎炎红日升扶桑；光武龙兴成大统，金乌飞上天中央。

3. 我们的理解

（1）业务流程重组产生和发展的动力不仅来源于自身发展的需要，竞争压力和信息技术都推动业务流程重组技术的发展。

（2）历史上的分分合合都是有它的发展趋势的，根本原因是生产力的发展和人类社会发展的固有规律。

（3）信息技术的能动力量和支持作用会促进业务流程的重组。

（4）合久必分，意味着一切都是动态的，在不断变化的环境中，一切都是短暂的，因此需要更有效地利用时间，确保有效地利用所有资源，以达到最大的效益。

4. 给我们的启示

（1）我们要尊重事物发展规律，不可过度干预。

（2）讲求团队精神，合力大则人心思合。

（3）合适的竞争，可以促使产品升级，提高产业水平。

（4）要善于指出同伴的缺点，进而向优势发展。

（5）方法，可以使我们更有效地解决各种问题。

21级现代物流管理2班

组长：郭洪洪

组员：朱贞雅、李丽、雷昌燕、江宗帆

完成时间：2023年4月5日

指导老师：杨国荣

从《三国演义》看供应链管理的思想

1. 供应链管理的知识

在教材"供应链流程整合的障碍"中，有如下表述：

在贸易伙伴之间的成功整合需要信任。除了观念陈旧和缺乏信息可视性，缺乏相互信任也被视为供应链管理中的一个主要绊脚石。在供应链合作伙伴当中，当你赢得了信任，你也就在某个业务领域赢得了名誉。虽然这种观点是老生常谈，但相互信任的关系的确会带来双赢的结局，或者是合作伙伴之间多赢的结果。

2.《三国演义》第十七回故事情境

在三国时期，曹操的手下有一个知名的谋士，名叫郭嘉。郭嘉是一个非常有远见和谋略的人，他深得曹操的信任。然而，在那个充满战争和背叛的年代，信任并不是一件容易的事情。有一次，曹军在行军途中遭遇了敌人，双方展开了一场激烈的战斗。由于敌军数量众多，曹军陷入了困境。在这个危急关头，郭嘉提出了一个大胆的计划：他建议曹操暂时撤退，以保存实力，等待时机反攻。然而，这个计划遭到了其他谋士的反对。他们认为郭嘉的建议过于冒险，可能会使军队遭受更大的损失。在这个时候，曹操面临着艰难的选择：他应该相信谁呢？经过深思熟虑，曹操最终选择了信任郭嘉。他决定采纳郭嘉的建议，暂时撤退。在经过一段时间的休整后，曹军成功地反击了敌人，取得了胜利。

3. 我们的理解

（1）信任是合作的基石，没有信任就没有合作，信任是一种激励，更是一种力量。在供应链合作伙伴关系中建立互信关系同样重要，只有当对方能够相互信任，尊重彼此的利益时，才能够有效合作，共同应对市场挑战，更有动力去应对各种挑战和困难。

（2）在供应链中信任也需要智慧和理性，只有正确的判断才能使我们做出正确的决策，在供应链中供应链伙伴的选择是至关重要的一环，选择什么样的供应商取决于自身需要的条件。

（3）信息共享和决策支持的机制对供应链管理来说是至关重要的，它可以帮助决策者及时了解供应链中的问题和挑战，并做出相应的调整和应对措施。在与供应商合作时，考虑双方利益，寻找共同利益价值，建立合作共赢关系。

（4）应急响应和风险管理的能力对供应链管理来说也是非常重要的，它可以帮助组织应对不可预见的供应链干扰和风险，以确保供应链的稳定运作。

4. 给我们的启示

（1）信任是一种珍贵的品质，能够激发出人们内心深处的勇气和力量。

（2）信任也需要智慧和理性，只有真正的判断，才能使我们做出正确的决策。

（3）需要学会珍惜彼此间的信任，以便在我们的生活中发挥出更大的价值。

（4）建立供应链企业之间信任的关键是完善合作伙伴选择机制。

（5）信任建设至关重要的是选择合作伙伴时的准确性和可靠性。

22 级采购与供应管理 1 班

组长：林海燕

组员：胡小妹、黄思蕊、郭丽平、潘婷婷、肖智强

完成时间：2023 年 11 月 19 日

指导老师：杨国荣

任务 1　认识业务流程重组产生的原因

知识窗：业务流程重组产生和发展的动力，不仅来源于管理理论自身

三顾茅庐

发展的需要，而且，全球化竞争压力和信息技术发展都推动着业务流程重组技术的发展。业务流程重组产生的原因见表7-1。

表 7-1   业务流程重组产生的原因

业务流程重组产生的原因	管理理论自身发展的需要	现代管理理论的基本特点
		科层组织理论带来的弊端
		管理革命的表现
	全球化竞争压力的推动	顾客
		竞争
		变化
	信息技术发展的直接动力	信息技术的能动力量
		信息技术的支持作用

子任务 1   认识管理理论自身发展的需要

知识窗 1：现代管理理论的基本特点

现代企业组织形式及相应的管理理论的基本特点可以概括为两点：强调将可重复的产品生产经营活动分解成一系列标准化和序列化的任务，并分配给特定的执行者，以降低单位产品的劳动成本和设备成本并提高生产效率；强调由特定的管理层来监督和确保执行者有效地完成任务，进而形成各种职能部门和自上而下递阶控制的金字塔状的科层组织结构。毫无疑问，在企业以大量制造标准化产品为目标的前提下，体现专业分工精神的企业组织所采用的分解和再分解形式，将整体分解为部件，部件再分解为元件，并通过每一步骤规范化、简单化和各个元件的最优化生产，来实现产品整体的最优化生产和生产成本大幅度下降的做法是非常有效率的。但是，在企业使命随着社会进步而发生变化之后，再从满足顾客需要的角度，认真考虑这种企业组织形式的效率和效果时，其无法满足顾客需要的弊病便会暴露无遗。

知识窗 2：科层组织理论带来的弊端

过细的专业分工导致人们将工作重心放在个别作业的效率上，而忽视整个组织的使命。同时，职能部门间的利益分歧往往使个体的短期利益凌驾于组织发展目标之上，产生"只见树木不见森林"思维僵化的本位主义和管理的"真空地带"，从而弱化整个组织的功效。科层组织理论的控制方式和等级结构，决定了它受有效管理幅度原则的限制，即当组织规模扩大到一定程度，必须通过增加管理层次来保证有效领导。科层制中组织层次过多首先会引起沟通成本的剧增，并且随着企业规模的扩大，延长了信息沟通的渠道，从而增加了信息传递的时间，可能会导致延误时机和决策过程失误。由于指挥路线过长，上下级关系不确定，会造成管理上的"真空地带"，遇到问题无人负责。其次，在科层制管理体制下，各个单位、部门往往会精心构思自己的行为，使自己的目标凌驾于整个组织的目标之上。这种分散主义和利益分歧，或许能够实现局部利益的提高，但却弱化了整个组织的功效。再次，科层式企业组织形式作为劳动分工专业化和层级组织理论的结合体，决定了它是本着物质流动的需要而建立起来的组织形式，相应的，科层式企业组织中的职能部门成为实现物质流动的重要载体。当物流日趋复杂化而需要用信息流来取代某些物流的作用，并渐渐支配和主导了物流的运动时，企业就迫切需要打破原有组织形式中人为设定的市场、设计、生产、财务、销售、人事等职能性工作之间的分工界限的围墙，逐步建立一个面向顾客，集市场、财务、销售等于一体的有机企业组织形式。

显然，在原有的科层组织形式框架之内进行修修补补，是难以达到彻底改变上述弊端的目标。那么，管理变革的方向到底在哪里呢？业务流程重组正是要针对企业内部各部门不合理地分割与肢解一项产品或服务所造成的效率下降和权责不明问题，试图用"以流程为导向的企业组织"来取代"以职能为导向的企业组织"的思路，来改变这种经营不良的状态。

知识窗3：管理革命的表现

美国乔治·华盛顿大学管理学教授、世界未来学会理事威廉·哈拉勒在《无限的资源》中指出：世界各国的企业正在经历以知识为基础的"革命"。这种革命将创造出生产力更高、盈利能力更强的新型企业。企业所处的时代背景和竞争环境发生了根本性变化，企业为了生存和发展，必须要进行一场新的管理革命。主要表现在以下几个方面：

（1）技术创新速度不断加快。在工业经济时代，技术创新具有一定的阶段性。产品变化相对稳定，企业可以将产品生产分解再分解，使生产的每一步骤规范化和简单化。并通过规模化大生产降低生产成本，获得市场竞争优势。

与工业经济时代相反，知识经济时代的目标是创新：创造能带来更高利润的产品，或者用新的工艺把部件组成优质低价的产品。工业革命便是从蒸汽机开始，经过如汽车和电灯等创新的结果。但是知识经济时代的创新与工业经济时代的创新完全不同。在工业经济时代，创新没有计划，带有很大的偶然性。导致工业革命的创新及其对社会经济的影响，出乎预料，令人惊讶。知识经济时代的创新，则是有计划的常规活动。在工业经济时代，创新一般来自杰出的个人。知识经济时代的创新，则主要是集体合作的产物，极少有单独个人的创新。在工业经济时代，创新一旦完成，长时期较少变化，而知识经济时代的创新是连续出现的。

知识经济依靠无形资产的投入，实现可持续发展的前提主要依靠全球经济一体化。如国际化大市场和互联网。

（2）企业竞争优势来自创新。在工业经济时代，企业竞争优势来自对效率的追求。因为在存在竞争的情况下，成本最低的生产便会取胜。但在知识经济时代，企业竞争优势来自对创新的追求。首先或早期生产新产品、使用新工艺或提供前所未有的服务，可以获得一定时间的垄断利润，从而获得市场竞争优势。

（3）产品生命周期不断缩短。在知识经济时代，那种"生产什么就卖什么"的时代已经一去不复返了。如今的"买方市场"使顾客的选择范围大大拓宽，也使消费者对产品的期望值不断提高。他们不再满足于合理的价格，而且还要追求产品的个性化，企业往往要根据顾客的需求"量体裁衣"。这样必然形成多品种、小批量的订单，使得企业无法继续享受规模经济的效益。同时，市场竞争加剧，大量的替代产品使得任何一家企业都无法垄断市场，而贸易壁垒的取消还意味着顾客不仅可以从国内产品中，还能从国外产品中寻求最佳利益，于是顾客不再有为某一种产品而长时间等待的耐心了。面对产品生命周期不断缩短的竞争压力，企业如果不能及时对市场需求变化做出快速响应，不能在短时间内开发、生产、销售产品，企业就会被淘汰出局。

（4）竞争更加激烈。知识经济是在市场条件下产生和发展的，同时又作用于市场，引发传统市场的深刻变革。如网络经济已经成为市场的新特征，电子商务将会引发传统市场的变革；日益发展的跨国公司形成"你中有我，我中有你，既互相合作，又彼此竞争"的新局面。一方面，随着不可逆转的全球经济一体化的发展，企业已经进入国际化发展空间，任何企业都要承受国际化企业发展的竞争压力。另一方面，如雨后春笋般出现的中小型企业，从事着灵活多变的专业化生产或服务，并以低成本运营，给高成本运营的规模化企业造成直接的竞争威胁。

工业经济时代依赖完善的基础设施，而知识经济时代依赖生机勃勃的"信息结构"。这个信息结构不仅依赖以计算机为核心的技术进步，从并行处理到互联网，同时依赖人们态度和观念的转变。

子任务 2　理解全球化竞争压力的推动

知识窗 1：全球性资源自由流动和新技术革命，使得任何一个国家的顾客不仅可以从本国产品还能从国外产品中获得满足，这大大加剧了竞争环境的激烈程度。如今，世界上每一个具有潜力的区域市场，只要存在足够的利润空间，随时都会有大量各种不同的企业涌入，并迅速分割市场。

日趋明了的世界市场自由贸易与全球经济一体化的发展趋势，加速了企业外部经营环境中各种不确定因素的暴涨，并对企业提出了快速响应和弹性运营的变革要求——这就是人们通常所说的关系企业生存与发展的"3C"因素。

知识窗 2-1：顾客（Customer）

20 世纪 80 年代初期至今，买卖双方的关系发生了重要变化，现在完全是"买方市场"，顾客主宰着买卖关系，顾客选择商品的余地空间大为扩展。因此，怎样使顾客满意，就成为企业奋斗的目标和一切工作的归宿。

知识窗 2-2：竞争（Competition）

以往那种凭借物美价廉的商品，就能在竞争中稳操胜券的简单竞争方式，已经被多层面全方位的竞争方式——"TSCQ"（T：按合同及时交货或确定新产品上市时间；S：售前咨询服务及售后维护升值服务；C：成本；Q：质量）所取代。谁能提供独特的产品和优质的服务，谁就能赢得竞争。自第二次世界大战以来，世界经济从国际化向全球化演变的趋势日益明显。东南亚经济危机能由一个国家引发而迅速波及整个东南亚，并进而对全球经济构成重大影响，就是这种全球经济一体化的具体反映。全球经济一体化使得原本激烈的市场竞争变得更加激烈。如今，几乎任何一家公司都能感受到来自市场环境的竞争压力。

知识窗 2-3：变化（Change）

在顾客和竞争两股力量演变的背后就有变化的影响，信息时代加快了变化的节奏。

正是由于这三股力量的影响，企业家们必须寻求获得新的、突破性的生存之路。由于上述三股力量对企业的影响如此深远，现代企业实际上已经很难再按照亚当·斯密制定的商业规则从事商业活动了。企业为了寻求持续的增长，势必借助于新的商业规则。于是，业务流程重组应运而生，并成为世界范围内的浪潮。

子任务 3　理解信息技术发展的直接动力

知识窗 1：信息技术的能动力量

回顾人类历史，从劳动中产生并发展起来的技术革命，始终是推动社会进步的重要力量。但在新的经济环境里，信息日渐取代以往物资形式的各种资源，在现代社会的大生产流通与消费循环中占据支配性的强势地位，并拥有了前所未有的通向财富和价值的顺畅通道。特别是在新技术所创造的新形式的激烈竞争中，信息技术不仅是提高企业竞争力的工具与手段，更是驱动企业改进业务流程的重要能动因素。信息技术大幅提高了企业的竞争能力，大幅提高了企业竞争的起点。信息技术对企业管理创新起到了如下 4 方面作用：

（1）信息技术是企业参与市场竞争和提高竞争力的工具。

（2）信息技术影响着企业组织机构和运营机制。

（3）信息技术是促进企业面向未来进行创新的催化剂。

（4）信息技术是构筑供应链管理体系的沟通渠道和纽带。

知识窗 2：信息技术的支持作用

从信息技术进步的角度看，信息技术的发展与应用为业务流程重组（BPR）理论的出现提供了强有力的支持。信息技术对业务流程重组（BPR）的产生与推广的意义可概括为以下 4 点：

（1）柔性制造系统、精细生产、准时制造和全面质量管理等多种基于信息技术的先进的制造技术和现代化管理方式日臻完善，为 BPR 打造了实施基础。

（2）应用信息技术武装的员工的整体素质明显提高，是保障 BPR 成功实施的前提条件。

（3）很多企业运用信息技术却无法使其充分释放潜能或信息技术应用失败，也是使企业重视 BPR 的重要原因。

（4）信息技术能够有效地帮助企业实施 BPR。

如果说一个新概念或一种新理论的出现往往标志着时代的变迁，那么，网络经济、知识经济、体验经济、注意力经济和数字经济等新理论的出现；知识管理、信息管理、模糊经营等新理论的问世；知识企业、学习型组织、虚拟公司等新型企业形态的亮相；商业生态系统、数字神经系统、消费者学习等新经营理念的流行；知识工作者、知识总监、虚拟银行家等新企业角色的登台……无不标志着一个崭新经营管理时代已经悄然来临。

任务 2　理解业务流程重组的定义、核心内容和特点

子任务 1　理解世界管理大师对 BPR 的定义

知识窗：

1990 年，管理大师 Davenpon 和 Short 将 BPR 描述成为组织内和组织外分析和设计的工作流程和过程。

1993 年，Michael Hammer 和 James Champy 对 BPR 做了如下定义：业务流程重组就是对企业的业务流程进行根本性再思考和彻底性再设计，从而在成本、质量、服务和速度等方面获得戏剧性的改善，使企业能最大限度地适应以顾客、竞争和变化为特征的现代企业经营

环境。

Talwar 聚焦于通过价值生成和传递，实现工作、管理系统和外部关系的业务结构、过程和方法的再思考、再结构化和流水线。

1994 年，Petrozzo 和 Stepper 相信 BPR 包含流程、组织和支持信息系统的并行再设计，在时间、成本、质量和客户对产品和服务方面获得彻底改进。

Lowenthal 描述了对操作流程和组织结构的根本性再思考和再设计，焦点在组织的核心竞争力上，以便在组织操作上获得戏剧性改进。

子任务 2　掌握 BPR 的核心内容

官渡之战

知识窗 1：在 BPR 定义中，根本性、彻底性、戏剧性和业务流程成为备受关注的四个核心内容。

知识窗 2-1：根本性

根本性再思考表明业务流程重组所关注的是企业核心问题，如"我们为什么要做现在这项工作？""我们为什么要采用这种方式来完成这项工作？""为什么必须由我们而不是由别人来做这份工作？"等。通过对这些企业运营最根本性问题的思考，企业将会发现自己赖以生存或运营的商业假设是过时的，甚至是错误的。

知识窗 2-2：彻底性

彻底性再设计表明业务流程重组应对事物进行追根溯源。对已经存在的事物不是进行肤浅的改变或调整性修补完善，而是抛弃所有的陈规陋习，并且不需要考虑一切已规定好的结构与过程，创新完成工作的方法，重新构建企业业务流程，而不是改良、增强或调整。

知识窗 2-3：戏剧性

戏剧性改善表明业务流程重组追求的不是一般意义上的业绩提升或略有改善、稍有好转等，而是要使企业业绩有显著的增长、极大的飞跃和产生戏剧性变化，这也是业务流程重组工作的特点和取得成功的标志。

知识窗 2-4：业务流程

业务流程重组关注的要点是企业的业务流程，并围绕业务流程展开重组工作，业务流程是指一组共同为顾客创造价值而又相互关联的活动。哈佛商学院的 Michael Porter 教授将企业的业务流程描绘为一个价值链。竞争不是发生在企业与企业之间，而是发生在企业各自的价值链之间。只有对价值链的各个环节——业务流程进行有效管理的企业，才有可能真正获得市场上的竞争优势。

知识窗 3：根据事务成本理论的建议，在等级体系和市场之间一定存在一种平衡，用来最小化事务成本。同样的，在功能结构和流程结构之间也存在一种平衡。每个企业应该能够根据它特有的环境，在根本性、彻底性、戏剧性和业务流程四个核心内容的基础上，调整这种平衡。

子任务 3　掌握 BPR 的特点

知识窗 1：BPR 提供了价值链流程优化的可行手段，它具有如下特点：

知识窗 2-1：以流程为导向

大部分企业是以任务、人力资源或结构为向导。企业实施 BPR 就要打破传统的思维方式，以活动流程为中心实施改造，并注意如下原则：

（1）将分散在功能部门的活动整合成单一流程，以提高效率。

（2）在可能的情况下，以并行活动取代顺序活动。

（3）促进组织扁平化，以提高企业内的沟通效率。

从 BPR 的视点出发，无论企业采用流程重设计观、项目管理观，还是工作流自动化观，都必须关注企业业务流程的优化和自动化，如图 7-1 所示。

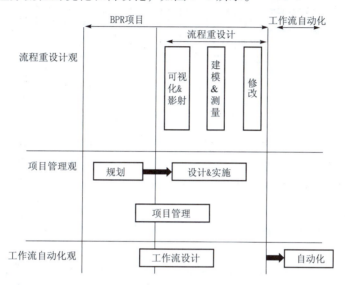

图 7-1　BPR 的视点

知识窗 2-2：目标远大

BPR 要求的绩效提升不是 5% 或 10%，而是 70%~80%，甚至是 10 倍以上的效率，这是 BPR 与全面质量管理等现代管理技术的最大不同。宏伟的目标增加了 BPR 实施的难度和风险，使它成为一项复杂而长期的系统工程。

知识窗 2-3：打破常规

打破常规是 BPR 的一个本质特点。首先要从思想上破除劳动分工等一切传统的管理原则，建立新型的面向市场的管理体制。

知识窗 2-4：创造性地应用信息技术

信息技术是企业实施 BPR 的推动力。正是信息技术的发展与应用，使企业能够打破陈旧的制度，创建全新的管理模式，使远大的目标得以实现。信息技术的应用，确实改善了人们的工作条件，提高了工作效率。信息技术的真正能力不在于它使传统的工作方式更有效率，而在于它使企业打破了传统的工作规则，并创造新的工作方式。因此，BPR 不等于自动化，它关注的是如何利用信息技术实现全新的目标，完成从未做过的工作。

创造性地应用信息技术的目的，在于利用信息技术寻找增值的机会。业务流程重组并不是进行局部修补，而是要从根本上优化业务流程。面对复杂的业务流程，首先需要分解流程、描述和评估流程，分析确认流程缺陷。在流程缺陷分析过程中，主要就是寻找影响价值增值的关键点。根据流程中各个环节重要程度的大小，从大到小地进行重组，并及时评估重组后的流程。

　　明确了流程缺陷，还需要进一步寻找弥补缺陷的技术。信息技术作为业务流程重组技术发展的外在动力，不仅使业务流程构造的价值链获得了增值的空间，而且也不断暴露出信息技术自身的缺陷。可以认为，弥补信息技术缺陷的过程就是业务流程重组的过程，如图7-2所示。

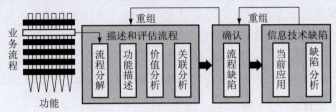

图 7-2　寻找信息技术缺陷的流程

　　从本质上讲，分析企业的基本特征和业务流程重组的关键成功因素，就是寻找信息技术缺陷的过程。企业的业务流程就是在寻找缺陷和消除缺陷的交替过程中，得到不断优化的。因此，业务流程重组应该是一个动态过程。对于这样一个动态系统不仅缺乏可参照的衡量标准，而且也缺乏有效的调控手段，出现了较高的失败率。

任务3　了解供应链流程整合的障碍

　　知识窗：有些因素会阻止外部供应链SCM流程的整合，导致信息失真、更长的周期时间、缺货和"牛鞭"效应，带来更高的整体成本并降低了的客户服务能力。经理们应该发现这些障碍并采取步骤减少它们，提高供应链成员的利润水平和竞争能力。表7-2总结了这些障碍，并在下面逐个进行讨论。

表 7-2　供应链流程整合的障碍

障碍因素		具体表现的说明
观念陈旧		没有看到全局，只是从公司中的单独部门或是供应链中的单独公司角度出发采取行动
缺乏供应链可视性		不能容易地分享或者是重新得到贸易伙伴的实时信息，而这些信息都是供应链参与者所急需的
缺乏信任		不愿意与其他人合作分享信息，担心其他人会从中获取优势或者不道德地使用信息
缺乏知识		缺乏流程和信息系统，公司内部和外部公司管理层和员工缺乏对SCM的知识
导致"牛鞭"效应的行为	需求预测更新	应用变化的客户订单建立和更新预测、生产进度和采购需求
	批量订货	从客户那里接到不常发生的大批量订货，以减少订货频率和运输成本
	价格波动	向买家提供折扣价，导致不确定的购买模式
	定量配给和缺货原理	向买家定量分配所缺货物，促使买家增加订货数量，而这个数量是超出实际需要的

子任务 1　理解观念陈旧

知识窗：

公司常常不能意识到它们的行为对供应链，对长期竞争力和盈利水平有哪些影响。这种"我赢你输"的陈旧观念表现在使用最便宜的供应商，对客户给予很少的关注，对新产品和服务配置很少的资源。最终这样的公司会在质量、成本、运送时间和客户服务等方面制造出对供应链有害的许多问题。

为克服观念陈旧，公司必须将供应链的目标和公司的目标与激励措施相统一。在制定某个职能部门的决策时也要考虑对全公司以及对整个供应链的影响。对公司经理的绩效评估要包括整合内部和外部流程以及满足整体供应链目标的能力。在公司外部，经理必须做工作，教育供应商和客户考虑它们的行为对整个供应链和终端客户的影响。这是建立供应链合作伙伴关系和流程管理的重要内容。最终，对供应商应该每年进行一次评估，如果它们的供应链没有改进的话就要换掉这家公司。

子任务 2　理解缺乏供应链可视性

知识窗：

在供应链中缺乏信息的可视性也是导致供应链整合出现问题的一个因素。如果贸易伙伴的信息不能很轻易地更新和共享，并且不得不花费很长

真假美猴王

时间从它们的 ERP 系统或者原有系统上筛选出有用的数据传递到其他贸易伙伴的系统上进行更新，那么在这上面耽误的时间就意味着丢失终端客户，造成供应链成员间更高的成本。如今供应链软件开发企业正在努力克服这个问题。

无线射频识别（RFID）技术为供应链提供了实时信息的可视性。RFID 标签比 UPC 和条码技术提供更为准确的、针对性更强的和更及时的信息，同时减少了与此相关的人工时间和人为错误。当今的技术部门和使用者协会为 RFID 领域制定了标准和电子产品条码（Electronic Product Code，EPC）。例如，贴在汽车座椅或者是发动机上的 RFID 标签，可以用来收集和交换在制品的信息。另外，有关产品、生产和供应商的信息可以存入标签，用来辅助支持产品担保项目。

子任务 3　理解缺乏信任

知识窗：

在贸易伙伴之间的成功整合需要信任。除了观念陈旧和缺乏信息可视性，缺乏相互信任也被视为供应链管理中的一个主要绊脚石；在供应链合作伙伴当中，当你赢得了信任，你也就在某个业务领域赢得了声誉；虽然

素养之窗

这种观点是老生常谈，但相互信任的关系的确会带来双赢的结局，或者是合作伙伴之间多赢的结果。

《CCIO》杂志是一本专门针对 IT 执行经理和其他执行经理的杂志，有一篇文章将建立合作与信任的建议进行了汇总。

（1）从小处着手。先从一个小范围开始合作，先拿一个小项目，比如说相互通报投资情况。一旦你能看到信任与合作的好处，再开始更大一些的项目。

（2）从内部挖潜。与外部合作伙伴建立信任关系的前提是公司内部能够建立信任关系，消除内部沟通和整合的障碍。

（3）圆桌会议。建立信任的最好方法就是大家面对面地开圆桌会议，倾听别人的反对意见，制定议程，一起午餐，当有人离开或管理层变更时，重新做这些事情。

（4）争取双赢。合作是一种新方法，大的公司不采取威逼的方法对待合作的小公司，而是培育一个环境，让供应链成员的业务最大化。

（5）有所保留。没有人会毫无保留地分享所有信息，有些信息是私人所有的。关于需求、采购和预测信息，即使是简单地交换也会有很长的过程。

（6）现在就做。建立信任的一个最简单的方法就是开始信息共享，如果一切进展良好，成功培育了信任，合作伙伴就可以开始做更大的事情。

子任务4　理解缺乏知识

知识窗：

公司转向协作和流程整合已经许多年了，但直到现在科学技术才算跟上了脚步，使整个供应链范围的流程整合成为可能。企业若想成功管理其供应链，就要花费大量的时间去影响和提高公司的企业文化、信任和整合知识，不仅是针对自己还包括合作伙伴。变革和信息共享会给某些人带来威胁感，他们会担心工作的安全性，特别是将公司的整合外包。

在企业构建供应链信息架构时，它们或许会意识到自己拥有多重ERP系统、一个生产管理系统的框架和桌面分析与设计软件，这些都需要进行内部和外部的整合。公司必须意识到使用系统的公司必须尽早参与整合，包括采购决策、实时流程的设计和培训。

对所有企业来说，成功的供应链管理都需要一个体制来保证持续的培训。当教育和培训缩减时，创新就不会出现，没有创新就没有供应链的竞争优势。人们所犯的错误会在供应链中产生极大的影响，使人们失去信心和相互信任，错误在供应链中传递会导致错误扩大化并产生更大的修复成本。公司应该向员工提供进行分类的学习模型，而不是将所有信息一股脑地塞到一个项目中。行业展会、研讨会和其他一些展示的机会，如前沿解决方案博览会，供应管理协会每年的采购与供应链管理研讨会和统一条码委员会的年度会议都是一些很好的学习机会，可以就供应链管理方面交流想法，收集信息。

子任务5　熟悉导致"牛鞭"效应的行为

知识窗1："牛鞭"效应在供应链中是一个非常普遍且代价高昂的问题，其成因是各家供应伙伴必须加以控制的。即使终端产品的需求是相对稳定的，然而预测和相关的订货会沿着供应链上行而扩大化，导致我们所说的"牛鞭"效应。这个需求的变化导致在能力规划、库存控制、劳动力和生产进度安排方面出现问题，最终导致较低的客户服务水平和较高的整体供应链成本。下面介绍导致"牛鞭"效应的4项主要原因和克服它们的方法。

知识窗2-1：没有进行需求预测更新

当一家公司下了一个订单，卖家用这个订单的信息作为预测将来需求的数据。根据这个信息，卖家更新它们的需求预测并相应调整对它们的供应商的订货要求。当下订单和实现送货之间的时间延长时，包括在订货数量中的安全库存的数量也要随之增加。因此当订货的数量和周期变化时，会导致变动的范围扩大和频繁的需求预测更新。这是导致"牛鞭"效应的主要因素。

解决这个问题的第一个方案就是向公司的供应商提供实际的需求数据。更好的情况是所有销售点的数据可以提供给上游的供应商，所有的供应链成员可以使用相同的信息，减少更新需求预测的次数。这些实际的信息还可以减少供应链成员间的安全库存，甚至减少供应链中订单的变化范围。因此，供应链中信息的可视化也是非常重要的。

解决这个问题的第二个方案是使用 VMI。使用相同的预测技术和购买方法，还会带来供应链成员之间稳定的需求变化。在许多情况下，买家允许供应商了解它们的需求，建立预测，自行决定再供货的时间表，这就是供应商管理库存（Vendor Managed Inventory，VMI）。这种方法可以大量地减少库存。

解决这个问题的第三个方案是缩短供应链的长度。缩短供应链的长度也可以减少"牛鞭"效应的影响，因为这样减少了预测的发生。这方面的案例有戴尔公司、亚马逊公司和其他一些绕过批发和零售，直接面向消费者的公司。这样公司就可以看到最真实的客户需求，进行更加准确的预测。

解决这个问题的第四个方案是减少订货周期。减少订货周期也可以降低"牛鞭"效应。建立 JIT 订货和运送能力，形成小批量多批次的订货和运送，让供给和需求更加贴近。

知识窗 2-2：存在批量订货

在一个标准的买家、供应商环境中，需求消耗着库存，一旦达到补货的临界点时，买家就向供应商订货。库存水平，安全库存以及订购整车、整箱货物的急切程度，决定货物是一月订一次还是多长时间订一次。因此，供应商只是在某个时间得到一批货物的订单，其他时间则没有任何订货。这种批量订货的办法扩大了需求的变化范围并加重了"牛鞭"效应。另一种类型的批量订货是销售人员为实现季度和年度销售目标，或者是买家为完成年度采购预算而进行订货。这些不确定的、阶段性的消费和生产高峰也加重了"牛鞭"效应。如果这个高峰期对公司的许多客户来说都是相同的，那么"牛鞭"效应会更加严重。

和预测更新一样，信息的可视化和使用频繁小批量的订货可以减少批量订货带来的问题。如果供应商知道大批量的采购是为了完成支出预算，它们将不会根据这些信息进行预测。而且，如果公司使用自动化的或计算机辅助的订货系统，订货成本减少了，可以帮助公司实现频繁订货。为了克服对整车和整箱订货的需求，公司可以订购很多品种的货物，但每种的数量较少，或者使用货运代理将小批量的货物汇总在一起发运，避免零担运输较高的单位商品成本。

知识窗 2-3：存在价格波动

当供应商有特别的促销活动、数量折扣或其他价格优惠时，这个价格的波动会在很大程度上导致买家提前购买的行为，通过库存来享受这种低价。提前购买的行为发生在零售商与消费者之间、批发商与零售商之间、生产厂家和批发商之间，可以发生在供应链有价格优惠的任何一个环节。这些都造成了不稳定的购买模式和"牛鞭"效应。如果这种价格折扣是经常发生的情况，公司就会在没有折扣的时候停止购买，只有在提供折扣的时候购买，这更加重了"牛鞭"效应。为应付这样的需求波动，生产厂家不得不通过加班和停工来解决这种生产能力的变化，还需要找到新的地方保存库存，支付更多的运输费用，当库存时间较长时还要支付更多的保管成本和货损成本。

解决这个由价格变化带来的问题，很显然的办法就是在供应链成员之间减少价格的折扣情况。生产厂家可以向客户提供统一的批发价格来消除它们提前购买的打算。许多零售商都采取了天天低价的战略，减少促销带来的提前购买行为。同样，买家可以和供应商协商要求提供天天低价而不是促销。

知识窗 2-4：存在定量配给和缺货原理

当需求超过供应商的可供能力时就需要采取定量配给的方法。在这种情况下，供应商可以按照一定的比例将产品分配给买家。如果可供产品占到所订货物的 75%，买家可以分配到它们所订货物的 75%。当买家计算出它们的订货与所供应的货物之间的关系，它们会倾向于多订货，从而让按照一定比例得到的货物能完全满足它们的需要。这个订货战略被称为缺货原理。当然这就进一步加剧了供应的问题，因为供应商以及供应商的供应商都要努力实现高于实际的订货需求。从另一方面考虑，如果生产能力在经过提高后可以满足所有的订货要求，则订货需求会突然降低，甚至低于实际需求，因为买家要清空它们以前的多余库存。这种情况在美国和世界其他国家都发生过，例如石油供给。当消费者意识到短缺马上邻近，当人们用完他们的油桶或者是想储存一批石油的时候，需求会突然增加，这样会制造真正的短缺。当这种短缺发生的时候，供应商很难了解真正的需求，这会导致不必要的生产能力、仓储空间和运输投资的增加。

避免缺货原理发生的第一种方法是卖家根据历史上客户的需求数据进行货物配给。在这种情况下，客户是无法增加它们的订货量的。第二种方法是在生产厂家和客户之间共享生产能力和库存信息，也可以帮助客户减少对缺货的恐惧并避免超出实际需求的虚假订货。第三种方法是和供应商一起分享订货信息，可以让供应商增加供货能力，避免定量配给的发生。

因此，对买家采取的一些定量配给的决策被视为导致"牛鞭"效应的原因之一。随着贸易伙伴应用前面所叙述的战略减少"牛鞭"效应，收集和分享增长信息，供应链中的流程整合也会随之实现。努力分享数据、预测、计划和其他信息的公司可以在很大程度上减少"牛鞭"效应。

任务 4 认识供应链整合模型

知识窗：图 7-3 介绍了供应链整合模型，下面分别介绍。

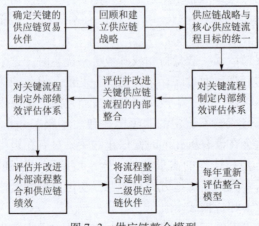

图 7-3 供应链整合模型

子任务 1　认识确定关键的供应链贸易伙伴

知识窗：

对每一家公司的产品和服务而言，确定关键的贸易伙伴对成功地销售和运送产品到客户手中非常重要。但这项工作非常困难和麻烦，特别是供应链中包括许多业务以及公司将这个范围扩展到二级甚至三级供应链伙伴。确定主要的贸易伙伴，可以帮助公司充分利用时间和资源来管理公司的重要业务流程，使供应链运转良好。如果考虑所有非主要或者是辅助的业务，则对成功的供应链管理不利。

根据公司在供应链中所处的位置（靠近最初供应商、靠近最终消费者还是处于中间的某个地方），主要贸易伙伴的网络结构会有所不同。画一张主要贸易伙伴的网络图可以帮助企业决定将哪些业务纳入供应链管理当中。例如，一家有许多核心供应商和客户的公司，为实现对供应链的成功管理就会减少需要整合的流程数量，减少与二级供应商建立关系。

子任务 2　认识回顾和建立供应链战略

知识窗：

管理层每年都必须针对它的每项产品和服务重新回顾供应链的基本战略。如果某项终端产品是基于质量竞争的，那么供应链伙伴也要应用高质量产品战略，同时提供有竞争力的价格和服务。这个战略需要转化成公司内部各功能部门的方针，同时考虑到它们采购的零部件和选用供应商的类型、商店的布局和生产的流程、产品的设计、运输方式、提供的担保和退货的服务、员工的培训方法、使用的信息技术的类型、潜在的可以外包环节的规模。上述每个环节的战略都要调整为支持全局的以质量为导向的供应链战略。

同样道理，如果最终产品是基于成本进行竞争的，那么供应链中的每个成员都要将整体战略和功能部门的战略调整为以采购和生产低成本的中间产品和服务为目标。随着竞争、技术和客户需求的改变，管理层必须及时调整供应链和内部战略以保持竞争力。

子任务 3　认识供应链战略与核心供应链流程目标的统一

知识窗：

一旦关于供应链中每项终端产品的战略明确之后，经理就需要明确连接每家供应链伙伴的重要流程，并建立流程的目标，以确保每家公司所提供的资源和努力是有效配置的，能够支持整体的终端产品战略。核心流程以及用来整合、管理供应链伙伴之间流程的方法，要根据每家公司的内部结构、市场上主导的经济状况、供应链中现有关系的本质而不同。在一些情况下，与一家贸易伙伴最好是整合一项核心流程，而与其他的贸易伙伴则整合多项流程。

8 个核心供应链流程总结在表 7-3 中。

表 7-3　8 个核心供应链流程

流　　程	说　　明
客户关系管理	明确核心客户，按需定制产品和服务，衡量客户的利润率和公司对客户的影响
客户服务管理	为客户提供相关信息，如可用产品、发运日期、订单状态、产品与服务协议的管理

续表

流　　程	说　　明
需求管理	根据公司产出能力考虑客户需求，预测需求并协调生产、采购和分销
订单执行	将公司的市场、生产和分销同步，以满足客户的需求
生产流程管理	确定生产流程需求，以灵活性和周转率的恰当组合来满足需求
供应商关系管理	管理与供应商的产品和服务协议，与核心供应商建立紧密关系
产品开发和商业化	不断开发新产品并将它们投入市场，将流程中的供应商和客户整合在一起，缩短上市时间
退货管理	管理旧货的处理和产品的召回，以及将各种要求打包和尽量减少将来的退货

上述 8 个流程中的每个流程都有自己的目标，用于指导企业建立供应链战略。另外，公司内部各个流程的目标要相一致，有利于公司进行内部流程整合，同时要将所采取的行动与公司资源纳入供应链整体战略中去考虑。例如，如果公司的供应链战略是进行低成本竞争，那么客户关系管理流程中的市场目标就是发现便宜的运送方式，建立供应商管理库存（VMI），并将客户订单处理的流程自动化；生产目标就是采用大包装以适应运输和配送的需要，增加大规模生产的能力，为某个产品寻找总成本最低的生产地点；采购目标就是寻找满足要求的最便宜的物料和零部件，如果可能的话应利用反向拍卖。公司层面则采取和各个核心流程类似的方法，从不同的职能部门抽调人员组成项目小组，来制定公司层面的目标。

子任务 4　熟悉对关键流程制定内部绩效评估体系

知识窗：

企业在可以评估供应链中合作伙伴的绩效之前，必须有能力建立良好的内部绩效评估体系。绩效评估需要和整体的供应链战略和各流程的目标相一致。为了确保各流程支持供应链战略，要使用专门针对每个流程设计的标准对绩效进行持续的评估。

随着很多公司投资于 ERP 系统，它们建立有效的内部绩效评估的能力也随之提高。以道康宁公司为例，管理层成员使用统一的定义和报告模板进行绩效评估，帮助他们找到最好的绩效评估体系以便在全公司推广。

对客户关系管理流程的绩效评估要渗透到公司的每个部门。设计这些评估体系的责任也可以由建立内部职能目标的项目小组来完成。因为在这里的目标是成本驱动的，绩效评估体系也要反映这个标准。对于客户关系管理流程，营销中的绩效评估就是平均运送成本、新 VMI 账户的数量、新 VMI 订货和维持库存的平均成本和在过去的某段时间应用系统进行自动订货的数量。对于生产流程，绩效评估应该包括每批订单的平均包装成本、每次开工的平均日产量和每次订货的平均单位成本。对于采购流程，对客户关系管理目标的绩效评估应该包括每项采购产品的平均采购成本，在某段时间内采用反向拍卖达成的交易占多大比例。每项核心业务流程的绩效评估体系和它们的流程目标会比较类似。这样，关键流程的绩效评估就可以帮助公司跟踪每项流程的执行情况以达到流程目标。

子任务 5　熟悉评估并改进关键供应链流程的内部整合

知识窗：

成功的供应链管理要求公司内部各职能部门之间和外部的合作伙伴之间的流程协调统一。实现企业内部的流程整合要求从原有的条块分割状态转变为项目小组状态，实现跨部门的合作。为达到这一目标，从事推动整合的人员必须有高层的支持、相关的资源并被授权进行有效的组织变革，培育合作的氛围，辅助实现整体的供应链战略。建立跨部门的小组，从而来重塑核心流程目标和绩效评估体系，这是实现内部流程整合的良好开端。

帮助企业实现整合的主要手段是公司 ERP 系统的应用。ERP 系统提供了整个公司的视野，帮助每个部门的决策者及时了解客户订单信息、生产计划、在制品和成品的库存、外部商品的运输、采购订单、内部物品的运送、采购物品的存储、财务和会计信息。ERP 系统连接业务和生产，使各部门之间实现信息共享。因为主要业务流程会涉及每个部门，所以应用 ERP 之后，公司最终变成了以流程为导向，而不再是以前的以部门为导向。公司内部跨部门的信息可视化帮助企业实现了内部的流程整合。

在评估企业内部核心业务流程整合时，公司应该首先勾画出一个容易理解的公司内部供应链。内部供应链或许很复杂，特别是当公司在全球范围内有多个分支和组织架构的时候。因此公司需要明确，制定流程目标和评估体系的项目小组的成员应该来自每一个分支机构和业务单元。这些跨部门的项目小组应该很好地代表公司内部供应链各环节的需求。

一旦公司对内部的供应链有了清晰的认识，就可以开始评估公司内部供应链应用信息的水平。公司有一个独立的、连接各部门的、在全公司范围内应用的 ERP 系统吗？公司各种原有系统都和现有 ERP 系统连接吗？获取辅助决策的信息是否很容易？是否应用数据仓库收集从各部门汇总上来的信息？已经成功进行核心业务整合的公司正在应用全球 ERP 系统和数据仓库进行更好的决策。数据仓库从某地的 ERP 系统和原有系统中收集并存储数据，使用者从数据仓库中提取分析数据，进行决策。

全球范围应用的 ERP 系统允许公司应用统一的数据库进行有关生产、客户和供应商的决策。信息一次性录入，减少录入错误；信息实时提供，信息共享，减少在全公司范围内传递的延误；信息在全公司范围内可视化，使系统的每个用户都可以看到发生的每笔交易。当公司完全替换掉原有系统，应用完全整合的 ERP 系统时；当全公司范围内的跨部门小组建立起来，将核心业务流程与和供应链联系在一起时；当各流程的运营得到监督和提高时，公司就可以在整合的状态下全身心投入核心供应链流程的管理。

子任务 6　熟悉对关键流程制定外部绩效评估体系

知识窗：

在完成前面提到的内部绩效评估的同时，公司还应该建立外部的绩效评估体系，来监控与贸易伙伴在核心供应链流程中的合作。同时，与建立内部评估体系的方法一样，由各主要贸易伙伴代表所组成的项目小组应该设计与供应链战略相一致的评估体系。

合作伙伴应该制定一些以成本为导向的评估体系，贯穿供应链的主要业务流程。对于客户关系管理流程，应该包括平均运送成本、加急订单成本、VMI 维护成本、成品的安全库存成本、退货成本和货损成本。这些评估体系应该和内部各流程的评估体系相吻合，但根据参与公司在采购、生产、分销、客户服务等方面的不同而有所不同。

子任务7　熟悉评估并改进外部流程整合和供应链绩效

知识窗：

公司不断减少绩效不佳的供应商和不好的客户，将更多的努力留给剩下的供应商和客户，与它们建立互惠互利的战略联盟。通过外部流程整合来建立、维护和加强这些关系。当供应链合作伙伴之间的流程整合得以改进时，供应链的绩效也就改进了。当公司的内部流程整合达到一个令人满意的程度时，它们就开始进行外部供应链流程的整合。

供应链贸易伙伴必须关注销售和预测信息的共享，同时还有新产品信息、扩张计划、新流程以及为提高供应链每个成员的利润而开展的市场规划。关注流程整合可以使这些公司更容易合作和分享信息。和内部流程整合一样，组织和制定绩效评估体系的项目小组应作为完成外部流程整合的主要力量。这个小组可以决定供应链流程的目标，以及为实现这些目标而必须共享的信息。一旦每个流程的绩效评估体系制定出来，就可以用这些评估体系来发现流程整合的不足和供应链的劣势。所有供应链的公司都应该阶段性地评估各自的运营和整合水平，并展开合作提高这个水平。

信息的沟通方式在外部流程整合中同样扮演重要的角色。如今通过互联网将买家和供应商的虚拟公司联系在一起是供应链整合的主要方式。供应链沟通技术主要解决如下一些问题：处理公司之间商品的流动、合同的协商与执行、鼓励合作伙伴之间的供应与需求、订货与订单的执行、财务安排和所有要求极高安全性的事项。时至今日，几项标准已经被广泛采用。其他一些公司也都参与建立基于互联网的协作架构，来满足应用现有系统和 ERP 系统进行沟通的需求。

子任务8　理解将流程整合延伸到二级供应链伙伴

知识窗：

随着供应链关系变得更可信赖和更加成熟，供应链软件连接合作伙伴的 ERP 系统和原有系统被广泛应用，下一步的趋势就是要整合二级甚至更下一级的合作伙伴。如今，供应链软件商将系统研制得更容易与其他系统整合，实现供应链合作伙伴之间预测、销售、采购和库存信息的共享。

如今每个软件开发商都想将自己的供应链工具软件更容易地与其他现有系统对接，使公司在供应链的任何一个环节都可收集信息。

在开发这些供应链应用软件之前，整合二级甚至更下一级供应商和客户的工作是非常复杂和耗费时间的。公司可以同二级供应商建立关系并要求一级供应商与这家公司合作，允许这家二级供应商与一级供应商的联盟成员紧密合作解决问题，并帮助二级供应商更好地管理它们的供应商联盟。为保持竞争优势，公司必须既使用先进的信息系统，同时又采用传统方法，与客户、供应商项目小组一起来确定并管理供应链中的二级关系。

子任务9　理解每年重新评估整合模型

知识窗：

考虑到供应链信息系统正以难以想象的速度发展，新的产品、新的供应商、新的市场也都在不断涌现，贸易伙伴应该每年对整合模型进行复查，发现供应链中的变化并及时评估这些变化对整合的影响。新的供应商或者会带来更好的供货能力、更多的分销选择和更好的资源；或者公司重新设计了一个以前的产品，要求采购不同的零部件和供应商的能力；或者公司进入了一个新的外国市场，要求一整套全新的供应链。这些情况都经常出现，并要求公司重新评估它们的供应链战略、目标、流程以及绩效评估体系和整合水平。

任务 5　理解供应链管理环境下的企业组织与业务流程的主要特征

知识窗：供应链管理环境下的业务流程有哪些特征，目前还是一个有待于进一步研究的问题。本节从企业内部业务的变化、制造商与供应商之间的业务关系的变化以及信息处理技术平台三个方面，讨论给企业业务流程带来的变化。

子任务 1　理解制造商与供应商之间业务流程的变化

知识窗：在供应链管理环境下，制造商与供应商，或者制造商与分销商、供应商与供应商之间一般要借助于因特网或 EDI 进行业务联系，由于实施了电子化商务交易，因此许多过去必须通过人工处理的业务环节，在信息技术的支持下变得更加简捷了，有的环节甚至不要了，从而引起业务流程的变化。例如，过去供应商企业总是在接到制造商的订货要求后，再进行生产准备等工作，等到零部件生产出来，已消耗很多的时间。这样一环一环地传递下去，导致产品生产周期很长。而在供应链管理环境下，合作企业间可以通过因特网方便地获得需求方生产进度的实时信息，从而可以主动地做好供应或出货工作。例如，供应商企业可以通过因特网了解提供给制造商配件的消耗情况，在库存量即将到达订货点时，就可以在没有接到制造商要货订单前主动做好准备工作，从而大大缩短供货周期。由于这种合作方式的出现，原来那些为处理订单而设置的部门、岗位和流程就可以考虑重新设计。

子任务 2　理解企业内部业务流程的变化

知识窗：供应链管理的应用，提高了企业管理信息计算机化的程度。从国外成功经验看，实施供应链管理的企业一般都有良好的计算机辅助管理基础，不管其规模是大还是小。借助于先进的信息技术和供应链管理思想，企业内部的业务流程也发生了很大的变化。以生产部门和采购部门的业务流程关系为例，过去在人工处理条件下，生产管理人员制定出生产计划后，再由物资供应部门编制采购计划，还要经过层层审核，才能向供应商发出订货。这是一种顺序工作方式的典型代表。由于流程较长，流经的部门较多，因而不免出现脱节、停顿、反复等现象，导致一项业务要花费较多的时间才能完成。在供应链管理环境下，有一定的信息技术作为支持平台，数据可以实现共享，并且可以实现并发处理，因而使原有的顺序工作的方式有可能发生变化。举例来说，生产部门制定完生产计划后，采购供应部门就可以通过数据库读取计划内容，计算需要消耗的原材料、配套件的数量，迅速制定出采购计划。通过查询数据库的供应商档案，获得最佳的供应商信息，就可以迅速向有关厂家发出要货单。更进一步地，可以通过因特网或 EDI 直接将采购信息发布出去，直接由供应商接受处理。

子任务 3　理解支持业务流程的技术手段的变化

知识窗：供应链管理环境下企业内部业务流程和外部业务流程的变化也不是偶然出现的。我们认为至少有两方面的原因：一是"横向一体化"管理思想改变了管理人员的思维方式，把企业的资源概念扩展了，更倾向于与企业外部的资源建立配置联系，因此加强了对企业间业务流程的紧密性；二是供应链管理促进了信息技术在企业管理中的应用，使并行工作成为可能。在信息技术比较落后的情况下，企业之间、企业内部各部门之间的信息传递都要借助于纸质媒介，制约了并行处理的工作方式。即使能够复制多份文件发给不同部门，但一旦文件内容发生了变化则很难做到同步更新，难以保证信息的一致性。在这种落后的信息处理情况下，顺序处理就成了最可靠的工作方式。现在情况不同了。为了更好地发挥出供应链管理的潜力，人们开发了很多管理软件，借助于强大的数据库和网络系统，供应链企业可以快速交换各类信息。共享支持企业不同业务及其并行处理的相关数据库信息，为实现同步运作提供了可能。因此，实施了供应链管理的企业，其对内和对外的信息处理技术都发生了巨大变化，这一变化直接促使企业业务流程也不同程度地产生了变化。

任务 6　熟悉基于供应链管理模式的企业业务流程模型

知识窗：

在供应链管理环境下，企业间的信息可以通过 Internet 传递，上、下游企业间的供、需信息可以直接从不同企业的网站上获得。这样可以简化上游企业的业务流程，如图 7-4 所示。

从图 7-4 中可以看出，与一般情况下的企业与用户方的业务交往不同的是，处于供应链上的企业（如某供应商）不是被动地等待需求方（如用户或供应链下游的企业）提出订货要求再来安排生产，而是可以主动地通过 Internet 了解下游企业的需求信息，提前获取它们的零部件消耗速度，这样一来就可以主动安排好要投入生产的资源。在这种情况下，生产管理部门具有一定的主动权，销售部门不是生产部门的上游环节，而是和生产部门处于同一流程的并行环节上。在这种流程模式下，减少了信息流经的部门，因而减少了时间消耗。此外，由于流程环节少了，也减少了信息的失真。在本流程模型中，销售部门所获取的信息作为发货和资金结算的依据。

采用这种模式的企业提高了对需求方的响应速度，因此比潜在的竞争对手更有竞争力。由于可以为需求方提供及时、准确的服务，节省了需求方为向供应商发出订货信息而花费的人力和时间，因而大受下游企业的欢迎。

供应链管理环境下的企业间完成供需业务的流程也同样发生了变化，如图 7-4 所示。制造商和供应商之间通过互联网实现信息共享，双方又已建成了战略合作伙伴关系，每个企业在整个供应链中承担不同的责任，完成各自的核心业务。

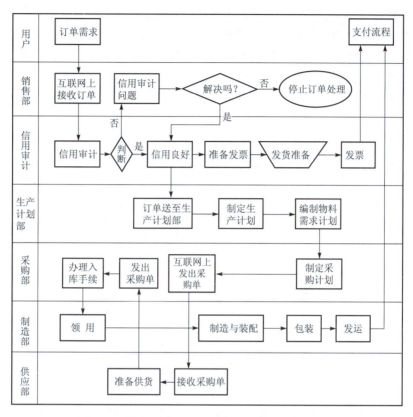

图 7-4　供应链管理环境下跨企业业务的流程模型

任务 7　掌握供应链管理业务流程重组

子任务 1　认识概述

知识窗：

借助于业务流程重组技术，可以进一步优化供应链管理体系，追求高效益和低成本，使企业能够在激烈的市场竞争环境中获得核心竞争力，如图 7-5 所示。

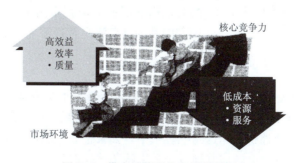

图 7-5　供应链管理业务流程重组

在供应链管理模型中主要包含活动、资源和产品三个基本要素，业务流程重组就是优化活动流程，整合供应链网络中的资源，实现高效益、低成本的产品生产。在供应链体系中，应该打破企业之间的界限，建立包含企业内和企业外活动的优化组合，将企业内的价值链转换成增值能力更强的企业间的价值链。供应链描述了一种联盟结构，即采购企业联盟—生产企业联盟—销售企业联盟，这是一种增值能力更强的价值链，如图7-6所示。

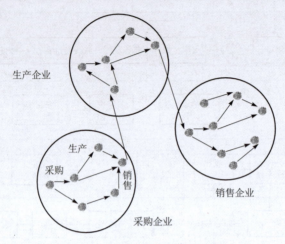

图7-6　供应链中的价值链结构

供应链管理的实践，已经扩展成为一种所有节点企业之间的长期合作关系，超越了供应链初期以短期的、基于某些业务活动的经济关系，使供应链从一种作业性的管理工具上升为管理性的方法体系。供应链管理是一种集成化管理模式，它追求的最终目标是整体结构优化下最大限度地满足客户需要。供应链管理模式要求企业转变经营管理方法，并要求企业进行业务流程重组。

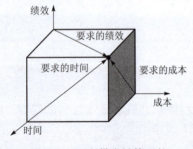

图7-7　面向供应链管理的业务流程重组

供应链管理体系中的价值链，将企业内各个部门的业务流程社会化为供应链的业务流程，供应链像单一企业的价值链一样运转。通过对供应链业务流程的有效管理，获得供应链的竞争优势。

面向供应链管理的业务流程重组项目同其他项目一样，具有时间、成本和绩效三个目标，如图7-7所示。三个目标综合成了供应链业务流程重组的目标，同时也构成了业务流程重组的三个方向。但是，所有的方向都围绕着满足客户需求、实现客户期望的中心。

子任务2　掌握基于时间的业务流程重组

知识窗1： 从规模经济向速度经济的转移，给企业带来了越来越大的竞争压力，最终消费者对于产品的需求越来越苛刻，不仅要求产品有好的质量、低廉的价格、良好的顾客服务，还要求供应链能迅速地将产品送到顾客手中。如果企业不能及时地将满足顾客需求的产品送达顾客，非忠诚顾客就会转向其他竞争者来购买替代产品。

知识窗2-1： 活动的增值率分析

时间是衡量企业运营效率的重要指标，也是速度经济发展过程中着重追求的一种现代观念。因此，企业在实施供应链业务流程重组过程中，首先需要审查供应链各种流程分配时间的方式，分析各个环节增值的时间因素，从而设定企业重组的目标，不要将宝贵的时间花费在没有价值增值能力的环节，因此，需要调整当前时间分配的方式，确定重组的目标以及应达到的状况，如图7-8所示。

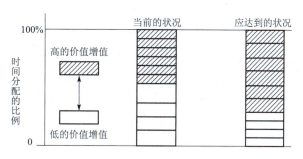

图7-8 确定重组的目标以及应达到的状况

基于时间的业务流程分析就是将企业增值能力低、耗时的活动，从整个业务流程中突出出来，在能力和时间消耗方面寻求平衡，进一步消除或简化这些流程。基于时间的业务流程分析可以描述活动的增值率分析，根据增值率确定各项活动时间分配的优先级，集中时间消耗在具有较高增值率的活动上。

通过对活动的增值率分析，从而获得企业业务流程中的时间价值。如果企业单纯追求时间价值，就需要处理时间约束条件下的资源平衡问题，应用更多的资源来满足时间要求，如图7-9所示。企业补充资源可能来自企业内部，也可能来自供应链节点企业。从而，实现了企业资源和活动的延伸。资源的增加带来了产品成本的增加，这实际上是时间价值的转移，如果缩短的时间价值大于增加源价值，相应的活动就会降低成本。反之，如果缩短的时间价值小于增加的资源价值，相应的活动就会增加成本。

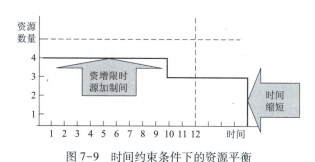

图7-9 时间约束条件下的资源平衡

知识窗2-2：供应链的时间压缩策略

供应链时间压缩策略的应用，能够降低"牛鞭"效应的影响，可以获得更短的提前期、更好的订货控制、更低的库存水平，更加适应现代社会消费者对产品多样性的需求。在供应链采购提前期构成要素中，存在需求信息传播和物流配送两个具有压缩潜力的因素。

1）信息流的时间压缩

信息流不仅包括订货数量信息，还包括反映客户需求的定性信息。在信息流中压缩时间有更大的发挥余地，当然也有更大的风险。有更大的发挥余地是因为信息流与生产工序不同，没有提前期的限制。理论上，通过信息技术，信息可以实时从供应链一端流向另一端。但是，由于非技术上的原因，可能会产生信息滞后，出现信息提前期。因此，更大的风险主要来自缓慢的信息提前期，可能给企业带来巨大的损失。

在传统的供应链中，每个成员得到的需求信息都来源于它的下游企业，而这种需求信息不仅是滞后的，而且，往往不是最终消费者的真实需求，它是经过下游企业成员加工后得到的需求，或者是加上了安全库存，或者根据预测结果修改了需求。买者与卖者之间的敌对关系，也使得下游企业避免让上游企业了解真实的需求信息。因此，在许多供应链中，只有最接近最终客户的供应链成员才能感受到真实的需求。市场信息在供应链上传播的时候逐步受到延迟和扭曲，越是上游的企业，所了解到的需求信息就越不真实。而供应链管理中的真实信息是至关重要的战略资产。供应链中的每个成员都是为了满足最终客户的需求而工作的，每个成员都有权利获得快速真实的客户需求。

为了能在信息流中有效地压缩时间，就要将市场销售数据实时提供给供应链的成员。这样，每个成员可以根据其下游企业订货信息和最终消费者需求信息准确、快捷地进行生产决策和存货决策，有利于企业实现 JIT 生产和零库存，进而减少库存、降低成本。提高信息流运作绩效的主要技术是 EDI 系统和电子商务，可以在供应链上各成员间实现信息共享。但是，信息流的传递还不理想，订货信息扭曲、放大的过程依然存在，许多决策过程中依然存在着阻碍信息传递的障碍。

值得注意的是：尽管两个企业在同一时间获取了相同的市场信息，但是由于理解信息能力上的差别，导致企业的快速反应能力和最终结果大相径庭。另外，如果具有相同快速反应能力的两个企业在获取信息的优势上存在差异，也可以导致企业产生各不相同的竞争力。因此，在时间压缩战略中，信息流的价值主要体现在信息价值的时间性和提取有用信息的能力上。信息共享不等于信息理解，及时有效地理解信息才能获取竞争力。

2）物流的时间压缩

压缩物流渠道主要表现在时间上的压缩，供应链管理中的时间压缩主要集中在企业物流、产品物流和供应链合作伙伴关系中的时间压缩。

（1）企业物流中的时间压缩。物流时间压缩战略的起点是产品的设计阶段，即产品在最初设计时就应该考虑多种产品在物流管理、生产、分销、实际使用中的优化问题。产品的优化设计能有效地推动供应链中的时间压缩战略。如较大比例的产品标准化设计，可以大量减少生产过程中的改动。生产循环时间的压缩也是至关重要的，可以对物流提前期进行压缩。生产循环时间压缩的基本策略和方法主要有：① 消除物流中没有价值增值的工序；② 压缩工序中冗余的时间；③ 在连续的流程中重组工序的连接过程；④ 并行工程方法的运用。

值得注意的是，许多企业只关注内部生产时间的压缩，而忽略物流中其他提前期的压缩，如分销时间的压缩，结果使内部生产中节约出来的时间被分销过程浪费掉了。供应链管理强调整体绩效，主张通过供应链中各成员的积极合作来完成时间压缩战略，每个企业都应积极帮助上、下游企业减少物流流动时间，使整个供应链中的物流时间达到优化和平衡。

（2）产品物流中的时间压缩。供应链各成员实施 JIT 的原则，是成功压缩物流时间的保证。时间工序规划图（Time-Based Process Mapping，TBPM）是一种重要的时间压缩工具，它可以应用图形清晰地表达产品在整个供应链中的时间分布情况，以便发现问题，提高时间压缩效率。

（3）供应链合作伙伴关系中的时间压缩。供应链合作伙伴关系中的时间压缩，主要反映企业间合作时的运输、库存等各种基于时间的优化问题，以及供应链契约问题。可以应用物流控制的 5 项原则：① 只生产能够快速运送给客户并快速收回货款的产品；② 在本阶段只生产下阶段组装所需的组件；③ 最小化原料生产时间；④ 使用最短的计划周期；⑤ 从供货商处小批量购买流程、组装所需的组件，即外包策略。

物流和信息流的时间压缩并不是独立的，只有两者密切合作才能使整个供应链的循环时间最小。物流的时间压缩通常是伴随着开放的信息，而信息流中的时间压缩将直接影响物流的流动。

供应链管理的战略目标是建立一个无缝供应链，无缝供应链要求整个供应链要像一个独立实体一样运作，从而能有效地满足最终消费者的需求。时间压缩策略，对实现这一战略目标是非常重要的。

子任务 3　掌握基于成本的业务流程重组

知识窗 1：降低成本也是供应链管理的重要目标，是提高供应链竞争优势的重要途径。

知识窗 2-1：成本管理与竞争优势

有效降低成本是企业生产经营的目标，也是企业构筑供应链和优化供应链业务流程的目标。但是，在重组供应链业务流程过程中，不能一味地追求成本的降低，避免在降低成本时，损失企业的经济效益增长点和盈利基础。因此，要有计划地协调成本和核心竞争力之间的关系。成本管理和市场联盟之间的关系如图 7-10 所示。

在供应链业务流程重组过程中，成本和市场成为两个基本目标，决策的焦点问题见表 7-4。

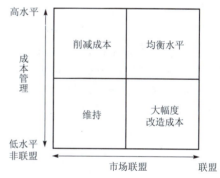

图 7-10　成本管理和市场联盟之间的关系

表 7-4　两目标决策的焦点问题

	决策目标	
	以成本为中心	以市场为中心
焦点问题	（1）控制成本的目标是什么？	（1）市场效益的目标是什么？
	（2）如何降低供应链综合成本？	（2）创造显著市场效益的因素有哪些？
	（3）怎样才能不损害企业核心竞争力？	（3）企业发展的机遇在哪里？
	（4）解决的主要供应链问题是什么？	（4）供应链市场价值的积极作用如何？

知识窗 2-2：策略性和战略性成本管理的内容

在成本管理中，主要包含策略性的成本管理和战略性的成本管理两种方法。策略性的成

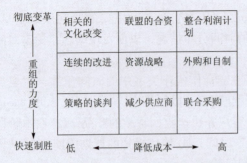

图 7-11 降价—成本降低—成本清除

本管理通过价格浮动和降价来实现，而战略性的成本管理可以借助成本降低和成本清除达到目的。尽管在大范围内主动进行降价、成本降低、成本清除都可以达到降低成本的目的，但是重组的力度是不同的，如图 7-11 所示。

在价格浮动阶段，几乎没有价格控制，高层管理者还没有注重掌握供应链，与供应商依然保持着有冲突的竞争关系。

降价是真正进入成本管理阶段的标志，已经成为有效检验供应商优势和劣势的直接方法。并且降价还需要采用一些策略性的方法，如减少供应商、谈判和成本分析，这将实现供应商价格的部分减少。

成本降低和成本清除明显不同，它们意味着企业要采用更多的战略性成本管理方法，如应用越来越复杂的利润分析方法、供应链业务流程重组和利润计划流程等方法。成本管理的目标是制定完全透明的、共同控制的供应商联合发展计划，从而降低整个供应链的成本。

价格和成本都是调控供应链增值能力和竞争优势的重要杠杆，而且全球化的节约成本抵消了价格的压力，如图 7-12 所示，促使成本在构筑供应链体系过程中发挥了巨大作用。

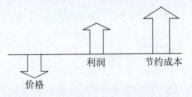

图 7-12 全球化的节约成本抵消了价格的压力

知识窗 2-3：策略性和战略性成本管理的作用

以价格为基础的策略性成本管理和以成本为基础的战略性成本管理的作用是不同的，如图 7-13 所示。战略性的成本管理依赖战略性的伙伴供应商关系和供应链管理来实现，与企业的发展融为一体。

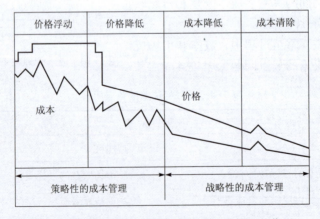

图 7-13 策略性成本管理和战略性成本管理的作用

战略性的成本管理能够有效降低整个供应链体系的成本，在实施过程中，主要采取目标成本管理方法。目标成本管理作为业务流程重组的过程，已经超越了企业内部流程的范围，面向最终客户的需求，有效集成供应商的业务流程，最大限度地满足变化的市场需求。

目标成本管理是由客户真实需求驱动的、是价值传递的核心，客户能够以低于价值的价格来购买商品。企业则可以成功地以很低的价格传递更多的价值给足够多的客户，创造更大的利润。目标成本需要对企业和供应链体系所有的功能进行整合，最大化企业和供应商的价值，可盈利地传递客户价值。

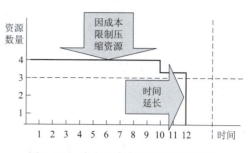

图 7-14　成本约束条件下的资源平衡

在成本压力的驱动下，企业会采取压缩资源的方式，但是资源的压缩会带来时间的延长。因此，需要在时间和成本之间进行平衡，如图 7-14 所示。

子任务 4　掌握基于绩效的业务流程重组

知识窗 1： 以绩效为目标的业务流程重组，就是依据分析、比较获得的重组前后的绩效变化来决定进一步的行为方式。在绩效分析比较过程中，重点考虑标杆的作用和影响。因此，可以从横向和纵向两个不同的角度来分析。绩效分析是建立在绩效评估基础上的，绩效评估的好坏直接影响着绩效分析的能力。

知识窗 2-1： 绩效评估策略

绩效评估是绩效分析的基础。在绩效评估过程中，会产生估算过低和估算过高的现象，使估算绩效偏离实际绩效。如果估算过低，将会使重组成本转移到绩效评估更高的流程上，从而产生无效的计划和错误，引发更高的成本；如果估算过高，根据规律，绩效增加时，消费随之增加，会抬高业务流程重组的成本。

无论绩效评估的结果是过低还是过高，都会导致业务流程重组成本的增加，因此，应采取有效的策略寻找实际绩效和估算绩效的交汇点，提高绩效评估的准确性。

知识窗 2-2： 绩效分析

在绩效评估的基础上，可以应用横向分析和纵向分析策略，综合评判业务流程重组绩效的高低，从而制定相应的重组策略。

（1）横向分析。在重组流程中，绩效评估和绩效分析可以建立在横向分析的基础上，如图 7-15 所示。

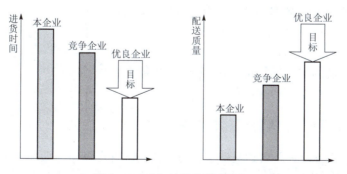

图 7-15　重组绩效的横向分析

在图 7-15 中，分析比较了本企业与竞争企业和优良企业在进货时间和配送质量两个流程上的绩效，特别突出了优良企业作为标杆的作用。

（2）纵向分析。在重组流程中，绩效评估和绩效分析可以建立在纵向分析的基础上，如图7-16所示。

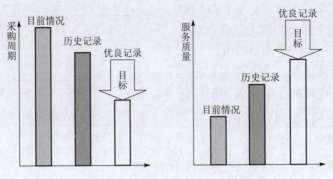

图7-16　重组绩效的纵向分析

在图7-16中，分析比较了企业目前与历史记录和优良记录在采购周期和服务质量两个流程上的绩效，特别突出了企业内部优良的历史记录作为标杆的作用。

知识窗2-3：基于绩效的重组流程

以绩效为轴心的业务流程重组策略，需要对重组流程的绩效进行评估，并比较绩效评估的准确性。通过绩效分析，可以进一步判断对流程重组的结果是否满意，从而做出确定流程的决策，如图7-17所示。

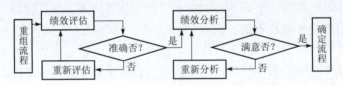

图7-17　基于绩效的重组流程

以时间、成本和绩效为基础的供应链管理业务流程重组，更多地表现为三项标准的综合，从而创造供应链管理业务流程重组的综合效益。在时间约束和成本约束的条件下，将会带来社会资源的最大化应用，从而提高整个供应链体系的绩效，如图7-18所示。

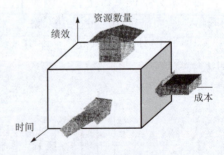

图7-18　时间、成本和绩效的约束关系

在图7-18中描述了时间、成本和绩效的约束关系，时间和成本降低都会带来绩效的增加。

子任务5　熟悉供应链管理构筑的基本要点

知识窗1：在业务流程重组的基础上，构筑供应链管理体系需要考虑更多的因素。美国著名会计师事务所毕马威（KPMG）从企业内和企业外两方面，来说明供应链管理体系的组成。也就是说，真正有效的供应链体系应该建立在企业内部各业务流程重组的基础上，再与其他企业进行协作和融合，才能真正发挥整个供应链的绩效，因此，构筑供应链体系应该注重业务流程重组和管理能力的培养，实现从内到外的发展。具体地讲，首先应该将企业内价值链所包含的采购、生产和销售功能，分解为设计/计划、购入/调配、生产/开发、配送/物流、促销/销售管理、客户服务/市场分析等 6 大功能，并实现这些功能的集成化，只有这样才能逐渐延伸到企业间。因此，在供应链管理构筑过程中，必须明确如下要点：

知识窗 2-1：组织结构和供应链结构

（1）传统的金字塔形的垂直组织结构，主要面对的是推动式供应链。推动式供应链的运作方式以制造商为核心，产品生产出来后从分销商逐级推向客户。分销商和零售商处于被动接受的地位，各个企业之间的集成度较低，通常采取提高安全库存量的方法应付需求变动，增大了企业经营的风险，提高了运营成本，而且，从不同角度的思维方式，必然导致产销矛盾的加剧。整个供应链上的库存量较高，对需求变动的响应能力较差。电子化交易产生了许多局限性，如不能有效地确定对整个供应链商品的开发、物流和销售管理，不能从事有效的信息分析和指导，则会使信息资源管理功能大打折扣。因而，在推动式供应链管理模式中，信息系统不能发挥应有的功能。

（2）随着企业组织结构扁平化的变革，产生了牵引式供应链。牵引式供应链的驱动力产生于最终客户的需求实现定制化服务。采取这种运作方式的供应链系统库存量较低。通过商品分类管理和标准 EDI 的应用，使业务流程不断标准化和规范化。

牵引式供应链虽然整体绩效表现出色，但对供应链节点企业的管理要求和技术基础要求都较高。而推动式供应链方式相对比较容易实施。更重要的是，供应链上滚动着多种产品，不同的产品类型需要不同的供应链类型。因此，可以将推动式和牵引式供应链有效地集成在一起，如图 7-19 所示。

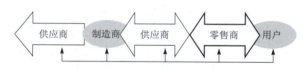

图 7-19　集成的供应链运作模式

集成的供应链运作模式可以针对不同的组织类型，承担供应链的功能，提高供应链应用的范围和柔性。

知识窗 2-2：供应链和物流技术集成

一个功能完善的供应链管理系统，需要将市场营销、物流管理、信息技术和组织创新技术有机集成，以实现快速、有效反应的目标，如图 7-20 所示。

知识窗 2-3：价值链和供应链

供应链体系中的价值链能有效地应对多样化的

图 7-20　供应链集成技术

客户需求，并快速对不同的客户需求做出反应。在价值链形成过程中，必须关注如下几点问题。

（1）由于价值链本身具有的动态性和易变性，核心企业或价值链中关键性的企业必须具有强大的、压倒一切的核心能力，如果特定企业不具备长远的核心竞争力，那么就有可能被排除在价值链之外，从而丧失发展的机遇。

（2）供应链必须培育能对任何不确定性做出敏捷反应的能力。

（3）企业积极推动非核心业务的外包，与供应链节点企业建立长期的战略伙伴关系。

企业内的组织变革逐步向企业间的组织融合转移，企业间的业务流程全面整合。在合作文化和互联网广泛应用的推动下，供应链节点企业之间的信息充分共享，并形成了一对一的营销策略。最终向着供应链和价值链集成的方向发展，实现整个供应链效率的最优化。

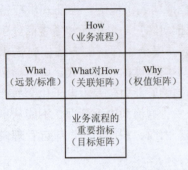

图7-21　核心流程分析矩阵的结构

知识窗2-4：识别关键流程

核心流程分析矩阵的结构如图7-21所示。

（1）What。What是指BPR关心的标准列表。在供应链重组过程中，可能包括战略、功能、物流运输和信息管理观点。

（2）How。How代表了可能需要重组的流程。可以通过重组选择的一个Hows集，获得一个Whats集。竞争优势国际中心将最初的供应链业务流程确定为八个过程。它们分别是供应商关系、客户关系、客户服务、需求、订单执行、生产流程、采购、开发和商业化。

（3）Why。Why定义What相对的重要性。对于每一个标准，它们考虑主要竞争对手和公司自身评估的当前环境。一个典型的集合包含了有关业务观点的全部重要性的列表。相对重要性可以由相对评价值（RV）和调整的标准重要性（ACI）来衡量，可以应用公式：

$$RV＝对自己的当前评估值／对竞争对手的当前平均评估值$$

$$ACI＝标准重要性／RV$$

（4）What对How。通过标识每一个What对How关系水平，生成关联矩阵，从而获得业务流程和业务前景之间的关系，这种关系可以界定为多种水平，如强、中、弱和无。

（5）目标矩阵。每一个业务流程重要性的指数，都可以应用原始重要性指数RI和重要性指数I，通过比较标准重要性C、业务流程和远景之间的关联值CO来进行计算。

通过目标矩阵的建立，相关的业务流程已经形成了一个具有优先等级的重要性指标，从而识别关键的业务流程。

业务流程重组作为一个新的概念，是企业优化业务流程的工具。业务流程重组技术的应用不仅有利于企业调整业务流程中的不合理因素和环节，而且更加有利于实现向管理要效益的目标。更重要的是，一个性能优越的供应链体系只能建立在业务流程重组的基础之上。

任务实训　

从"四大名著"看供应链管理的思想

以小组的形式提交小论文，撰写要求如下：

1. 分组进行，每组4~5人（必须要有异性同学），抽签决定做具体不重复4个项目的小论文（方式：抽签决定。老师事先做好分别标记1~9的小纸签4份，学生代表抽签，如抽到重复数字的签，则作废，将重复数字的签放回到等待抽的一堆签当中去，再抽一次，直到 4 个不同数值的签；数字 1~9 对应教材的"项目"）。

2. 自行决定选择哪部"四大名著"与教材的某一段落，但必须这两者之间要有紧密的逻辑联系。

3. 小论文包括标题（4 号字，宋体）、四部分的正文与附件。

4. 正文第一部分"1. 供应链管理的知识"，内容必须是教材里面的，字数控制在 100 字以下。

5. 正文第二部分"2.《××××》第××回故事情境"，内容必须是"四大名著"里面的，字数控制在 200 字以下。

6. 正文第三部分"3. 我们的理解"，内容必须是至少 4 个点/段，点/段之间的文章字数大体匀称；控制在 900~1 200 字符数。

7. 正文第四部分"4. 给我们的启示"，内容字数控制在 80 字以内，必须是至少五个提纲式、浓缩的短句，短句间的字数大体匀称。

8. 附件中至少包含如下信息：专业、年级与班级，组别（如第 5 组），以及组长姓名、组员姓名、完成的时间、指导老师姓名。

9. 大标题必须醒目，四个小标题与正文的字体要区分，四个小标题之间的字体大小要一致。

10. 所有提交材料的文本内容必须要在一张 A4 纸上打印（可以通过调整字体、页边距、页眉页脚、文档网格、段落设置等来进行），正文字体为 5 号宋体。

11. 所撰写 4 个项目的小论文的时间间隔，要求至少 10 天。

思考题

1. 业务流程重组产生的原因是什么？
2. 管理革命表现在哪些方面？
3. 信息技术对企业管理创新起到了什么方面的作用？
4. BPR 的核心内容是什么？
5. BPR 有哪些特点？
6. 供应链流程整合的障碍是什么？
7. 建立合作与信任的正确方法是什么？
8. 导致"牛鞭"效应的行为有哪些？
9. 核心供应链流程有哪 8 个？
10. 制造商与供应商之间的业务流程有什么变化？
11. 简述供应链的时间压缩策略。
12. 分别简述基于成本和基于绩效的业务流程重组。
13. 供应链管理构筑的基本要点有哪些？
14. 在识别关键流程中，核心流程分析矩阵的关键流程方法是什么？

▶ 学习评价 ▶▶▶

考核项目	计分标准	得分	备注
考勤情况（10分）	缺课一次，扣1分；累计缺课达到总课时的1/3，取消考试资格		
作业完成情况（10分）	原则上全班前3名，为满分10分，4~6名，为9分，以此类推；如果某个分数相同的同学较多，则该分数为一个得分数值，后续，则再后推。举例：全班100分1人，99分2人，98分10人，则100分与99分的同学为10分，98分的同学为9分……		
学习积极参与度情况（40分）	授课老师根据所提问题的难易程度，事先发布学习积极参与度完成的"悬赏分值"，第一个站立正确回答完毕的学生，得到"悬赏分值"，学生站立回答，不需要得到老师的许可；回答错误，不扣分。 原则上全班前3名，为满分40分，4~6名，为39分，以此类推；如果某个分数相同的同学较多，则该分数为一个得分数值，后续，则再后推		
小论文完成情况（40分）	以小组的形式完成；组长根据组员的工作程度，给予分配权重系数，小组的总权重系数为人数之和。举例：小论文完成得分为80分，张三的权重系数为0.9，李四的权重系数为0.8，王二的权重系数为1.1，钱五的权重系数为1.0，赵六的权重系数为1.2，那么小论文完成得分分配到小组组员的分数为：张三80分×0.9＝72分，李四80分×0.8＝64分，王二80分×1.1＝88分，钱五80分×1.0＝80分，赵六80分×1.2＝96分。 原则上全班前3名，为满分40分，4~6名，为39分，以此类推；如果某个分数相同的同学较多，则该分数为一个得分数值，后续，则再后推		4篇小论文的分数分别计入对应项目
其他加扣分情况	有一次正能量的事情，加1分；有一次负能量的事情，扣1分；加扣分可以互抵		
总成绩	教师签字		

举例说明：马三同学本项目学习评价：考勤10分，作业完成情况9分，学习积极参与度情况36分，小论文完成情况35分，其他加扣分情况加3分，该同学本项目学习评价：10分+9分+36分+35分+3分＝93分。

项目八

供应链绩效评价

❖ 学习目标

【知识目标】认识传统的绩效评价指标的不足，了解世界一流的绩效评估体系，熟悉供应链绩效评价指标的原则、特点及作用，熟悉供应链运作参考模型。

【技能目标】掌握供应链绩效评估体系，掌握BSC平衡计分卡，掌握SMM供应链管理成熟度的表现及应用。

【素养目标】养成良好的逻辑思维和全局意识，养成良好的协作精神，树立科学决策的成本意识和责任担当，塑造科学严谨的和团结协作的工作态度。

❖ 思维导图

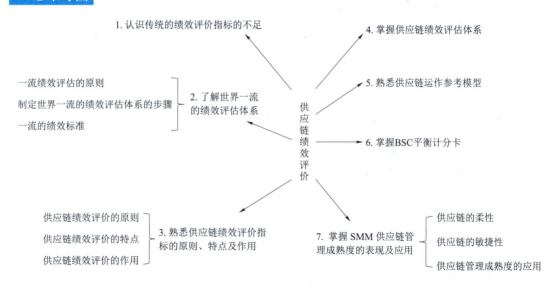

❖ 导入范文

从《水浒传》看供应链管理的思想

1. 供应链管理的知识

在教材"供应链的柔性"中，有如下表述：

供应链管理的目的在于建立具有竞争力的合作机制，形成一个优化的供应链增值体系。具有竞争力的供应链管理体系，应该具有承受成员动态变化、市场需求动态变化、供应链结构动态变化的能力，不应该受到各种环境因素变化的影响。

2.《水浒传》第十六回故事情境

七星聚义，在黄泥冈东十里路的安乐村白胜处安身。梁中书要杨志送宝，杨志不要大张旗鼓，而要扮做客商。并要老都管、两个虞候都听他的，不要在路上闹别扭。一行十五人，出北京城，取大路往东京进发。正是五六月天气，酷热难行，军汉倒地。七个好汉装做贩枣子的小本经纪人，白胜装做卖酒的，八人使计用蒙汗药药倒众军汉，老都管，老虞候。杨志喝得少，起得早，要跳冈自尽。

3. 我们的理解

（1）供应链团队内部人员没有很好的协调。杨志不注意协调好与老都管、虞候的关系，使得本来就对他心存鄙视的老都管公开抵制，这一矛盾的激化就是致命的了。由于杨志等人的路线、装备、所运货物等信息被吴用等人知道，在极大程度上导致了供应链的中断。

（2）团队中的成员配合默契、听从领导的指挥、各司其职，圆满完成了任务。晁盖团队获取对方信息后，结合各种环境、人为因素，制定相应的策略。

（3）企业要想获得供应链的最终成功，必须要做好相关信息的采集、整理与归纳，同时也要做好信息的保密工作，防止被对方获取。

（4）要建立有效的管理机制，加强交流，因为信息只有经过传递交流才会产生效用、使信息增值，还要建立信息交流和共享机制，以便形成信息累积和优势转化。

4. 给我们的启示

（1）要协调好供应链内部人员的关系。

（2）加强组织能力，做好分工准备，明确目标，增强执行力。

（3）激励团队内的成员，鼓舞士气，做到上下齐心。

（4）做好合作互赢，人心齐，泰山移。

（5）懂得借助外界资源来帮助自己。

21级现代物流管理3班

组长：刘临风

组员：彭延锋、李志坤、周雨欣、张新萍、李帅帅

完成时间：2023年4月21日

指导老师：杨国荣

从《西游记》看供应链管理的思想

1. 供应链管理的知识

在教材"供应链绩效评估体系"中，有如下表述：

用于供应链的绩效评估体系，必须有效地连接其供应链里各个贸易伙伴，以便在满足终端客户方面达到突破性的绩效评估体系，也必须要求能够覆盖整个供应链，以确保每个公司都能为整个供应链战略作出贡献，并让终端客户满意。

2.《西游记》第四十回故事情境

行者道："师父错怪了我也。这厮分明是个妖魔，他实有心害你。我倒打死他，我替你除害，你却不认得，反信了那呆子谗言冷语，屡次逐我。常言道：'事不过三。'我若不去真是个下流之徒。我去！我去！一去便去了，只是你手下无人。"唐僧发怒道："这泼猴越发无礼！看起来，只你是人，那悟能、悟净，就不是人？"

3. 我们的理解

（1）供应链伙伴间信任关系是供应链管理的灵魂与基础。正是由于这种信赖关系，双方才不会做出损害对方的事情。

（2）唐僧是这师徒四人中的管理者，他为人谦恭儒雅，温柔敦厚，忠贞笃诚，有君子之风。但他的缺点也很明显，愚善固执，没有风险和危机意识，缺少应变能力。孙悟空的性格中精明、勇猛、善斗、疾恶如仇，较难管理，但是对风险识别也最为敏感。

（3）作为一个合格的领导者，最重要的是沟通能力，具有坚定的信念，不管前方有多少困难，不管前方别人的目光如何，认定了，就要坚持下去。

（4）有人说"管理"是一门艺术。管人之道重要御心，御心之术可是太难了。

4. 给我们的启示

（1）优化供应链结构是提升供应链绩效的重要途径，从而提升供应链的效率和灵活性。

（2）提高供应链的可见性、协同性和风险管理能力，从而提高供应链的绩效。

（3）数字化技术是提升供应链绩效的重要手段，能够显著提升供应链的质量。

（4）企业可以通过加强与供应商的合作，从而实现共赢和共同发展。

（5）注重整体优化和协同协作，以实现供应链的高效、高质量和可持续发展。

21 级现代物流管理 2 班

组长：邓富荣

组员：欧阳燕芳、黄琪、邓佳蓉、阮小丽、贺海鑫

完成时间：2023 年 4 月 12 日

指导老师：杨国荣

任务 1　认识传统的绩效评价指标的不足

知识窗 1：

虽然供应链绩效评价体系不同于传统的企业绩效评价体系，但是，它是在传统的企业绩效评价体系中发展起来的。建立新的供应链绩效评价体

烽火戏诸侯

系，首先必须了解传统的企业绩效评价指标的不足。

多数公司目前所采用的绩效评估体系还是沿用了传统的以成本为基础的财务统计，这些统计结果以年度报告、资产负债表和损益表的形式被递交给股东们。潜在投资者和股东们根据这些信息来制定股票买卖决策，很多公司还以此作为分红的依据。不足的是，财务报告和其他以成本为基础的信息并没有充分反映出潜藏在一个公司生产体系下的绩效，成本和利润信息有可能得到了隐藏或操纵，使绩效看起来比实际情况好得多。旨在促成当前股票价格最大化的决策并不一定意味着将引导公司走向卓越或在今后持续看好。公司的成功有赖于公司将内部的竞争力转换成客户所需的产品和服务的能力，同时还要以合理的价格提供必要的能力、质量和客户服务水平。财务绩效的评估固然重要，但不能充分体现公司在这些财务统计数据以外的能力。

传统的企业绩效评价指标主要是基于功能的，体现在会计、财务指标上，注重的是对过程结果的反映，具有静止的、单一的和被动的特点，不能全面、动态地反映企业生产经营过程中的问题，不能主动进行分析和管理，也不能有机地融合组织的战略目标和战略管理手段。

知识窗2：传统的企业绩效评价指标不适于对供应链运营绩效的评价，其原因在于：

（1）传统企业绩效评价指标的数据来源于财务结果，在时间上比较迟缓，不能反映供应链动态运营情况。

（2）传统企业绩效评价指标主要评价企业职能部门工作完成情况，不能对企业业务流程进行评价，不能科学地、客观地评价供应链的运营情况。

（3）传统企业绩效评价指标不能对供应链的业务流程进行实时评价和分析，而是侧重于事后分析。因此，当发现偏差时，偏差已成为事实，已经造成了危害和损失，并且往往很难加以补偿。

任务2　了解世界一流的绩效评估体系

子任务1　熟悉一流绩效评估的原则

西游记片尾曲
《敢问路在何方》

知识窗：世界上很多公司都试图通过建立并保持一种独特的竞争优势来缓解不断加剧的竞争压力，因此对建立有效的、连接公司战略和运营决策的绩效评估体系的需求也与日俱增。绩效标准必须易懂，易于执行和衡量，才能使公司的经营决策始终指向战略目标的达成；而且这些指标还必须具有灵活性，和公司的目标相一致；那些绩效标准必须在对公司的成功至关重要的方面得到执行。因此，一个有效的绩效评估体系应该包括对外报告用的传统财务信息，以及用来评估公司竞争力并指导公司获得其他期望能力的战略层面上的绩效标准。最后，一个良好的绩效评估体系还应该包括评估"什么对客户来说是重要的？"等指标。这些评估体系会因公司和时间的不同而不同，因为公司的战略会因其产品和供应链的改变而不同。

子任务2　理解制定世界一流的绩效评估体系的步骤

知识窗：制定世界一流的绩效评估体系的步骤如图8-1所示。

素养之窗

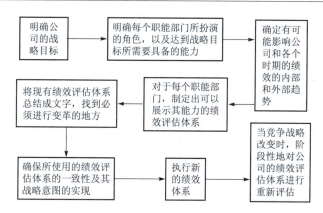

图 8-1 制定世界一流的绩效评估体系的步骤

子任务3 掌握一流的绩效标准

知识窗： 世界一流的公司都会就不同种类产品的质量、成本、灵活性、可靠性和创新性在各个职能部门建立有战略针对性的绩效标准，然后随着问题的解决、竞争和客户需求的改变以及供应链和公司战略的改变，对这些评估体系进行重新评估。表 8-1 所列的绩效评估体系适用于公司里不同职能部门来实现目标，提升公司产品和服务的价值，增加客户的满意度。

表 8-1 绩效评估体系

能力领域	绩效评估体系
质量	（1）生产或采购产品中次品的数量； （2）售出产品中退货的数量； （3）售出产品中要求保修的数量； （4）供应商的数量； （5）从次品检测到纠正的提前期； （6）采用统计过程控制的工作中心的数量； （7）通过质量认证的供应商的数量； （8）申请质量奖的数量，得奖的数量
成本	（1）每个工作中心的废料或废品损失； （2）平均库存周转率； （3）平均启动时间； （4）雇员流动率； （5）平均的安全库存水平； （6）为满足运送日期而要求的紧急订单的数量； （7）由于机器故障出现的停工期

能力领域	绩效评估体系
灵活性	（1）职工所掌握的平均技能的数量； （2）平均生产批量； （3）可提供的客户定制服务的数量； （4）特殊操作或紧急订单所需的天数
可靠性	（1）平均服务响应时间或产品提前期； （2）承诺运送有关事项的实现比例； （3）平均每次运输延误的天数； （4）每件产品的缺货数量； （5）处理一个保修申请所需的天数； （6）工程师和客户打交道的平均小时数
创新性	（1）每年在研发上的投入； （2）流程自动化的比例； （3）引入新产品或服务的数量； （4）生产每个产品所需的操作步骤

任务3　熟悉供应链绩效评价指标的原则、特点及作用

子任务1　熟悉供应链绩效评价的原则

知识窗：

随着供应链管理理论的不断发展和供应链实践的不断深入，客观上要求建立与之相适应的供应链绩效评价方法，并确定相应的绩效评价指标，以客观科学地反映供应链的运营情况。供应链绩效评价指标有其自身的特点，其内容比现行的企业评价指标更为广泛，它不仅代替会计数据，同时还提出一些方法来测定供应链是否有能力及时满足客户或市场的需求。在实际操作上，为了建立能有效评价供应链绩效的指标体系，在衡量供应链绩效时应遵循如下原则：

（1）要对关键绩效指标进行重点分析。

（2）要采用能反映供应链业务流程的绩效指标体系。

（3）指标要能反映整个供应链的运营情况，而不仅仅是反映单个节点企业的运营情况。

（4）应尽可能采用实时分析与评价的方法。因为能反映供应链实时运营状况的信息要比事后分析更有价值。

（5）要采用能反映供应商、制造商及客户之间关系的绩效评价指标。

（6）能够全方位、多角度地反映供应链的竞争优势和竞争能力。

子任务 2 熟悉供应链绩效评价的特点

知识窗：

根据供应链绩效评价应遵循的原则，供应链绩效评价指标主要反映供应链整体运营状况以及上下节点企业之间的运营关系，而不是孤立地评价某一节点企业的运营情况。例如，对于供应链某一供应商来说，该供应商所提供的某种原材料价格很低，如果孤立地对这一供应商进行评价，就会认为该供应商的运营绩效较好，其上层节点企业如果仅考虑原材料价格这一指标，而不考虑原材料的加工性能，就会选择该供应商所提供的原材料，而该供应商提供的这种价格较低的原材料的加工性能不能满足该节点企业生产工艺要求，这势必会增加生产成本，从而使这种低价格原材料所节约的成本被增加的生产成本所抵消。所以，评价供应链运营绩效的指标，不仅要评价某节点企业的运营绩效，而且还要考虑该节点企业的运营绩效对整个供应链的影响。

现行的企业绩效评价指标主要是基于功能的绩效评价指标，如图 8-2 所示，不适用于对供应链运营绩效的评价。供应链绩效评价指标是基于业务流程的绩效评价指标，如图 8-3 所示。

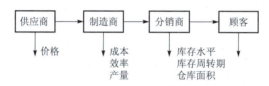

图 8-2　基于功能的绩效评价指标

图 8-3　基于业务流程的绩效评价指标

基于供应链业务流程的绩效评价指标，描述了规划、设计、构建和优化供应链的途径和方法，突出了价值链社会化的增值能力。供应链绩效评价体系的建立，不仅应该考虑供应链管理的物流决策、关系决策和整合决策，还要综合考虑反映了供应链竞争优势的方法。基于供应链关系的绩效评价指标如图 8-4 所示。

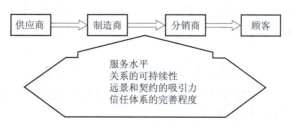

图 8-4　基于供应链关系的绩效评价指标

子任务3　理解供应链绩效评价的作用

知识窗：

供应链管理带来了整体效益，同时，也带来了新环境下如何制定分配机制的问题。正是由于传统的企业绩效评价指标的不完善，许多企业已经从传统的成本会计转为基于活动的成本核算（ABC），基于活动的成本核算记录了企业价值增值过程中发生的成本，并且将价值分析、过程分析、质量管理和成本核算等方法融合在一起。成功地运用 ABC 方法，可以使活动的主体能够迅速地获得相关的成本信息，有效地进行收益率控制。

供应链管理形成了一种跨企业的动态联盟，覆盖了从产品设计到产品消费和废品回收的全过程。供应链节点企业之间的协调运作，有利于供应链整体优化，以缓解日益激烈的竞争压力，集中精力开发高效率、高效益的物流资源，消除整个供应链中不必要的动作和消耗。因此，供应链管理绩效评价不仅需要与企业的激励机制相结合，而且需要协调整个供应链体系的远景和契约机制。

供应链绩效评价指标主要是基于过程的绩效评价指标，综合反映供应链整体运营状况和供应链节点企业之间的运营关系，而不是单独评价某一节点企业的运营情况。绩效评价的最终目的不仅要获得企业或供应链的运营状况，更重要的是优化企业或供应链的业务流程。根据约束理论，绩效评价是寻找约束的重要途径，也是消除约束、优化资源配置的前提。

供应链绩效评价的黏合剂作用，正是通过激励机制而得到供应链各节点企业的重视。供应链体系中的激励机制突破了企业内部的范围，扩展到供应链管理各节点企业的相互激励。激励的依据是绩效评价的结果，各节点企业相互激励是共同进步和利益重新分配的过程，通过谈判建立统一的激励机制标准，或通过客户投票可以实现这一过程。

在供应链之间的竞争代替企业之间的竞争发展趋势的推动下，供应链的整体绩效成为衡量供应链竞争优势高低的一项综合指标，不仅推动了以成本定价格向以价格定成本转移的发展，而且迫使企业按照整个供应链的产品价格核定成本。为了确保整个供应链的可持续的竞争优势，每个节点企业不再以追求自己的企业利润最大化为目标，而是以整个供应链利润最大化为目标。

任务4　掌握供应链绩效评估体系

知识窗1：

用于供应链的绩效评估体系必须有效地连接起供应链里各个贸易伙伴，以便在满足终端客户方面达到突破性的绩效。如果在当地或公司间的层面来讨论世界一流绩效评估体系时，评估体系也必须要求能够覆盖整个供应链以确保每个公司都能为整个供应链战略做出贡献并让终端客户满意。

在一个成功的供应链里，成员们都会一致认同该供应链的绩效评估体系。其关注点应该是为终端客户创造价值，因为客户的满意度决定着所有供应链成员的销售额。当真正开始实施时，供应链就开始朝着胜利进发了。

为了达到前面提到的绩效，必须针对供应链采用特有的评估体系，见表8-2，让贸易伙伴能调节它们特有的绩效来符合供应链的整体目标。下面介绍一些评估方法。

表8-2 供应链绩效评估方法

供应链绩效评估方法	供应链的总管理成本
	供应链的现金到现金流动周期
	供应链的生产灵活性
	供应链的运送绩效
	供应链完美订单的执行绩效
	供应链的电子商务运营绩效

知识窗 2-1：供应链的总管理成本

包括处理订单、采购物料、管理库存以及对供应链财务、计划和信息提供的管理的成本。一流的供应公司将销售额的 4%～5% 作为供应链管理成本，而一般公司的平均支出是5%～6%。

知识窗 2-2：供应链的现金到现金流动周期

是指从支付原材料的货款到收到供应链伙伴购买产品的货款的平均天数（计算方法为：可供应库存的天数+应收账款天数-物料平均付款期）。这一评估体系显示了低库存对现金在公司和供应链里流动速度的影响。领先的供应链公司的现金流动周期大约为 30 天，远远低于一般的公司。这些贸易伙伴再也不把"慢速度付款"看成一种可行的战略了。

知识窗 2-3：供应链的生产灵活性

是供应链成员增加可承受的 20% 计划外生产所需要的平均时间。供应链在既定的财务指标内运营，同时对预期之外的需求变化的快速反应能力。为了对计划外增加的需求做出快速响应，供应链通常采用的一个做法是在当地为供应链伙伴储备一些零部件库存。那些最佳供应链的平均生产灵活性约为一到两周。

知识窗 2-4：供应链的运送绩效

指供应链成员的订单在要求的时间里准时或提前送达的平均百分比。在绩效一流的供应链里，有94%～100%的时间里是按照要求的日期进行运送的。而对一般的公司来说，准时运送约在70%～80%。及时通知客户货物预计到达时间，成了很多供应链电子服务的一项内容。

知识窗 2-5：供应链完美订单的执行绩效

指供应链成员订单的准时送达、完成及无破损的平均百分比。这正在迅速成为运送业务的标准，成为绩效一流的供应链及其成员公司一项重要的竞争优势。

知识窗 2-6：供应链的电子商务运营绩效

指所有供应链成员通过网络下订单的平均百分比。如今，供应链公司都在对网络为基础的订单接收系统、营销战略、采用互联网进行的其他方式的沟通和研究上进行大手笔的投资。

知识窗 3：当这里展示的评估体系和表 8-1 所列的世界一流的绩效评估体系组合在一起时，这些评估体系就可以帮助供应链的贸易伙伴向供应链的战略看齐，为它们创造竞争能力，从而在它们的市场里占据主导位置。最重要的是，这种类型的运营带来的结果是其利润比普通公司高出 75%。

任务5 熟悉供应链运作参考模型

知识窗1：

在整合供应链和评估供应链成员运营绩效上广为认可的方法就是供应链运作参考模型（SCOR模型）和平衡计分卡。SCOR模型由供应链委员会在1996年推出。供应链委员会提出了供应链参考模型的目的是开发、维护、测试并验证跨行业的供应链过程标准，它提供了

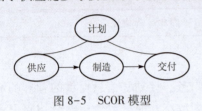

图8-5 SCOR模型

通用的供应链结构、标准的术语定义、与评价有关的通用标准和最佳实施分析，可用于评价、定位和实施供应链应用软件的公共模型。供应链委员会的成员们一直在对内部成员和外部购买SCOR模型软件的公司所使用的模型进行评估和更新。从图8-5可以看出，SCOR模型把卖家的运送运作和买家的采购活动连接起来，这样就把供应链成员的运作结合起来。

全球很多行业的制造和服务公司都把SCOR模型作为供应链管理诊断、基准和程序改进的工具。SCOR模型把供应链的运作划分为5个过程——计划、采购、制造、运送和退货。

知识窗2-1：计划。需求和供应计划包括根据需求平衡资源；供应链计划的设立/沟通；对商业规则、供应链运营、数据搜集、库存、资本资产、运输和规则需求的管理。

知识窗2-2：采购。为的是进行资源储备。按订单生产，按订单设计，包括计划运送时间；收货、验货、产品运输；批准给供应商付款；考察、选择供应商；评估供应商的绩效；管理进货库存和供应商协议。

知识窗2-3：制造。面向库存生产，按订单生产，按订单设计，包括安排生产活动；生产、检测、包装、分段运输、产品交付；对按订单设计的产品的最终定稿；对在制品、设备、设施和生产网络的管理。

知识窗2-4：运送。对库存、按订单生产及按订单设计的产品的订单、仓储、运输和安装的管理，包括从订单的询价、报价到安排运输和选择承运商的所有订单步骤的管理；从产品接收、挑选到产品的出库、运输的仓储管理；对客户开具发票；管理成品库存和进口/出口需求。

知识窗2-5：退货。把采购的物料退还给供应商，以及接受客户对最终产品的退货，包括同意和安排退货；收货、查验、对次品或多余产品的处理；退货更换或担保；管理退货库存。

知识窗3：SCOR模型中有三个级别的标准化流程细节，SCOR模型的执行并不是一项简单的任务，需要公司内部和供应链成员间在时间和交流方面做最大的投入。SCOR模型可用于供应链结构的描述、度量和评估，所设计的模型可以在供应链成员间进行有效的沟通、绩效评估和流程整合。一个标准化的参考模型有助于管理团队关注管理的结果，对内外部客户的服务，和整个供应链绩效的提升。实际上，使用SCOR软件可以和实际运作企业一样，对任何供应链进行组织，评估并设立标准，为供应链的参与方带来持续的改进和竞争优势的提高。

任务 6 掌握 BSC 平衡计分卡

知识窗 1：

1992 年，卡普兰和诺顿推出了通过平衡计分卡（BSC）来进行绩效评估的方法。这是一种将公司的绩效评估和其战略计划与目标结合起来的方法，因此也改进了管理决策。

BSC 的设计为经理们提供了一个正式的框架，使财务结果和非财务结果之间达到平衡，兼顾长期的规划和短期的计划。图 8-6 显示的 BSC 框架由 4 个角度组成。

（1）客户角度。着重于对客户需求和满意度的评估，包括客户满意度评分、客户流失、获取新客户、客户的价值特征、客户的利润度以及生产份额。

（2）财务角度。从收入增长、产品组合、成本下降、生产率、资产利用率和投资战略等方面进行评估。

（3）学习和成长角度。针对机构人员、系统和程序的评估，包括无形资产、员工的再培训、信息技术和系统的提高、员工的满意度等。

（4）内部业务流程角度。着重于机构内部主要业务流程绩效评估，包括质量、灵活性、流程的创新成分以及时间基准评估。

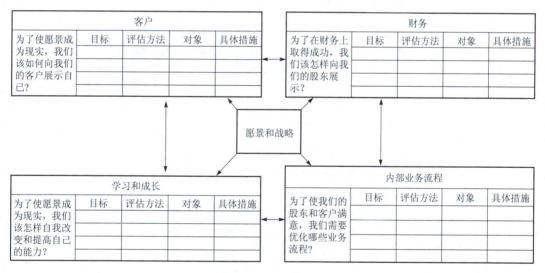

图 8-6　BSC 框架

知识窗 2：绩效评估体系将这些角度的内容联系在一起。针对公司战略计划的每个目标进行评估体系设计，包括产出评估体系和取得这些产出的绩效动力评估体系。在这个过程中，资深的管理者可以在公司内部能力的详细设定时进行引导，使其朝公司目标的方向发展。正确的计分卡设计应该支持公司的战略，由一套连接紧密、相互一致、相互补充的评估体系组成。

知识窗 3：制定平衡计分卡的过程从定义公司的战略开始。一旦理解了公司的战略，并得到了资深管理者的认同后，下一步就可以把这些战略目标转化成绩效评估体系。BSC 中四个角度的每一方面都要求 4~7 项绩效评估项目，这样一张计分卡中对每个战略就有大约 20

项相关的评估。但是如果公司对自己所期望达到的目标不明确，没有意识到那些有着正确绩效评估的计分卡是和公司所推行的战略密切相关的，那么公司即便采用了 BSC，仍然有可能失败。

知识窗 4：公司在设定一个协作的供应链时也可以采用 BSC，把计分卡的内部参照系扩展到包括内部职能和供应链合作伙伴的职能。这样一来，公司的员工就有了明确的目标：着重于公司的绩效对整个供应链成功所做的贡献。现金到现金周转时间就是一个综合评估体系的例子，可以包括跨机构的多种职能。布鲁尔和斯潘推出的一些评估体系把公司的界线扩展到了供应链，具体内容详见表8-3。把这些和其他以供应链为基础的评估体系添加到传统使用的、更注重内部评估的平衡计分卡中有助于公司达到目标，同时对公司所在的供应链也有好处。

表8-3　供应链的平衡计分卡评估

角度	评估体系
客户	供应链上客户服务点的数量
	对客户订单的响应时间
	客户对供应链价值的认识
内部业务流程	供应链里的增值时间/总时间
	选择数量/订单处理周期
财务	供应链中在采购、持有库存、质量不合格和运送失败上的成本
	供应链所达到的目标成本百分比
	供应链所带来的利润百分比
	现金到现金的周转时间
	供应链资产的回报率
学习和成长	从产品准备完备到交付给客户之间的时间
	共享数据的数量/总数据
	客户需求的替代科技的数量

任务 7　掌握 SMM 供应链管理成熟度的表现及应用

子任务 1　熟悉供应链的柔性

知识窗 1：

供应链管理的目的在于建立具有竞争力的合作机制，形成一个优化的供应链增值体系。具有竞争力的供应链管理体系，应该具有承受成员动态变化、市场需求动态变化、供应链结构动态变化的能力，不应该受到各种环境因素变化的影响。

可以将柔性定义成反映客户需求的能力。供应链柔性主要包含连接柔性和管理柔性两部分。连接柔性体现了供应链成员之间连接的紧密程度，可以根据约束理论来衡量供应链成员之间关系的柔性；而管理柔性体现了供应链价值在传递过程中的无损程度，可以表示成价值增值能力，主要包含生产柔性和分销柔性两种类型。生产柔性体现了供应链改变产品生产水平的能力，用生产能力和生产能力利用之差来衡量。分销柔性体现了供应链按计划交货的能力，用现实的分销量和客户需求量之差来衡量。

知识窗 2-1：连接柔性

从信息功能集成、过程集成到节点企业资源集成的发展趋势，给供应链管理带来了新的需要，特别是供应链管理优化、计划和执行的方法，改善供应链业务流程的集成化程度，将从根本上改变供应链的连接柔性。

供应链节点企业之间的关系，是通过远景的描述和契约机制的完善来实现的。信息功能集成和过程集成不仅增进了信息共享和交流的能力，而且增进了企业资源集成的能力。信息和流程成为连接企业的重要途径，也是增强供应链节点企业之间紧密程度的重要方式。

根据约束理论，整条供应链连接的紧密程度取决于连接紧密程度最低的企业之间。因此，提高供应链连接柔性的方法应该面向整条供应链，不是简单地优化某个环节连接的紧密程度，并且形成一个动态的优化流程。

知识窗 2-2：管理柔性

建立一个优化的供应链体系，需要根据柔性供应链管理和刚性供应链管理的特征（表8-4），消除供应过程中的约束限制。这些约束限制，主要就是企业的生产柔性和分销柔性不够。一般来说，销售商的订单所规定的交货日期比制造商生产这些产品的时间要短。在这种情况下，制造商不得不保持一定的产品库存，但是如果能延长订单周期，使之与制造商的生产周期保持一致，那么，制造商就可以真正实现按订单生产及零库存管理。制造商就可减少甚至消除库存，可以大大提高企业的经济效益。

表 8-4　柔性和刚性供应链管理的特征

柔性供应链管理的特征	刚性供应链管理的特征
按客户（或上层节点企业）的需求组织生产	通过预测来组织生产
牵引式生产方式	推进式生产方式
每天生产所有产品类型的产品	组织生产产品的方式为轮番生产类型
高可靠系统	低可靠系统
供应商之间是一种战略伙伴关系	没有正式的供应商伙伴
客户参与供应链管理	几乎没有客户伙伴
供应与需求同步	经常变动生产作业计划
整条供应链有一个统一的生产作业计划	在供应链中存在不同的生产作业计划和日程安排
基于供应链业务流程的管理	基于职能专门化的管理

集成供应链管理（ISCM）力求克服传统管理思想中的采购、生产和销售之间的障碍，将企业内部和相关企业共同的产、购、销、人、财、物管理看作供应链的整体功能。实现集成化供应链管理的关键，是将企业内部供应链和外部供应商及客户集成起来，这也正是供应

链管理思想的精髓所在。

集成供应链管理以系统的观点准确把握了供应链管理的实质，将企业内部的供应链与企业外部的供应链集成管理，达到全局动态最优的目标，以适应新的竞争环境下市场对生产和管理过程提出的高质量、高柔性和低成本的要求。

子任务 2　掌握供应链的敏捷性

知识窗 1：敏捷供应链的理论、技术和管理系统是支持动态企业联盟、实施敏捷制造的重要使能技术之一。敏捷供应链管理（ASCM）覆盖了从供应商的供应商到客户的客户的全部过程，包括采购、生产、库存管理、销售、运输和客户服务等环节。

知识窗 2-1：敏捷性的定义

敏捷性是一种业务能力，它包含组织结构、信息系统、物流流程，特别是思想观念。敏捷组织的一个关键特性是柔性，毫无疑问，敏捷性作为一个业务概念来源于柔性制造系统。

敏捷性不同于精细化，不能混淆这两个概念。精细化强调的是以少量的投入生产出更多的产品，它经常应用于精细化生产，以实现零库存的 JIT 方法。Martin Christopher 从数量、种类和变化性三个维度，描述了敏捷性和精细化的区别，如图 8-7 所示。

知识窗 2-2：敏捷供应链

具有敏捷性的供应链不仅具有市场敏感性、虚拟性、过程集成和基于网络的特性，而且具有精细化和柔性，如图 8-8 所示。

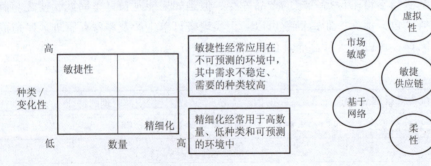

图 8-7　敏捷性和精细化的区别　　　　　图 8-8　敏捷供应链的特性

敏捷供应链构筑了基于时间竞争的优势，能够实时满足波动的市场需求，保持与市场需求的同步。敏捷供应链的敏捷性主要来自如下几方面：

（1）建立战略伙伴关系。良好的战略伙伴关系不仅包括良好的客户关系，而且也包括良好的供应商关系，通过实施 CRM 策略、VMI 策略和早期供应商参与策略，有利于建立良好的战略伙伴关系，形成一个关系协调的管理体系。

（2）实现信息共享。信息已经成为供应链管理体系中重要的资源，信息共享可以产生任何资源共享所无法替代的力量。借助于信息共享，供应链节点企业之间可以缩短采购提前期、交货提前期等一系列提前期，提高供应链的市场反应能力。

（3）形成多渠道纽带。改变传统的由采购部门——销售部门建立的企业间关联渠道，形成一个全方位的、具有多重连接的伙伴关系，如图 8-9 所示。

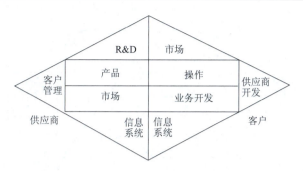

图 8-9　全方位的、具有多重连接的伙伴关系

（4）降低复杂性。供应链复杂性来自产品和品牌增值能力，以及组织结构和管理流程。可以通过产品标准化和业务流程重组技术，有效地降低供应链管理体系的复杂性。供应链复杂性的降低，将有效地改善信息传递的速度、运营的效率、整体绩效和整体反应能力。

供应链的复杂性，还可以反映在供应链结构与物流和信息流的适应程度上，如图 8-10 所示。根据 Gregory N. Stock 等人 2000 年的研究成果，供应链结构主要包含渠道管制和地域分布。与物流和信息流适应的供应链体系，能够提高供应链的敏捷性和绩效。

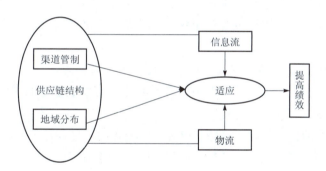

图 8-10　供应链的适应性

敏捷供应链管理的研究与实现是一个复杂的系统工程，而基于供应链管理的信息集成和系统的快速重构是两个重要的研究领域。

供应链动态联盟的敏捷性直接反映了供应链体系的竞争力，这将为企业之间的信息交换与共享提供良好的基础，并促进企业间的合作、优势互补和企业生产模式的转变。敏捷性所反映的供应链绩效会影响供应链提供客户价值的能力，特别是在产品可得性方面，因而有必要开发评价供应链绩效的独立标准。

舜禅让大禹

子任务 3　熟悉供应链管理成熟度的应用

知识窗 1： 供应链管理成熟度（SMM）从不同的侧面，全方位、多角度地反映了供应链管理体系信息集成、知识集成和过程集成的程度，因此，供应链管理成熟度可以作为一项综合的评价指标来反映供应链的整体绩效。供应链管理成熟度的应用结构如图 8-11 所示，具体的应用可以概括如下。

知识窗 2-1： 绩效评价

应用供应链管理成熟度对整个供应链体系运营能力进行综合评价，分析供应链的管理绩

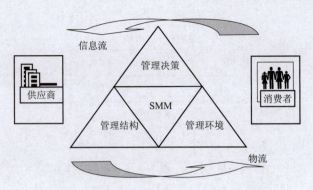

图 8-11　供应链管理成熟度的应用结构

效，分析管理投入所带来的效率、效益和效能。

应用供应链管理成熟度对供应链进行绩效评价，能够及时准确地获得供应链运营状况的信息，及时采取有效措施，调控供应链体系中所有节点企业的运营方式，加快运营效率。

知识窗 2-2：供应链管理决策分析

在供应链管理体系中，主要包含物流决策、关系决策和整合决策，SMM 将成为各项决策的重要基础。

SMM 分析的结果能够综合反映是否应该强化某类决策行为，是否应该关注某类决策结果，是否应该跟踪某类决策进程，SMM 在决策分析中具有举足轻重的作用。

知识窗 2-3：寻找约束

由供应链节点企业构成的动态联盟，企业间和流程间存在各种类型的衔接关系，制约整个供应链运营的瓶颈因素，只有在 SMM 分析的基础上才能显现出来。借助于 SMM 分析，可以及时发现供应链体系中的约束，并进行调整，以保持供应链的动态优化。

寻找约束的过程，就是 SMM 分析的过程，将获得的 SMM 信息进行综合分析，重新平衡和配置各类资源，实现资源的最大化应用。

知识窗 2-4：建立标杆

随着竞争的加剧，供应链将成为竞争的焦点，因此，面向供应链体系的 SMM 分析将会获得反映供应链核心能力的参数，从根本上分析供应链面临的问题和解决问题的方法。

供应链标杆的建立，将形成一个具有较高 SMM 的标准体系，这个标准体系的建立和完善是以 SMM 为依据的，从不同的角度反映标杆的价值。

任务实训

从"四大名著"看供应链管理的思想

以小组的形式提交小论文，撰写要求如下：

1. 分组进行，每组 4~5 人（必须要有异性同学），抽签决定做具体不重复 4 个项目的小论文（方式：抽签决定。老师事先做好分别标记 1~9 的小纸签 4 份，学生代表抽签，如抽到重复数字的签，则作废，将重复数字的签放回到等待抽的一堆签当中去，再抽一次，直到 4 个不同数值的签；数字 1~9 对应教材的"项目"）。

2. 自行决定选择哪部"四大名著"与教材的某一段落，但必须这两者之间要有紧密的逻辑联系。

3. 小论文包括标题（4 号字，宋体）、四部分的正文与附件。

4. 正文第一部分"1. 供应链管理的知识"，内容必须是教材里面的，字数控制在 100 字以下。

5. 正文第二部分"2.《××××》第××回故事情境"，内容必须是"四大名著"里面的，字数控制在 200 字以下。

6. 正文第三部分"3. 我们的理解"，内容必须是至少 4 个点/段，点/段之间的文章字数大体匀称；控制在 900~1 200 字符数。

7. 正文第四部分"4. 给我们的启示"，内容字数控制在 80 字以内，必须是至少五个提纲式、浓缩的短句，短句间的字数大体匀称。

8. 附件中至少包含如下信息：专业、年级与班级，组别（如第 5 组），以及组长姓名、组员姓名、完成的时间、指导老师姓名。

9. 大标题必须醒目，四个小标题与正文的字体要区分，四个小标题之间的字体大小要一致。

10. 所有提交材料的文本内容必须要在一张 A4 纸上打印（可以通过调整字体、页边距、页眉页脚、文档网格、段落设置等来进行），正文字体为 5 号宋体。

11. 所撰写 4 个项目的小论文的时间间隔，要求至少 10 天。

思考题

1. 传统的企业绩效评价指标不适于对供应链运营绩效评价的原因是什么？
2. 制定世界一流的绩效评估体系有哪些步骤？
3. 世界一流的绩效评估体系是什么？
4. 什么是供应链绩效评价的原则？
5. 供应链绩效评估方法有哪些？
6. SCOR 模型把供应链的运作划分为哪些过程？
7. 供应链的平衡计分卡从什么方面进行评估？
8. 简述供应链的柔性。
9. 敏捷供应链的敏捷性主要来自哪些方面？
10. 简述供应链管理成熟度的应用。

学习评价 ▶▶▶▶

考核项目	计分标准	得分	备注
考勤情况（10分）	缺课一次，扣1分；累计缺课达到总课时的1/3，取消考试资格		
作业完成情况（10分）	原则上全班前3名，为满分10分，4~6名，为9分，以此类推；如果某个分数相同的同学较多，则该分数为一个得分数值，后续，则再后推。举例：全班100分1人，99分2人，98分10人，则100分与99分的同学为10分，98分的同学为9分……		
学习积极参与度情况（40分）	授课老师根据所提问题的难易程度，事先发布学习积极参与度完成的"悬赏分值"，第一个站立正确回答完毕的学生，得到"悬赏分值"，学生站立回答，不需要得到老师的许可；回答错误，不扣分。 原则上全班前3名，为满分40分，4~6名，为39分，以此类推；如果某个分数相同的同学较多，则该分数为一个得分数值，后续，则再后推		
小论文完成情况（40分）	以小组的形式完成；组长根据组员的工作程度，给予分配权重系数，小组的总权重系数为人数之和。举例：小论文完成得分为80分，张三的权重系数为0.9，李四的权重系数为0.8，王二的权重系数为1.1，钱五的权重系数为1.0，赵六的权重系数为1.2，那么小论文完成得分分配到小组组员的分数为：张三80分×0.9＝72分，李四80分×0.8＝64分，王二80分×1.1＝88分，钱五80分×1.0＝80分，赵六80分×1.2＝96分。 原则上全班前3名，为满分40分，4~6名，为39分，以此类推；如果某个分数相同的同学较多，则该分数为一个得分数值，后续，则再后推		4篇小论文的分数分别计入对应项目
其他加扣分情况	有一次正能量的事情，加1分；有一次负能量的事情，扣1分；加扣分可以互抵		
总成绩	教师签字		

举例说明：马三同学本项目学习评价：考勤10分，作业完成情况9分，学习积极参与度情况36分，小论文完成情况35分，其他加扣分情况加3分，该同学本项目学习评价：10分+9分+36分+35分+3分＝93分。

项目九

供应链企业的管理

❖ **学习目标**

【知识目标】认识供应链风险的概念与特点。

【技能目标】理解供应链企业激励机制，理解标杆管理。

【素养目标】树立集约、优化、成本、安全意识，养成吃苦耐劳的敬业精神，塑造学生踏实肯干和认真负责的工作态度。

❖ **思维导图**

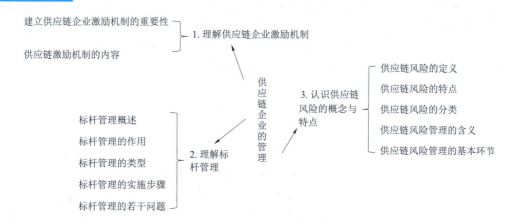

❖ **导入范文**

从《西游记》看供应链管理的思想

1. 供应链管理的知识

在教材"供应链风险管理的基本环节"中，有如下表述：

供应链风险识别：风险识别是供应链风险管理的首要步骤，它是指供应链风险管理主体在各类风险事件发生之前，运用各种方法系统地认识所面临的各种风险以及分析风险事件发生的潜在原因。

2. 《西游记》第五十回故事情境

情乱性从因爱欲　　神昏心动遇魔头

原来那座楼房果是妖精点化的，终日在此拿人。那妖精正在洞里正坐，忽闻得怨恨之声，急出门来看，果见捆住几个人了。妖魔即唤小妖，同到那厢，收了楼台房屋之形，把唐僧换住，牵了白马，挑了行李，将八戒、沙僧一齐捉到洞里。老妖魔登台高坐，众小妖把唐僧推近台边，跪伏于地。妖魔问道："你是那方和尚？怎么这般胆大，白日里偷盗我的衣服？"三藏滴泪告曰："贫僧是东土大唐钦差往西天取经的，因腹中饥馁，着大徒弟去化斋未回，不曾依得他的言语，误撞仙庭避风。不期我这两个徒弟爱小，拿出这衣物，贫僧决不敢坏心，当教送还本处。他不听吾言，要穿此晤晤脊背，不料中了大王机会，把贫僧拿来。万望慈悯，留我残生，求取真经，永注大王恩情，回东土千古传扬也！"

3. 我们的理解

（1）唐僧是这师徒四人中的管理者，他为人谦恭儒雅，温柔敦厚。但他的缺点也很明显，愚善固执，不能够明辨是非，没有风险和危机意识，缺少应变能力。

（2）孙悟空较难管理，但是对风险识别最为敏感。

（3）猪八戒比较好管理，只要驭用得法，还很能干，也不怕脏和累，憨厚单纯，有时也很英勇。

（4）沙和尚任劳任怨，忠心不二，但又过于老实，缺乏主见，也很好管理。这是一个中性人物，在师徒四人中起着黏合剂的作用。

4. 给我们的启示

（1）要有坚定的立场和较强的风险意识。

（2）面对困难时应该保持冷静、积极应对，克服任何困难。

（3）团队精神是成功的关键，具备团队精神，共同面对困难并取得成功。

（4）要提高自己的风险识别能力，且学会风险转移。

（5）要学会采纳正确合理的建议并会控制风险。

22级采购与供应管理1班

组长：徐琳

组员：江玉连、胡桂花、沈紫腾、陈雨珊、欧阳文静

完成时间：2023年10月22日

指导老师：杨国荣

从《红楼梦》看供应链管理的思想

1. 供应链管理的知识

在教材"供应链激励机制的特点"中，有如下表述：

供应链激励机制包含激励对象、激励的目标、供应链绩效测评和激励手段等内容。供应链企业激励目标主要是通过某些激励手段调动委托人和代理人的积极性。

2. 《红楼梦》第七十回故事情境

宝玉笑道："固然如此说。但我知道姐姐断不许妹妹有此伤悼语句，妹妹虽有此才，是断不肯作的。比不得林妹妹曾经离丧，作此哀音。"众人听说，都笑了。已至稻香村中，将

诗与李纨看了，自不必说称赏不已。说起诗社，大家议定：明日乃三月初二日，就起社，便改"海棠社"为"桃花社"，林黛玉就为社主。明日饭后，齐集潇湘馆。因又大家拟题。黛玉便说："大家就作桃花诗一百韵。"宝钗道："使不得。从来桃花诗最多，纵作了必落套，比不得你这一首古风。须得再拟。"正说着，人回："舅太太来了。姑娘出去请安。"

3. 我们的理解

（1）供应链管理强调的一个重要理念就是利益分享。通过供应链整合资源、建立合作伙伴关系，通过协调运作达到整体利益最大化。还有一个重要影响因素：供应链的收益共享。合作企业之所以愿意在一个供应链体系内共创价值，是因为它们看到这个供应链能够创造更多的收益，但是这些收益必须实行共享，才有可能将供应链的资源整合起来。

（2）供应链管理的对象是一个企业群，其中的每一个企业都有自己的核心业务和核心能力，如何才能将这些企业的能力整合在一起，形成真正的合力，是关系到供应链整体目标能否得以实现的关键。供应链管理的核心企业或主导企业，要与自己的合作方建立战略性的合作伙伴关系，必须能够兼顾合作伙伴的利益和诉求，这样才能调动合作伙伴的积极性。

（3）供应链管理涉及若干个企业在运营中的管理活动，为了实现供应链管理的目标，要求相关企业在运营活动中必须按照计划协调运作，不能各自为政。协调运作的另一个问题，就是打破分散决策方式，通过协调契约的设计，使合作双方都能够增加收益，同时达到供应链整体利益最大化的目标。

（4）在供应链管理的实践中非常强调合作伙伴之间的合作，共同实现供应链的整体利益最大化。如果每个企业都只顾自身利益，那么将损害供应链的整体目标，最后也没有办法保证企业个体的利益。是否具有供应链管理的核心理念——分享，是保证合作伙伴能否真心实意地与核心企业站在一个阵营内的重要条件。

4. 给我们的启示

（1）提高供应链绩效评价的应用。

（2）提高企业的运营效率。

（3）评价中的 BSC 平衡计分卡能够体现客户需求和满意度。

（4）随着科学的发展，供应链管理体系会越来越完善。

（5）集中精力开发高效率的物流资源。

> 21 级现代物流管理 2 班
> 组长：邓富荣
> 组员：欧阳燕芳、黄琪、邓佳蓉、阮小丽、贺海鑫
> 完成时间：2023 年 4 月 2 日
> 指导老师：杨国荣

任务 1　理解供应链企业激励机制

子任务 1　理解建立供应链企业激励机制的重要性

知识窗：

为什么要建立供应链企业激励机制？要回答这个问题，不妨从一个实际例子谈起。

某一大型汽车制造商为了促进其生产的汽车在市场上销售，向分销商提出了一个促销的激励措施。公司规定，只要经销商的销售额达到一定数额，年底时制造商将付给经销商一笔奖金。

同时，为了帮助经销商，制造商出面与银行签订了分期付款的协议。此举推行下去之后，曾出现一阵销售热潮，库存量明显下降。但是，到年底一算账，制造商才发现有问题。原来，经销商为了扩大销售业绩，纷纷下调价格出售汽车。结果，汽车卖出去不少，经销商也得到了实惠，但是制造商则损失惨重。制造商不得不承受低价销售的损失，使本来就步履艰难的生产经营活动雪上加霜。于是，制造商不得不检讨该项措施的失误，第二年重新制定新的促销战略。

这个例子说明，制造商的出发点是激励经销商多卖汽车，希望在给自己带来效益的同时，经销商也能获得一定利益。但是，事与愿违，此激励措施不但没有发挥正常作用，反而给企业造成一定的损失。

导致这种情况出现的原因当然是多种多样的，其中之一就是在实现委托代理过程中的风险所造成的。委托代理过程中的风险有多种表现形式，其中最为常见的是不完全信息下决策的风险、代理人的道德风险等。供应链企业间的关系实际上是一种委托代理关系。事实上就是居于信息优势与处于信息劣势的市场参加者之间的相互关系。由于信息非对称现象在经济活动中相当普遍，而许多经济合同又都是在信息非对称条件下执行的，难免出现道德风险问题。产生道德风险的原因之一在于代理人拥有私有信息。这从道德风险对策环境中看得很清楚。委托人与代理人签订合同时，双方所掌握的信息是相互对称的（至少双方都认为他们自己已经掌握了对方了解的信息）。然而，建立委托代理关系后，委托人无法观察到代理人的某些私有信息，特别是代理人努力程度方面的信息。在这种情况下，代理人可能会利用其私有信息采取某些损害委托人利益的行动。为了克服道德风险带来的危害，委托代理理论普遍发展了以合作和分担风险概念为中心的信息激励机制理论。

对委托人来讲，只有使代理人行动效用最大化，才能使其自身利益最大化。然而，要使代理人采取效用最大化行动，必须对代理人的工作进行有效的激励。因此，委托人与代理人，即制造商和供应商或制造商和经销商之间的利益协调关系，就转化为信息激励机制的设计问题。所以说，设计出对供应链上各节点企业的激励机制，对保证供应链的整体利益是非常重要的。

子任务2　熟悉供应链激励机制的内容

知识窗1：在供应链管理环境下，企业的激励机制有着与传统管理模式不同的特点。企业激励的主体与客体、激励的目标、激励的手段都发生了变化，必须根据供应链企业的特点制定相应的激励措施。

知识窗2-1：供应链企业激励主体与客体的变化

激励主体是指激励者；激励客体是指被激励者，即激励对象。供应链企业激励主体已从传统企业最初的企业主、企业管理者委托人转变为今天供应链中的核心企业。相应地，供应链企业激励客体也从传统企业最初的蓝领、白领、代理人转变为供应链中的上、下游成员企业。因此，供应链管理环境下的激励主体与客体的内涵与传统企业有着很大区别，主体与客体的关系已从原来的单一关系变为以下一些关系：核心企业对成员企业的激励；制造商

（下游企业）对供应商（上游企业）的激励；制造商（上游企业）对销售商（下游企业）的激励；供应链对成员企业的激励；成员企业对供应链的激励。

知识窗 2-2：供应链企业激励目标的变化

供应链企业激励目标是追求整个供应链的效益最大。供应链企业激励目标主要是通过某些激励手段调动委托人和代理人的积极性，兼顾合作双方的共同利益，消除由于信息不对称和道德行为带来的风险，使供应链的运作更加顺畅，实现供应链企业共赢的目标。

供应链企业相互之间的利益应通过建立激励机制，使其不再矛盾对立，而是趋于一致。供应链企业为了实现整个系统效益最大化，必须紧密协作、精细分工，共同对产品的成本、质量以及上市时间进行控制。在技术和市场竞争日趋激烈的今天，产品的成本、质量，特别是上市时间和技术创新已成为一个产品在市场中能否取得胜利的关键，因此供应链企业在这些方面能否进行广泛和深入的合作，是关系到整个供应链成败的关键。供应链中的核心企业必须从战略的角度出发，对产品的成本、质量、上市时间、技术创新等问题进行深入细致的研究和评估，然后与链上其他企业进行广泛的合作，制定出具体的策略和计划。

供应链企业的激励过程可以借用传统的激励过程模型来描述，如图 9-1 所示。供应链的激励机制包含激励对象（又称激励客体、代理方）、激励的目标、供应链绩效测评（包括评价指标、指标测评和评价考核）和激励手段（正激励和负激励、物质性激励、精神性激励和感情性激励）等内容。事实上，根据供应链激励的特点，供应链的激励机制还隐含了两个内容：供应链协议和激励者（又称激励主体、委托方）。考察激励主体，实质是站在什么角度去实现激励行为，达到什么目的。

知识窗 2-3：供应链企业激励手段的变化

供应链管理模式下的激励手段多种多样。从激励理论的角度来理解，主要有正激励和负激励两大类。

正激励和负激励是一种广义范围内的划分。正激励是指一般意义上的正向强化、正向激励，是鼓励人们采取某种行为；负激励是指一般意义上的负强化，是一种约束、一种惩罚，阻止人们采取某种行为。

杜云生绝对成交
视频销售技巧

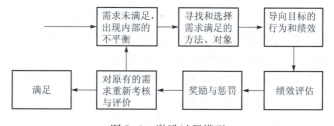

图 9-1 激励过程模型

正激励是指在激励客体和激励目标之间形成一股激励力，使激励客体向激励目标进发。负激励是对激励客体实施诸多约束，而仅预留指向激励目标一个方向给激励客体发展，从而达到向激励目标进发的激励目的。通常的激励方式基本上都是正激励，负激励被作为约束机制来研究。

对于激励的手段，在现实管理中主要采取三种激励模式：物质激励模式、精神激励模式和感情激励模式。

在 X 理论和"经济人"假设的前提下，物质性刺激是唯一或者是主要的激励手段。在物质性刺激因素中，金钱的作用首当其冲。对供应链管理来讲，物质激励模式可以理解为利润的刺激。要保证代理人企业获得理所应当的经济利益，同时又能鼓励它积极工作，就要在物质收益方面建立满足代理人经济利益的激励指标，如图 9-2 所示。

图 9-2　激励指标

（1）价格激励。在供应链环境下，各个企业在战略上是相互合作的关系，供应链的各个企业间的利益分配主要体现在价格上。价格包含供应链利润在所有企业间的分配、供应链优化而产生的额外收益或损失在所有企业间的均衡。供应链优化产生的额外收益或损失大，多是在相应企业承担，但是在许多时候并不能辨别相应对象或对象错位，因而必须对额外收益或损失进行均衡。这个均衡通过价格来反映。

（2）订单激励。供应链获得更多的订单是一种极大的激励，在供应链内的企业也需要更多的订单激励。一般地，一个制造商拥有多个供应商。多个供应商竞争来自制造商的订单，多的订单对供应商是一种激励。

（3）商誉激励。商誉是一个企业的无形资产，对企业极其重要。商誉来自供应链内其他企业的评价和本企业在公众中的声誉，反映了企业的社会地位（包括经济地位、政治地位和文化地位）。委托代理理论认为，在激烈的竞争市场上，代理人的代理量（决定其收入）决定于其过去的代理质量与合作水平。从长期来看，代理人必须对自己的行为负完全的责任。

（4）信息激励。在信息时代，信息对企业来说，意味着生命。企业获得更多的信息意味着企业拥有更多的机会、更多的资源，从而获得激励。信息对供应链的激励实质属于一种间接的激励模式，但是它的激励作用不可低估。在供应链企业群体中利用信息技术建立信息共享机制，主要目的之一就是为企业获得信息提供便利。如果能够很快捷地获得合作企业的需求信息，本企业就能够主动采取措施提供优质服务，必然使合作方的满意度大为提高。这对在合作方建立起信任有着非常重要的作用。

因此，企业在新信息不断产生的条件下，始终保持着了解信息的欲望，更加关注合作双方的运行状况，不断探求解决新问题的方法，就达到了对供应链企业激励的目的。信息激励机制的提出，也在某种程度上克服了由于信息不对称而使供应链中企业相互猜忌的弊端，消除了由此带来的风险。

（5）淘汰激励。淘汰激励是负激励的一种。优胜劣汰是世间事物生存的自然法则，供应链管理也不例外。为了使供应链的整体竞争力保持在一个较高的水平，供应链必须建立对成员企业的淘汰机制，同时供应链自身也面临被淘汰。淘汰弱者是市场规律之一，保持淘汰对企业或供应链都是一种激励。对优秀企业或供应链来讲，淘汰弱者使其获得更优秀的业绩；对于业绩较差者，为避免被淘汰的危险，更需要上进。

淘汰激励是在供应链系统内形成一种危机激励机制，让所有合作企业都有一种危机感。这样一来，企业为了能在供应链管理体系获得群体优势的同时自己也获得发展，就必须承担一定的责任和义务，对自己承担的供货任务，在成本、质量、交货期等方面负有全方位的责任。这一点对防止短期行为和"一锤子买卖"给供应链群体带来的风险也起到一定的作用。危机感可以从另一个角度激发企业发展。

（6）组织激励。在一个较好的供应链环境下，企业之间的合作愉快，供应链的运作通畅，很少有争执。也就是说，一个组织良好的供应链对供应链及其内的企业都是一种激励。减少供应商的数量，并与主要的供应商和经销商保持长期稳定的合作关系，是制造商采取组织激励的主要措施。但有些企业对待供应商与经销商的态度忽冷忽热，零部件供过于求时和供不应求时对经销商的态度两个样。产品供不应求时对经销商态度傲慢，供过于求时往往企图将损失转嫁给经销商。因此，得不到供应商和经销商的信任与合作。产生这种现象的根本原因，是由于企业管理者头脑中没有建立与供应商、经销商的长期战略合作的意识，管理者追求短期业绩的心理较重。如果不能从组织上保证供应链管理系统的运行环境，供应链的绩效会因此受到影响。

（7）新产品/新技术的共同开发。新产品/新技术的共同开发和共同投资也是一种激励机制。它可以让供应商全面掌握新产品的开发信息，有利于新技术在供应链企业中的推广和开拓供应商的市场。

在传统的管理模式下，制造商独立进行产品的研究与开发，只将零部件的最后设计结果交由供应商制造。供应商没有机会参与产品的研究与开发过程，只是被动地接受来自制造商的信息。这种合作方式最理想的结果也就是供应商按期、按量、按质交货，不可能使供应商积极主动关心供应链管理。因此，供应链管理实施理想的企业，都将供应商、经销商甚至用户结合到产品的研究开发工作中来，按照团队的工作方式展开全面合作。在这种环境下，合作企业也成为整个产品开发中的一分子。其成败不仅影响制造商，而且也影响供应商及经销商。因此，每个人都会关心产品的开发工作，这就形成了一种激励机制，构成对供应链上企业的激励作用。

任务2 理解标杆管理

素养之窗　　各国奉唐太宗
　　　　　　　　为天可汗

子任务1 认识标杆管理概述

知识窗： 标杆管理是现代西方发达国家企业管理活动中支持企业不断改进和获得竞争优势的最重要的管理方式之一。标杆管理的基本环节是以最强的竞争企业或那些行业中领先和最有名望的企业在产品、服务或流程方面的绩效及实践措施为基准，树立学习和追赶的目标；通过资料收集、比较分析、跟踪学习、重新设计并付诸实施等一系列规范化的程序，将本企业的实际状况与这些基准进行定量化评价和比较，分析这些基准企业达到优秀绩效水平的原因，并在此基础上选取改进本企业绩效的最佳策略，争取赶上和超过对手，成为强中之强；标杆管理方法蕴含科学管理规律的深刻内涵，较好地体现了现代知识管理中追求竞争优势的本质特性，因此具有巨大的实效性和广泛的适用性，如今，标杆管理已经在库存管理、质量管理、市场营销、成本管理、人力资源管理、新产品开发、企业战略、研究所管理、教育部门管理等各个方面得到广泛的应用，并不断拓宽新的应用领域。

子任务 2   理解标杆管理的作用

知识窗：

标杆管理之所以能引起各大企业的重视并风靡于世界，其根本原因在于它能给企业带来巨大的实效。标杆管理为企业提供了一种可行、可信的奋斗目标，以及追求不断改进的思路，是发现新目标以及寻求如何实现这一目标的一种手段和工具，具有合理性和可操作性。

（1）标杆管理是企业绩效评估的工具。

（2）标杆管理是企业持续改进的工具。

（3）标杆管理是企业绩效提升的工具。

（4）标杆管理是企业战略制定的工具。

（5）标杆管理是企业增进学习的工具。

（6）标杆管理是挖掘企业潜力增长的工具。

（7）标杆管理是衡量企业工作好坏的工具。

（8）标杆管理是企业实行全面质量管理的工具。

子任务 3   熟悉标杆管理的类型

知识窗 1： 内部标杆管理

内部标杆管理是以企业内部操作为基准的标杆管理，是最简单且易操作的标杆管理方式之一。辨识内部绩效标杆的标准，即确立内部标杆管理的主要目标，可以做到企业内信息共享。辨识企业内部最佳职能或流程及其实践，然后推广到组织的其他部门，不失为企业绩效提高最便捷的方法之一。单独执行内部标杆管理的企业往往持有内向视野，容易产生封闭思维。因此在实践中，内部标杆管理应该与外部标杆管理结合起来使用。

知识窗 2： 竞争标杆管理

竞争标杆管理是以竞争对象为基准的标杆管理。其目标是与有着相同市场的企业在产品、服务和工作流程等方面的绩效与实践进行比较，直接面对竞争者。这类标杆管理的实施比较困难，原因在于除了公共领域的信息容易接近外，其他关于竞争企业的信息不易获得。

知识窗 3： 职能标杆管理

职能标杆管理是以行业领先者或某些企业的优秀职能操作为基准进行的标杆管理。这类标杆管理的合作者常常能相互分享一些技术和市场信息，标杆的基准是外部企业（但非竞争者）及其职能或业务实践。由于没有直接的竞争者，因此合作者往往比较愿意提供和分享技术与市场信息。不足之处是费用高，有时难以安排。

知识窗 4： 流程标杆管理

流程标杆管理以最佳工作流程为基准进行的标杆管理。标杆管理是一系列的工作流程，而不是某项业务与操作职能或实践。这类标杆管理可以跨越不同类组织进行。虽然被认为有效，但也很难进行。它一般要求企业对整个工作流程和操作都有全面的了解。

子任务 4　熟悉标杆管理的实施步骤

知识窗 1： 标杆管理的先驱和最著名的倡导者——施乐公司的罗伯特·开普，将标杆管理活动划分为 5 个阶段，每阶段有若干个步骤。

知识窗 2-1： 计划

确认对哪个流程进行标杆管理，确定用于做比较的公司，决定收集资料的方法并收集资料。

可在下面领域中来决定现在公司该从哪一流程开展标杆管理工作：了解市场和消费者，设计产品和服务，推销产品和服务，提供产品和服务，向客户提供服务，确立公司愿景和战略，开发和管理人力资源，管理各种信息，管理财务资源，管理物质资源。

要尽可能使自己成为对业务流程进行标杆管理的专家；向该业务流程的最直接的参与者了解该流程从头到尾是怎样运作的；鼓励员工坦言流程中存在的问题与可以改进的地方；将该流程分解成若干个子流程，以确保了解整体流程和每一细节。为确定作为标杆对象的公司，让你的成员进行头脑风暴法式的群体讨论，寻求以下问题的答案：哪一个公司需要真正做好这一流程？为什么？并收集尽可能多的答案。

知识窗 2-2： 发现与分析

了解作为标杆管理的公司，确定自己目前的做法与最好的做法之间的绩效差异，拟定未来的绩效水准。

尽可能地了解被确认为标杆管理对象的公司。像数据库、行业联盟时事通信以及公司年报等资源都是非常有用的。目标是尽可能地了解该公司的资讯及其业务流程，从而能充分利用向标杆公司学习的机会。与此同时，在对该公司进行标杆管理拜访时，要对意外之事保持心态开放，并做到保持合法性、愿意提供你所获得的、尊重机密性、防止信息外流、未经许可不得擅自引用、从一开始便有所准备、诚信、承诺并全力贯彻等应该遵守的行为规范。

知识窗 2-3： 整合

针对标杆管理过程中的发现进行交流并获得认同，确立部门目标。

知识窗 2-4： 行动

制订行动计划，实施明确的行动并监测进展情况。

制订一个行动计划以实施在其他组织中观察到的实践活动。计划应包含以下基本要素：人事、预算、培训、所需资源、评估方法等。计划应能反映小组成员关于哪个实践活动是应最先进行的，哪个活动最适于在本公司开展等的判断。

知识窗 2-5： 监测与评估

对革新所产生的长远结果进行定性和定量的评估，重新调校标杆。

子任务 5　掌握标杆管理的若干问题

知识窗 1： 企业伦理问题

企业伦理指任何商业团体或机构以合法手段从事经营时所应遵循的伦理规则，是企业在处理内外部关系时所应遵守的行为规范。简单地说，企业伦理就是处理人与人之间关系的行为规范。

标杆管理中要考虑的企业伦理主要指确定个人与组织间交流协议的原则、规范或标准。

在标杆管理过程中可能会出现许多伦理问题，包括：开展标杆活动的企业有没有权利发展标杆企业管理的概念和方法等内容；如果开展活动的企业收集到标杆企业极有价值的信息，那么它有没有权利在其广告等活动中使用？这些问题不是很快或很容易就能够回答的。标杆合作者需要在这些问题上交流相互的期望和感觉，并遵循一些基本规范。它们需要建立具体的行为规则，包括不应该通过分享信息来获得竞争优势，但可以通过分享信息彼此改进或相互受益。另外，开展活动的企业不应该向标杆企业索要一些敏感性数据，也不应该为了使标杆管理活动能继续进行而施加压力，迫使合作者公开这些信息。数据资料应视为机密，不应该用来限制竞争或获得优势。

知识窗 2：法律问题

标杆管理要求参与者意识到这种标杆关系的一些法律问题，包括期望、所有者信息、知识产权、反托拉斯和不平等交易、证据、贬低和诽谤等。

期望指每个合作者认为什么应该公开并且怎么使用。企业之间应该相互意识到对方的期望。标杆企业应该问自己，分享这些信息是否会违背标杆活动者的期望。

所有者信息指标杆企业创造、获得或控制的还没有公开发布且如无限制仍希望继续保持机密的任何信息，这需要行业规范来保证。

知识产权指科研成果、工业设计、计算机程序等，包括专利、商标和版权。合作双方应了解各自所拥有的知识产权的性质，并对知识产权的限制进行法律咨询。

反托拉斯和不平等交易实践是政府关心的问题。参与标杆管理的各方应该充分意识到反托拉斯和不平等交易实践，因为法律不相信单纯的合作活动，相反会仔细审视这些行为和动机。标杆管理本身不是反竞争的，然而当涉及竞争时，界限就容易模糊。合作者应该事先就竞争和限制交易的权利展开讨论。同时，竞争者应避免讨论定价、生产能力等问题。开展标杆管理活动的企业应该尽量通过图书馆、互联网和咨询等安全的方式来获取信息。

证据虽然关键，却是相对简单的问题。它指一个合作企业（标杆企业）给予另一个企业（开展标杆管理活动的企业）的信息。这些信息包括标杆企业成功和失败两方面的信息。提供的信息应对接收者有用，同时也不要伤害提供者自己。另外，所有信息都应该真实。在国外，这已经成为大多数企业的共识。

贬低和诽谤不应该成为标杆管理活动的目的。标杆活动应该把注意力放在向标杆企业学习方面。

知识窗 3：实施问题

标杆管理很有效，但实施中往往容易出现偏差。

（1）容易将注意力集中于数据方面。标杆管理的真正价值应该是弄明白产生优秀绩效的过程，并在本企业实施，而不应该只注重某几个财务数据本身。

（2）不明白数据的真正来源。标杆管理者往往注重绩效数据，但对数据的来源不重视，这很容易产生比较错误，从而难以进行对口比较。

（3）偏离顾客和员工。为了很快实现标杆管理目标，开展标杆活动的企业有时会采取快收慢付等手段来达到利己的收集数字的目标，这反过来会影响与顾客、供应商及员工的关系。

（4）来自员工的抵触情绪。意识到执行的障碍无助于标杆管理者开展工作。障碍之一来自员工。有些员工往往不愿与新政策合作。最佳实践不能强加，要让员工意识到或看到将来会发生什么。

（5）执行不当。标杆管理最终的执行者是员工。因此，员工从一开始就应该明白这一过程，而不是等到要执行时才想到员工。

（6）意识和观念问题。标杆管理是一种持续过程，而不是一次性工程。有些企业会以为别人的东西不一定是好的；有些企业怕通过标杆管理暴露自己的弱点。标杆管理是企业的长效管理，应该变为企业的日常活动。

知识窗 4：费用问题

标杆管理无疑需要一定的经费，包括差旅费和其他间接费用，如研讨费、咨询费等。降低费用的一个办法是在寻求和考察标杆企业之前做好充分的准备。

任务 3　认识供应链风险的概念与特点

子任务 1　理解供应链风险的定义

知识窗：

供应链风险是一个比较新的概念，它是风险在供应链领域应用的一个特例，目前没有统一的认识，国内外学者从各种角度对其进行了定义。

（1）根据 Deloitte 咨询公司 2004 年发布的一项供应链研究报告，供应链风险是指对一个或多个供应链成员产生不利影响或破坏供应链运行，而使得供应链达不到预期目标甚至导致失败的不确定性因素或意外事件。

（2）Cranfield School of Management 把供应链风险定义为供应链的脆弱性，供应链风险因素的发生通常会降低供应链运行效率、增加成本，甚至导致供应链的破裂和失败。有效的供应链风险管理将使供应链运行安全，降低运行成本，提高供应链的运行绩效。

（3）丁伟东等指出，供应链风险是一种供应链潜在的威胁，会导致供应链系统脆弱，对供应链系统造成破坏，给上下游企业以及整个供应链带来损失和损害。供应链上的各环节是环环相扣的，彼此依赖，相互影响，任何一个环节出现问题，都可能波及其他环节，影响整个供应链的正常运作。

综上所述，结合风险的定义，我们认为，作为一种特定领域的风险，供应链风险是指供应链企业在运营过程当中，由于各种不确定因素使供应链企业实际收益与预期收益发生偏差的大小及可能性。

供应链的参与主体多、跨地域、多环节的特征，使供应链容易受到来自外部环境和链上各实体内部不利因素的影响，形成供应链风险。

子任务 2　熟悉供应链风险的特点

韩信临死前的
一句话

知识窗 1：客观性与必然性

自然界中的地震、洪涝灾害等自然灾害与社会环境中出现的战争、冲突等，都是一种不以人们的主观意志为转移的客观存在，因此它们决定了供应链风险的产生具有客观性。而且，虽然供应链是作为一个整体来应对市场竞争，但供应链环节中的企业仍是市场中的独立经济实体，彼此之间仍存有潜在利益冲突和信息不对称。在这种不稳定的系统内，各节点企业是通过不完全契约方式来实现企业之间的协调，因而供应链必然存在风险性。

知识窗2：偶然性和不确定性

尽管供应链风险的产生具有客观性与必然性，但我们并不能确切地知道，风险在何时、何地，以何种形式出现，其危害程度、范围如何。这是因为风险所引起的损失后果往往是以偶然和不确定的形式呈现在人们面前的。供应链风险是作为一种具有发生和不发生两种可能的随机现象而存在的。在一定条件下，人们可以根据经验数据的统计发现，某一风险存在或发生的可能性具有较规则的变化趋势，这就为人们预测风险提供了可能。

知识窗3：多样性与复杂性

供应链从诞生之日起就面临许多风险，它不仅要面对普通单个企业所要面对的系统风险与非系统风险、财务资产风险、人力资产风险、危害性风险与财务性风险，还要面对由于供应链的特有结构而决定的企业之间的合作风险、技术与信息资源传递风险、合作利润在不同企业中分配的风险和市场风险等。这些风险产生的原因也是很复杂的，有时很难对风险进行分析与预防。

知识窗4：传递性与放大性

由于供应链从产品开发、生产到流通过程是由多个节点企业共同参与，因此风险因素可以通过供应链流程在各个企业间传递和累积，不只是影响到当事企业，而是利用供应链系统的脆弱性，对供应链系统造成破坏，给上下游企业带来损害和损失，影响整个供应链的正常运作。这是由于供应链作为一个系统而产生的特点。因此，对供应链风险的传递和控制是供应链管理的关键之一。

子任务3　理解供应链风险的分类

知识窗1：

从不同的角度、按照不同的标准，对供应链风险有不同的分类结果，如图9-3所示。

知识窗2-1：按照供应链风险的起因划分

按照供应链风险的起因来划分，可以将供应链风险分为外部风险和内部风险。

1）外部风险

外部风险，是指由外界的不确定性因素导致的风险，这些风险一般是难以控制和预测的，也可以称为环境风险。

（1）自然界风险。主要包括：源于地震、火山爆发、洪水以及其他各种不可抗拒的自然灾害原因，给供应链成员带来的风险。

（2）社会冲突、恐怖事件和社会动荡风险。主要指由于社会冲突、恐怖事件和社会动荡的存在，给货物和商品的流通造成了很大危害，这些危害增加了许多供应链企业的风险，导致了更多供应链的中断。

（3）社会环境风险。主要包括：工厂水污染、电力供应中断、火灾风险、类似于SARS、H1N1导致生产中断的风险。

（4）政策风险。主要包括：一是由于宏观政策和金融危机存在着一定的偏差，会导致经济危机的发生、企业破产，造成企业违约。二是对政府经济政策的预期会影响供应链中上

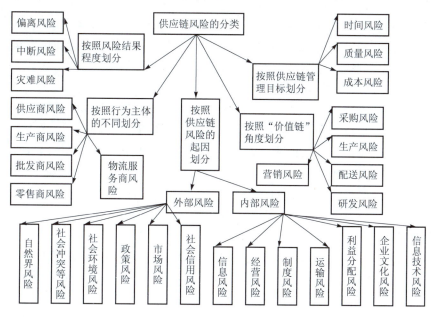

图 9-3　供应链风险的分类

下游实体之间的策略行为，也会增加节点企业面临风险的可能。

（5）市场风险。主要包括源于顾客核心需求识别不足和市场不稳定所导致的风险。

（6）社会信用风险。主要包括由于社会信用机制的缺失，导致社会信息流通不畅、企业恶意违约的成本不大而带来的风险。

2）内部风险

（1）信息风险。主要包括源于信息不完全或信息阻塞的风险。

（2）经营风险。主要包括源于合作伙伴经营过程中的不确定导致的风险。

（3）制度风险。主要包括源于制度方面的不确定导致的风险。

（4）运输风险。主要包括源于运输方面的不确定导致的风险。

（5）利益分配风险。主要包括源于利益分配不均导致的风险。

（6）企业文化风险。主要包括源于企业经营理念、文化制度、员工的职业素养和敬业精神等方面缺失导致的风险。

（7）信息技术风险。主要源于数据传输过程中被竞争者窃取、信息基础设施故障导致的风险。

知识窗 2-2：按照风险结果程度划分

按照风险结果带给供应链的影响程度来划分，可以将供应链风险分为偏离风险、中断风险和灾难风险。

（1）偏离风险。偏离风险的产生是由一个或更多个参数变化所引起的，这些参数有：成本、需求、提前期等。当这些参数偏离它们的预期值或者均值的时候，供应链的根本结构没有什么改变。这样的风险有：需求波动、供应波动、采购成本和产品成本等成本的波动、提前期和运输时间的波动等。

（2）中断风险。人为因素或自然因素产生的不可预料事件引起了某种产品、仓库和运输的不可获得时，会导致供应链系统根本的改变，这时中断风险就产生了。

（3）灾难风险。灾难风险是指不可预计的灾难性的系统性中断导致了暂时的不可挽回的供应链网络的停滞。通常，供应链可以设计得足够强健以应对偏离风险和中断风险，但是，依靠设计一个足够强健的供应链来应对灾难风险则是不可能的。

知识窗 2-3：按照行为主体的不同划分

供应链是一个多参与主体、多环节的复杂系统，参与供应链活动的行为主体包括：提供原辅材料和服务的供应商、生产商、批发商、零售商以及物流服务商等。

按照行为主体的不同，供应链风险又可划分为供应商风险、生产商风险、批发商风险、零售商风险和物流服务商风险等。

知识窗 2-4：按照供应链管理目标划分

供应链风险可以分为时间风险、质量风险和成本风险。

知识窗 2-5：按照"价值链"角度划分

供应链风险可以分为采购风险、生产风险、配送风险、研发风险和营销风险。

以上对供应链风险的分类是从不同的角度来考虑的，同一风险从不同的角度考虑属于不同的类别，比如：库存风险从产生的风险因素划分，属于信息因素产生的风险，它同时也是偏离风险。

子任务 4　掌握供应链风险管理的含义

知识窗：供应链风险管理是通过识别、度量供应链风险，并在此基础上有效控制供应链风险，用最经济合理的方法来综合处理供应链风险，并对供应链风险的处理建立监控与反馈机制的一整套系统而科学的管理方法。其目标包括损失前的管理目标和损失后的管理目标，损失前的管理目标是避免或减少损失的发生；损失后的管理目标则是尽快恢复到损失前的状态，两者结合在一起，就构成了供应链风险管理的完整目标。

子任务 5　掌握供应链风险管理的基本环节

知识窗 1：供应链风险识别

风险识别是供应链风险管理的首要步骤，它是指供应链风险管理主体在各类风险事件发生之前，运用各种方法系统地认识所面临的各种风险以及分析风险事件发生的潜在原因。通过调查与分析来识别供应链面临风险的存在；通过归类，掌握风险产生的原因和条件，以及风险具有的性质。

由于风险存在的客观性与普遍性及风险识别的主观性两者之间的差异，使正确识别风险成为风险管理中最重要，也是最困难的工作。

知识窗 2：供应链风险度量

供应链风险度量是指对风险发生的可能性或损失的范围与程度进行估计与度量。仅通过识别风险，了解灾害损失的存在，对实施风险管理来说还远远不够，还必须对实际可能出现的损失结果、损失的严重程度予以充分地估计和衡量。只有准确地度量风险，才有助于选择有效的工具处置风险，并实现用最少费用支出获得最佳风险管理效果的目的。

在评估供应链风险时不仅要考虑风险对某个供应链企业的影响，还要考虑供应链风险的发生对供应链整体造成的后果；不仅要考虑供应链风险带来的经济损失，还要考虑其所带来的非经济损失，如信任危机、企业的声誉下降等无形的非经济损失。这些非经济损失有时是很难用金钱来估价的。

知识窗3：供应链风险处理

供应链风险处理是供应链风险管理的核心。识别供应链风险、度量供应链风险都是为了有效地处理供应链风险，减少供应链风险发生的概率和造成的损失。处理供应链风险的方法包括供应链风险回避、供应链风险控制、供应链风险转移和供应链风险自担。

（1）供应链风险回避。是彻底规避供应链风险的一种做法，即断绝风险的来源。供应链风险回避的方法是放弃或终止某项供应链合作，或改变供应链合作环境，尽量避开一些外部事件对企业造成的影响。当然，回避供应链风险在某种程度意味着丧失可能获利的机会。

（2）供应链风险控制。是在对供应链风险进行识别和评估的基础上，有针对性地采取积极防范控制措施的行为。供应链风险控制的目标是，在风险发生之前降低风险发生的概率；风险发生之后降低风险发生造成的损失，从而使风险发生所造成的损失降到最低的程度。这是一种主动积极的风险管理方法，但经营风险控制受到技术条件、成本费用、管理水平等的限制，并非所有的经营风险都能采用。

（3）供应链风险转移。是将供应链中可能发生风险的一部分转移出去的风险防范方式。供应链风险转移可分为保险转移和非保险转移两种。保险转移是向保险公司投保，将供应链中部分风险损失转移给保险公司承担；非保险转移是将供应链中一部分风险转移给供应链以外的企业，或风险由整个供应链企业来共同承担。

（4）供应链风险自担。是供应链中企业将可能出现的风险损失留给自己承担，是被动的措施。对于企业而言，可能已知风险存在，但一种是因为可能获得高利回报而甘愿冒险。另一种可能是因为供应链系统风险无法回避，各供应链企业只能通过系统吸纳来接受风险。

知识窗4：供应链风险监控与反馈

制订出风险处理方案后，要在实践中进行检验，一旦发现其中可能存在的缺陷，应及时进行反馈。供应链风险的监控与反馈就是将在危险识别、风险分析及风险处理中得到的经验或新知识，或者是从损失或接近损失中获取的有价值的经验教训，集中起来加以分析并反馈到供应链相关经营活动中，从而避免犯同样错误的过程。供应链风险管理是一项长期的、艰巨的工作，不是一蹴而就的事情，必须动态地重复风险管理过程的各个步骤，以使这一过程融入供应链管理运作中，才能真正做到长期有效地管理风险。

▶ 任务实训

从"四大名著"看供应链管理的思想

以小组的形式提交小论文，撰写要求如下：

1. 分组进行，每组4~5人（必须要有异性同学），抽签决定做具体不重复4个项目的小论文（方式：抽签决定。老师事先做好分别标记1~9的小纸签4份，学生代表抽签，如抽到重复数字的签，则作废，将重复数字的签放回到等待抽的一堆签当中去，再抽一次，直到4个不同数值的签；数字1~9对应教材的"项目"）。

2. 自行决定选择哪部"四大名著"与教材的某一段落，但必须这两者之间要有紧密的逻辑联系。

3. 小论文包括标题（4号字，宋体）、四部分的正文与附件。

4. 正文第一部分"1. 供应链管理的知识"，内容必须是教材里面的，字数控制在100字以下。

5. 正文第二部分"2.《××××》第××回故事情境"，内容必须是"四大名著"里面的，字数控制在200字以下。

6. 正文第三部分"3. 我们的理解"，内容必须是至少4个点/段，点/段之间的文章字数大体匀称；控制在900~1 200字符数。

7. 正文第四部分"4. 给我们的启示"，内容字数控制在80字以内，必须是至少五个提纲式、浓缩的短句，短句间的字数大体匀称。

8. 附件中至少包含如下信息：专业、年级与班级，组别（如第5组），以及组长姓名、组员姓名、完成的时间、指导老师姓名。

9. 大标题必须醒目，四个小标题与正文的字体要区分，四个小标题之间的字体大小要一致。

10. 所有提交材料的文本内容必须要在一张A4纸上打印（可以通过调整字体、页边距、页眉页脚、文档网格、段落设置等来进行），正文字体为5号宋体。

11. 所撰写4个项目的小论文的时间间隔，要求至少10天。

思考题

1. 供应链企业激励主体与客体有哪些变化？
2. 供应链企业激励目标有哪些变化？
3. 简述激励手段的正激励和负激励。
4. 激励指标有哪些？
5. 标杆管理作用表现在什么方面？
6. 标杆管理主要有什么类型？
7. 在进行标杆管理时要注意什么问题？
8. 按照起因划分，供应链的风险有哪些？
9. 简述供应链风险度量。
10. 如何进行供应链风险处理？

学习评价

考核项目	计分标准	得分	备注
考勤情况（10分）	缺课一次，扣1分；累计缺课达到总课时的1/3，取消考试资格		
作业完成情况（10分）	原则上全班前3名，为满分10分，4~6名，为9分，以此类推；如果某个分数相同的同学较多，则该分数为一个得分数值，后续，则再后推。举例：全班100分1人，99分2人，98分10人，则100分与99分的同学为10分，98分的同学为9分……		
学习积极参与度情况（40分）	授课老师根据所提问题的难易程度，事先发布学习积极参与度完成的"悬赏分值"，第一个站立正确回答完毕的学生，得到"悬赏分值"，学生站立回答，不需要得到老师的许可；回答错误，不扣分。 原则上全班前3名，为满分40分，4~6名，为39分，以此类推；如果某个分数相同的同学较多，则该分数为一个得分数值，后续，则再后推		
小论文完成情况（40分）	以小组的形式完成；组长根据组员的工作程度，给予分配权重系数，小组的总权重系数为人数之和。举例：小论文完成得分为80分，张三的权重系数为0.9，李四的权重系数为0.8，王二的权重系数为1.1，钱五的权重系数为1.0，赵六的权重系数为1.2，那么小论文完成得分分配到小组组员的分数为：张三80分×0.9＝72分，李四80分×0.8＝64分，王二80分×1.1＝88分，钱五80分×1.0＝80分，赵六80分×1.2＝96分。 原则上全班前3名，为满分40分，4~6名，为39分，以此类推；如果某个分数相同的同学较多，则该分数为一个得分数值，后续，则再后推		4篇小论文的分数分别计入对应项目
其他加扣分情况	有一次正能量的事情，加1分；有一次负能量的事情，扣1分；加扣分可以互抵		
总成绩	教师签字		
举例说明：马三同学本项目学习评价：考勤10分，作业完成情况9分，学习积极参与度情况36分，小论文完成情况35分，其他加扣分情况加3分，该同学本项目学习评价：10分+9分+36分+35分+3分=93分。			

模拟测试样卷

一、物流术语中英对照翻译（共 15 分，每空 1 分）

BPR _____；MPS _____；CRP _____；QR _____；JMI _____；
_____通用商品条形码；_____增值网；_____自动导引搬运车；_____自动化立
体仓库；_____主产品结构清单；B2B _____；CRM _____；_____关键因素分
析法（价值链分析法）；_____分销需求计划；_____配送中心。

二、单选题（共 12 分，每空 1 分）

1. 采购过程的第一环节是_____，最后环节是_____。
   A. 评价采购活动和供应商   B. 鉴别供应商
   C. 鉴定和签署订单   D. 监视和管理交货过程
   E. 识别需求

2. 如今企业则从_____的角度来考虑采购决策对企业竞争优势的影响。
   A. 成本   B. 战术   C. 战略   D. 运营

3. 下述哪个不是购买或外包的原因？_____
   A. 成本优势   B. 产能不足   C. 控制提前期   D. 质量

4. 选择供应商的第一步骤是_____，最后步骤是_____。
   A. 建立供应商选择目标   B. 建立供应商评价标准
   C. 实施供应商合作关系   D. 分析市场竞争环境

5. 分散采购不具有的优点是_____。
   A. 专业化   B. 更加了解需求   C. 当地采购   D. 较少的官僚主义

6. VMI 实施的第一步骤是_____。
   A. 组织机构的变革   B. 建立销售网络管理系统
   C. 建立顾客情报信息系统   D. 建立供应商与分销商的合作框架协议

7. 不是供应链管理下库存控制的目标是_____。
   A. 库存成本最低   B. 库存保证程度最高   C. 不允许缺货   D. 不限定资金

8. 不是 VMI 原则的是_____。
   A. 合作性原则   B. 质量第一原则
   C. 双赢互惠原则   D. 目标一致性原则

9. 动态建模需要多种理论方法的支持，其基本流程的第一环节是_____，最后环节
是_____。
   A. 精简   B. 多维系统分析   C. 协调   D. 多维系统分析

三、判断题（共 20 分，每空 1 分）：（正确标注 R，错误标注 F）

1. 在实际管理运作中，需根据不断变化的需求，相应地改变供应链的组成。（   ）
2. 在供应链管理设计中，创新性产品强调有效实物供给。（   ）
3. 供应链管理是一种集体的管理思想和方法。（   ）

4. 商业增值网络中心：参与交易双方的交易活动，并且提供用户连接界面。（　　　）

5. 交易双方交换的信息就是订单和交货通知。（　　　）

6. CRP 是 ERP 的核心功能。（　　　）

7. 多种形式的反购贸易包括实物交易、补偿性交易和相互赞助等多种形式。（　　　）

8. 实物交易就是在有货币交换的完全等价的货物（或服务）交换。卖家可以消费这些商品或服务，也可以再度出售它们。（　　　）

9. 年总成本 $TC = (R/Q) \times S + (S/2) \times h \times C$。（　　　）

10. 采购要达到的一项目标是提供一个连续的原料流、供给流和服务流。（　　　）

11. 采购要达到的一项目标是原材料和元器件应该及时到达。（　　　）

12. 采购要达到的一项目标是维持最优的质量标准。（　　　）

13. 采购要达到的一项目标是发现或培养合格的供应商。（　　　）

14. 采购要达到的一项目标是以最低的价格购买所有需要的物品和服务。（　　　）

15. 采购要达到的一项目标是以最低的管理费用实现采购的目标。（　　　）

16. 供应链的各个节点的选择应遵循"强—弱—强联合"的原则。（　　　）

17. 建立战略伙伴关系的合作企业关系模型是实现供应链最佳效能的目标。（　　　）

18. 按需求的重复性划分为独立需求和相关需求。（　　　）

19. 虽然供应链的整体绩效取决于各个供应链节点的绩效，但有些目标和供应链的整体目标是不相干的，甚至有可能是冲突的。（　　　）

20. 大多数供应链系统都没有建立针对全局供应链的绩效评价指标，这是供应链中普遍存在的问题。（　　　）

四、名词解释（共 12 分，每题 4 分）

1. 供应链的定义

2. ERP 的核心管理思想

3. CPFR 的定义

五、填空题（共 28 分，每空 0.5 分）

1. 供应链的类型：从_____来看分为内部供应链和外部供应链；根据_____分为稳定的供应链和动态的供应链；根据_____可以分为平衡的供应链和倾斜的供应链；按_____分为盟主型供应链和非盟主型供应链；按_____分为有效性供应链和反应性供应链。

2. 供应链管理涉及的主要问题：_____、_____、_____和_____。

3. 设施无论是生产场所还是储存场所，有关设施的_____、_____和_____决策对供应链的绩效有着决定性的作用。

4. QR 对厂商的优点：更好的_____，降低了_____，降低了_____，更好的_____。

5. 将_____信息、_____信息、_____信息、_____信息等与合作伙伴交流分享，并在此基础上，要求各方在一起发现问题、分析问题和解决问题。

6. ECR 的特征：_____的创新，_____协调，涉及范围广。

7. 店铺空间管理是对店铺的_____、_____、_____等进行最优化管理。

8. ECR 系统应用的信息技术主要有：_____和_____。

9. 有效的产品导入包括让消费者和_____尽早接触到这种产品。

10. EOS 的发展趋势——_____、_____。

11. 准时化运作（JIT）方式最早由_____汽车以"_____"管理的名称开发出来，并应用于电子商务与现代物流生产制造系统，其后 JIT 方式的"_____"哲学被广泛地接受并大力推广。

12. 如果要根据需求的优先顺序，在统一的计划指导下，把企业的"销产供"信息集成起来，就离不开_____这个基础文件。

13. CPFR 的特点：_____、_____、_____、_____。

14. JIT 采购包括将_____，_____的物品运送到核心企业的_____。

15. JIT 的成功实施取决于大幅度地_____和_____，因此从事有关工作的人必须在这个过程中扮演重要的角色。企业的经理必须保证给予强有力的支持，包括提供有关_____、_____、_____和其他必要的资源来发现问题和实施解决方案。企业的高层经理需要营造一种氛围，即_____。

16. 开始于 20 世纪 70 年代的_____促进了采购流程。

17. 集中采购就是一家企业采购部门的人员都在一处办公，制定各种采购决策，包括_____、_____、_____、_____、_____。

18. 一个有效的供应链应该具有良好的客户价值创造能力以及_____、_____、_____等。

六、简答题（共 **13** 分，第一题 **8** 分，第二题 **5** 分）

1. ECR 产生的背景。

2. 使用多家供应商的原因。

模拟测试样卷答案

一、物流术语中英对照翻译（共 15 分，每空 1 分）

BPR 业务流程再造　MPS 主生产计划　CRP 能力需求计划　QR 快速反应　JMI 联合库存管理系统　EAN-13 通用商品条形码　VAN 增值网　AGV 自动导引搬运车　AS/RS 自动化立体仓库　BOM 主产品结构清单　B2B 企业对企业电子商务　CRM 客户关系管理　CVA 关键因素分析法（价值链分析法）　DRP 分销需求计划　DC 配送中心

二、单选题（共 12 分，每空 1 分）

1. E、A　2. C　3. C　4. D、C　5. A　6. C　7. D　8. B　9. B、C

三、判断题（共 20 分，每空 1 分）

1. R　2. F　3. F　4. F　5. F　6. F　7. F　8. F　9. F　10. F　11. R　12. F　13. R　14. F　15. F　16. F　17. F　18. F　19. R　20. R

四、名词解释（共 12 分，每题 4 分）

1. 供应链的定义

国家标准《物流术语》供应链的定义：生产及流通过程中，涉及将产品或服务提供给最终用户的上游与下游企业，所形成的网链结构。

2. ERP 的核心管理思想

ERP 的核心管理思想是供应链管理。主要体现在：体现对整个供应链资源进行管理的思想，体现精益生产、同步工程和敏捷制造的思想，体现事先计划与事中控制的思想。

3. CPFR 的定义

CPFR 是一种协同式的供应链库存管理技术，它能同时降低销售商的存货量，增加供应商的销售量。CPFR 的最大优势是能及时准确地预测由各项促销措施或异常变化带来的销售高峰和波动，从而使销售商和供应商都能做好充分的准备，赢得主动。CPFR 采取了双赢的原则，始终从全局的观点出发，制订统一的管理目标以及实施方案，以库存管理为核心，兼顾供应链上其他方面的管理。因此，CPFR 能在合作伙伴之间实现更加深入广泛的合作。

五、填空题（共 28 分，每空 0.5 分）

1. 制造企业供应链的发展过程、供应链存在的稳定性、供应链容量与用户需求的关系、供应链的主导主体控制能力、供应链的功能模式

2. 随机性问题、供应链结构性问题、供应链全球化问题、协调机制问题

3. 选址、功能、灵活性

4. 顾客服务、流通费用、管理费用、生产计划

5. 销售、库存、生产、成本

6. 管理意识、供应链整体

7. 空间安排、各类商品的展示比例、商品在货架上的布置

8. 电子数据交换 EDI、POS 销售时点信息

9. 零售商

10. 标准化、网络化

11. 日本丰田、"看板""及时"

12. 产品结构或物料清单

13. 协同、规划、预测、补货

14. 小批量、多批次、指定地点

15. 降低浪费、持续改进、技术、工具、时间、鼓励发现问题

16. 电子数据交换 EDI

17. 采购数量、价格策略、磋商、签约、供应商选择和评价

18. 柔性、响应度、市场渗透力

六、简答题（共 13 分，第一题 8 分，第二题 5 分）

1. ECR 产生的背景

销售增长放慢，权力的转移，敌对关系的产生，组织职能的紊乱，远期购买和转移购买，附加折扣，自有品牌商品，新的零售形式。

2. 使用多家供应商的原因

① 需要产量；② 分散供应中断的风险；③ 制造竞争；④ 信息；⑤ 处理特殊业务。

物流相关术语中英对照

ABC 分类法的基本思想：关键的少数对全局具有决定性的影响

AGV 自动导引搬运车

AGVS 自动导引搬运车系统

AM 敏捷制造

APS 高级计划与定时系统

AS/RS 自动化立体仓库

ASCM 敏捷供应链管理

ASN 预先发货通知

B/L 提单

B2B 企业对企业电子商务

B2C 企业对顾客电子商务

B2G 企业对政府电子商务

BOM 主产品结构清单

BPR 业务流程再造

BSC 平衡计分卡

CAO 自动订货

CBM 立方米

CFAR 整合预测和库存补偿系统

CIF 到岸价

CIO 信息总监

CM 商品类别管理

COSCO 中国远洋运输公司

COSU 中远集装箱

CPAM 核心流程分析矩阵

CPFR 连续补偿系统

CPU 中央处理器

CRM 客户关系管理

CRO 知识总监

CRP 能力需求计划

CVA 关键因素分析法

DC 配送中心

DO 运送单

DRP 分销需求计划

DSD 店铺直达

EAN-128 贸易单元 128 码

EAN-13 通用商品条形码

EC 电子商务

ECR 有效客户反应

EDI 电子数据交换

EDLP 天天低价战略

EFC 电子化运作仓库

EFT 电子资金支付系统

EOQ 经济订货批量

EOS 电子自动订货系统

EPCS 事件驱动的流程链

ERC 电子产品代码

ERP 企业资源规划

EVA 经济上增值

Extranet 外联网

FA 柔性自动化

FCL 整箱货

FEU 40 英尺集装箱

FGI 产成品库存

FIFO 先进先出作业

FIS 定期订购法

FLT stocker 高架叉车仓库

FMS 弹性制造系统

FOB 离岸价

FQS 定量订货法

GB 国家标准

GDP 国内生产总值

GFSS 全球预测和供应关系

GIS 地理信息系统

GNP 国民生产总值

GNS 全球卫星导航系统

GOH 挂衣式集装箱

GPO 集团采购组织

GPRS 实时在线短消息服务　　　　GPS 全球卫星定位系统
GSM 短消息服务　　　　　　　　GSN 货物分发通知单
GUI 图形用户界面技术　　　　　　HRP 人力资源规划
IC 信息链　　　　　　　　　　　INV 发票
ISCM 集成供应链管理　　　　　　ISO 国际标准化组织
ITF-14 储运单元条码　　　　　　JIT 准时化运作
JMI 联合库存管理系统　　　　　　KPI 关键指标
LC 信用证　　　　　　　　　　　LCL 拼箱货
LEO 物流总监　　　　　　　　　LIS 物流信息系统
LM 精益管理　　　　　　　　　　LP 精益生产
MPS 主生产计划　　　　　　　　MR 物料申请单
MRO 运营服务　　　　　　　　　MRP 物料需求计划
MRPII 制造资源计划　　　　　　NVOCC 无船承运人
OEM 贴牌生产　　　　　　　　　OLAP 在线分析处理
OOT 面向对象技术　　　　　　　OPT 优化生产技术
PBSCD 供应链设计策略　　　　　PDBMS 关系数据库管理系统
PMS 配送中心管理系统　　　　　PO 采购订单
POS 销售时点系统　　　　　　　QC 质量管理
QR 快速反应　　　　　　　　　　RDC 区域分拨中心
RF 射频技术　　　　　　　　　　RFID 无线射频识别技术
RFP 提案请求　　　　　　　　　RFQ 询价
ROP 再订购点　　　　　　　　　SCE 供应链整合软件
SCM 供应链管理　　　　　　　　SCORE 供应链成本降低
SCOR 供应链运作参考模型　　　　SCP—matrix 供应链计划矩阵
SDR 特别提款权　　　　　　　　SE 同步工程
SM 店铺货架空间管理　　　　　　SMM 供应链管理成熟度
SOP 标准操作程度　　　　　　　SRM 供应商关系管理
TC 技术链　　　　　　　　　　　TEU 标准集装箱、20英尺集装箱、换算箱
TM 运输管理　　　　　　　　　　TMS 运输管理系统
TOC 约束理论　　　　　　　　　TPL 第三方物流
TQC、TQM 全面质量管理　　　　UPC 通用产品代码
VAN 商业增值网　　　　　　　　VAP 增值加工
VCA 价值链分析法　　　　　　　VE 价值链
VIS 虚拟库存系统　　　　　　　VL 虚拟物流
VMI 供应商管理客户库存　　　　　VOC 价值链
VSP 车辆安排程序法　　　　　　WIP 在制品
WMS 仓库管理系统　　　　　　　WM 仓库管理
WWW 万维网

"教学做"一体化的相关要求

1. 从"四大名著"看供应链管理的思想（全班封面，共一张）
2. 学生分组要求
3. 从"四大名著"看供应链管理的思想（封面，每组 1 张）

"教学做"一体化

《供应链管理》

之

"从'四大名著'看供应链管理的思想"

20__—20__学年第__学期

____级现代物流管理__班

20__年__月__日

学生分组要求

分组要求：每组 4~6 人，全班共分 9 组，每组推选组长 1 名，组员要求由男同学和女同学共同组成，一般不主张单一性别同学组成。

全班分组名单，放在全班封面的后面；全班分组名单的后面，是 1~9 组已经装订带小组封面的小论文。

组员的实训小论文成绩由组长提出分配权重（如每组 5 人，则权重之和为 5），最终成绩由老师审定。

"教学做"一体化

《供应链管理》

之

"从'四大名著'看供应链管理的思想"

20__—20__学年第__学期

____级现代物流管理__班

第__组

20__年__月__日

参 考 文 献

[1] 马士华，林勇 . 供应链管理 ［M］. 北京：高等教育出版社，2003.

[2] 马士华，林勇，陈志祥 . 供应链管理 ［M］. 北京：机械工业出版社，2000.

[3] 赵林度 . 供应链与物流管理——理论与实务 ［M］. 北京：机械工业出版社，2003.

[4] 阎子刚，吕亚军 . 供应链管理 ［M］. 北京：机械工业出版社，2003.

[5] 刘伟 . 供应链管理 ［M］. 成都：四川人民出版社，2002.

[6] 查先进 . 物流与供应链管理 ［M］. 武汉：武汉大学出版社，2003.

[7] 吴晓波，耿帅 . 供应链与物流管理 ［M］. 杭州：浙江大学出版社，2003.

[8] 徐章一 . 敏捷物流 ［M］. 北京：中国物资出版社，2004.

[9] 郭毅，梅清豪 . 物流与供应链管理 ［M］. 北京：电子工业出版社，2002.

[10] 张继焦 . 价值链管理 ［M］. 北京：中国市场出版社，2001.

[11] 牛鱼龙 . 需求链物流：成本与利润 ［M］. 北京：海天出版社，2004.

[12] 乔尔·D. 威斯纳，梁源强，陈加存 . 供应链管理 ［M］. 朱梓齐，译 . 北京：机械工业出版社，2006.

[13] 戴维·J. 布隆伯格，斯蒂芬·勒梅，乔·B. 汉纳 . 综合物流管理入门 ［M］. 雷震甲，杨纳让，译 . 北京：机械工业出版社，2003.

[14] 宋建阳 . 企业物流管理 ［M］. 北京：电子工业出版社，2005.

[15] 刘永胜 . 供应链管理基础 ［M］. 北京：中国物资出版社，2009.

[16] 杨晓雁 . 供应链管理 ［M］. 上海：复旦大学出版社，2007.

[17] 林勇 . 供应链库存管理 ［M］. 北京：人民交通出版社，2008.

[18] 张文杰 . 供应链管理 ［M］. 北京：化学工业出版社，2008.

[19] 杨思远 . 供应链管理 ［M］. 北京：冶金工业出版社，2008.